财政部“十三五”规划教材

《运筹学》习题集

王玉梅 编著

中国财经出版传媒集团
经济科学出版社
Economic Science Press

图书在版编目（CIP）数据

运筹学习题集/王玉梅编著．—北京：经济科学出版社，2017.11

ISBN 978－7－5141－8650－5

Ⅰ.①运…　Ⅱ.①王…　Ⅲ.①运筹学－高等学校－习题集　Ⅳ.①O22－44

中国版本图书馆 CIP 数据核字（2017）第 274322 号

责任编辑：于海汛　段小青
责任校对：王苗苗
责任印制：潘泽新

《运筹学》习题集
王玉梅　编著
经济科学出版社出版、发行　新华书店经销
社址：北京市海淀区阜成路甲 28 号　邮编：100142
总编部电话：010－88191217　发行部电话：010－88191522
网址：www.esp.com.cn
电子邮件：esp@esp.com.cn
天猫网店：经济科学出版社旗舰店
网址：http：//jjkxcbs.tmall.com
北京密兴印刷有限公司印装
787×1092　16 开　13.75 印张　330000 字
2017 年 12 月第 1 版　2017 年 12 月第 1 次印刷
印数：0001—2000 册
ISBN 978－7－5141－8650－5　定价：36.00 元

前言

运筹学是一门以人机系统的组织、管理为对象，应用数学和计算机等工具来研究各类有限资源的合理规划使用并提供优化决策方案的科学。它是经济管理类专业本、专科生和研究生层次的重要专业基础课。

本书是由在青岛科技大学第一线工作的、已从事运筹学教学十余年的教师编写，其内容紧密结合经济管理专业的特点，针对经济管理专业的本科生及研究生运筹学课程的一本辅助教材，主要满足经济管理专业本科层次，同时兼顾研究生和实际应用人员的使用。

习题是消化领会教材的一个重要环节，也是学习掌握运筹学理论和方法的必不可少的手段。本书包含线性规划、目标规划、整数规划、动态规划、图与网络优化、排队论等共12章的习题，针对每一章的课后习题，不仅给出正确答案，而且对要点进行详解，供学生复习和消化课本知识使用。同时，每一章都提供了近年来运筹学硕士研究生入学考试的样题，并给出其求解的要点。

鉴于编者水平有限，书中有不妥或错误之处，恳请广大读者批评指正。

目　录

习　题

答　案

习 题

第1章　线性规划与单纯形法

1. 用图解法求解下列线性规划问题，并指出问题是具有唯一最优解、无穷多最优解、无界解还是无可行解。

（1）$\max z = x_1 + x_2$

$5x_1 + 10x_2 \leqslant 50$

$x_1 + x_2 \geqslant 1$

$x_2 \leqslant 4$

$x_1,\ x_2 \geqslant 0$

（2）$\min z = x_1 + 1.5x_2$

$x_1 + 3x_2 \geqslant 3$

$x_1 + x_2 \geqslant 2$

$x_1,\ x_2 \geqslant 0$

（3）$\max z = 2x_1 + 2x_2$

$x_1 - x_2 \geqslant -1$

$-0.5x_1 + x_2 \leqslant 2$

$x_1,\ x_2 \geqslant 0$

（4）$\max z = x_1 + x_2$

$x_1 - x_2 \geqslant 0$

$3x_1 - x_2 \leqslant -3$

$x_1,\ x_2 \geqslant 0$

2. 将下列线性规划问题变换成标准型，并列出初始单纯形表。

（1）$\min z = -3x_1 + 4x_2 - 2x_3 + 5x_4$

$4x_1 - x_2 + 2x_3 - x_4 = -2$

$x_1 + x_2 + 3x_3 - x_4 \leqslant 14$

$-2x_1 + 3x_2 - x_3 + 2x_4 \geqslant 2$

$x_1,\ x_2,\ x_3 \geqslant 0$，$x_4$ 无约束

（2）$\max s = \dfrac{z_k}{p_k}$

$$z_k = \sum_{i=1}^{n} \sum_{k=1}^{m} a_{ik} x_{ik}$$

$$\sum_{k=1}^{m} -x_{ik} = -1 \ (i=1, \cdots, n)$$

$x_{ik} \geqslant 0 \ (i=1\cdots n;\ k=1, \cdots, m)$

3. 在下面的线性规划问题中找出满足约束条件的所有基解。指出哪些是基可行解，并代入目标函数，确定最优解。

（1）$\max z = 2x_1 + 3x_2 + 4x_3 + 7x_4$

$2x_1 + 3x_2 - x_3 - 4x_4 = 8$

$x_1 - 2x_2 + 6x_3 - 7x_4 = -3$

$x_1, x_2, x_3, x_4 \geqslant 0$

（2）$\max z = 5x_1 - 2x_2 + 3x_3 - 6x_4$

$x_1 + 2x_2 + 3x_3 + 4x_4 = 7$

$2x_1 + x_2 + x_3 + 2x_4 = 3$

$x_1 x_2 x_3 x_4 \geqslant 0$

4. 分别用图解法和单纯形法求解下列线性规划问题，并指出单纯形迭代每一步相当于图形的哪一点。

（1）$\max z = 2x_1 + x_2$

$3x_1 + 5x_2 \leqslant 15$

$6x_1 + 2x_2 \leqslant 24$

$x_1, x_2 \geqslant 0$

（2）$\max z = 2x_1 + 5x_2$

$x_1 \leqslant 4$

$2x_2 \leqslant 12$

$3x_1 + 2x_2 \leqslant 18$

$x_1, x_2 \geqslant 0$

5. 以第 4 题（1）为例，具体说明当目标函数中变量的系数怎样变动时，满足约束条件的可行域的每一个顶点，都可能使得目标函数值达到最优。

6. 分别用单纯形法中的大 M 法和两阶段法求解下列线性规划问题，并指出属于哪类解。

（1）$\max z = 2x_1 + 3x_2 - 5x_3$

$x_1 + x_2 + x_3 \leqslant 15$

$2x_1 - 5x_2 + x_3 \leqslant 24$

$x_1, x_2 \geqslant 0$

（2）$\min z = 2x_1 + 3x_2 + x_3$

$x_1 + 4x_2 + 2x_3 \geqslant 8$

$3x_1 + 2x_2 \geqslant 6$

$x_1, x_2, x_3 \geqslant 0$

（3）$\max z = 10x_1 + 15x_2 + 12x_3$

$5x_1 + 3x_2 + x_3 \leqslant 9$

$-5x_1 + 6x_2 + 15x_3 \leqslant 15$

$2x_1 + x_2 + x_3 \geqslant 5$

$x_1, x_2, x_3 \geqslant 0$

（4）$\max z = 2x_1 - x_2 + 2x_3$

$x_1 + x_2 + x_3 \geqslant 6$

$-2x_1 + x_3 \geqslant 2$

$2x_2 - x_3 \geqslant 0$

$x_1, x_2, x_3 \geqslant 0$

7. 求下述线性规划问题目标函数 z 的上界和下界；

$\text{Max } z = c_1x_1 + c_2x_2$

$a_{11}x_1 + a_{12}x_2 \leqslant b_1$

$a_{21}x_1 + a_{22}x_2 \leqslant b_2$

其中：$1 \leqslant c_1 \leqslant 3$，$4 \leqslant c_2 \leqslant 6$，$8 \leqslant b_1 \leqslant 12$，$10 \leqslant b_2 \leqslant 14$，$-1 \leqslant a_{11} \leqslant 3$，$2 \leqslant a_{12} \leqslant 5$，$2 \leqslant a_{21} \leqslant 4$，$4 \leqslant a_{22} \leqslant 6$

8. 表 1－1 是某求极大化线性规划问题计算得到的单纯形表。表中无人工变量，a_1，a_2，a_3，d，c_1，c_2 为待定常数，试说明这些常数分别取何值时，以下结论成立。

（1）表中解为唯一最优解；（2）表中解为最优解，但存在无穷多最优解；（3）该线性规划问题具有无界解；（4）表中解非最优，对解改进，换入变量为 x_1，换出变量为 x_6。

表 1－1

b	x_1	x_2	x_3	x_4	x_5	x_6
x_3　d	4	a_1	1	0	a_2	0
x_4　2	−1	−3	0	1	−1	0
x_6　3	a_3	−5	0	0	−4	1
$c_j - z_j$	c_1	c_2	0	0	−3	0

9. 某昼夜服务的公交线路每天各时间段内所需司机和乘务员人数如表 1 – 2。

表 1 – 2

班次	时间	所需人数
1	6 点到 10 点	60
2	10 点到 14 点	70
3	14 点到 18 点	60
4	18 点到 22 点	50
5	22 点到 2 点	20
6	2 点到 6 点	30

设司机和乘务人员分别在各时间区段一开始时上班，并连续上班 8 小时，问该公交线路至少配备多少司机和乘务人员。列出这个问题的线性规划模型。

10. 某糖果公司厂用原料 A、B、C 加工成三种不同牌号的糖果甲乙丙，已知各种糖果中 A、B、C 含量，原料成本，各种原料的每月限制用量，三种牌号糖果的单位加工费用及售价如表 1 – 3 所示。

表 1 – 3

原料	甲	乙	丙	原料成本（元/公斤）	每月限制用量（公斤）
A	≥60%	≥15%		2	2 000
B				1.5	2 500
C	≤20%	≤60%	≤50%	1	1 200
加工费（元/公斤）	0.5	0.4	0.3		
售价（元/公斤）	3.4	2.85	2.25		

问该厂每月应当生产这三种牌号糖果各多少千克，使该厂获利最大？建立这个问题的线性规划数学模型。

11. 某厂生产三种产品Ⅰ、Ⅱ、Ⅲ。每种产品需经过 A、B 两道加工程序，该厂有两种设备能完成 A 工序，以 A_1，A_2 表示；有三种设备完成 B 工序，分别为 B_1，B_2，B_3；产品Ⅰ可以在 A、B 任何一种设备上加工，产品Ⅱ可以在任何规格的 A 设备上加工，但完成 B 工序时，只能在 B_1 设备上加工；产品Ⅲ只能在 A_2，B_2 上加工。已知条件如表 1 – 4，要求安排最优生产计划，使该厂利润最大化。

表 1－4

设备	产品			设备有效台时	满负荷时的设备费用（元）
	Ⅰ	Ⅱ	Ⅲ		
A_1	5	10		6 000	300
A_2	7	9	12	10 000	321
B_1	6	8		4 000	250
B_2	4		11	7 000	783
B_3	7			4 000	200
原料费（元/件）	0. 25	0. 35	0. 5		
单价（元/件）	1. 25	2. 00	2. 8		

第 2 章　对偶理论和灵敏度分析

1. 用改进单纯形法求解以下线性规划问题。

（1）$\text{Max } z=6x_1-2x_2+3x_3$

$2x_1-x_2+3x_3\leqslant 2$

$x_1+4x_3\leqslant 4$

$x_1,\ x_2,\ x_3\geqslant 0$

（2）$\min z=2x_1+x_2$

$3x_1+x_2=3$

$4x_1+3x_2\geqslant 6$

$x_1+2x_2\leqslant 3$

$x_1,\ x_2\geqslant 0$

2. 已知某线性规划问题，用单纯形法计算得到的中间某两步的计算如表 2－1 所示，试将空白处数字填上。

表 2－1

c_j			3	5	4	0	0	0
C_B	X_B	b	x_1	x_2	x_3	x_4	x_5	x_6
5	x_2	8/3	2/3	1	0	1/3	0	0
0	x_5	14/3	－4/3	0	5	－2/3	1	0
0	x_6	20/3	5/3	0	4	－2/3	0	1
c_j-z_j			－1/3	0	4	－5/3	0	0
⋮								
	x_2					15/41	8/41	－10/41
	x_3					－6/41	5/41	4/41
	x_1					－2/41	－12/41	15/41
c_j-z_j								

3. 写出下列线性规划问题的对偶问题。

（1） $\min z = 2x_1 + 2x_2 + 4x_3$

$2x_1 + 3x_2 + 5x_3 \geqslant 2$

$3x_1 + x_2 + 7x_3 \leqslant 3$

$x_1 + 4x_2 + 6x_3 \leqslant 5$

$x_1,\ x_2,\ x_3 \geqslant 0$

（2） $\max z = x_1 + 2x_2 + 3x_3 + 4x_4$

$-x_1 + x_2 - x_3 - 3x_4 = 5$

$6x_1 + 7x_2 + 3x_3 - 5x_4 \geqslant 8$

$12x_1 - 9x_2 - 9x_3 + 9x_4 \leqslant 20$

$x_1,\ x_2 \geqslant 0;\ x_3 \leqslant 0;\ x_4$ 无约束

（3） $\min z = \sum_{i-1}^{m} \sum_{j=1}^{n} c_{ij} x_{ij}$

$\sum_{j=1}^{n} x_{ij} = a_i \quad i = 1,\ \cdots,\ m$

$\sum_{i=1}^{m} x_{ij} = b_j \quad j = 1,\ \cdots,\ n$

$x_{ij} \geqslant 0$

（4） $\text{Max } z = \sum_{j=1}^{n} c_j x_j$

$\sum_{j=1}^{n} a_{ij} x_j \leqslant b_i,\ i = 1,\ \cdots,\ m_1 \leqslant m$

$\sum_{j=1}^{n} a_{ij} x_j = b_i,\ i = m_1 + 1,\ m_1 + 2,\ \cdots,\ m$

$x_j \geqslant 0$，当 $j = 1,\ \cdots,\ n_1 \leqslant n$

x_j 无约束，当 $j = n_1 + 1,\ \cdots,\ n$

4. 判断下列说法是否正确，并说明为什么.

（1）如线性规划问题的原问题存在可行解，则其对偶问题也一定存在可行解。

（2）如线性规划的对偶问题无可行解，则原问题也一定无可行解。

（3）如果线性规划问题的原问题和对偶问题都具有可行解，则该线性规划问题一定有有限最优解。

5. 设线性规划问题（1）是：

$\text{Max } z_1 = \sum_{j=1}^{n} c_j x_j$

$\sum_{j=1}^{n} a_{ij} x_j \leqslant b_i,\ i = 1,\ 2\cdots,\ m$

$x_j \geqslant 0$，$j=1$，$2\cdots$，n

（y_1^*，$\cdots$，y_m^*）是其对偶问题的最优解。

又设线性规划问题（2）是：

$$\text{Max } z_2 = \sum_{j=1}^{n} c_j x_j$$

$$\sum_{j=1}^{n} a_{ij} x_j \leqslant b_i + k_i,\ i=1,\ 2\cdots,\ m$$

$x_j \geqslant 0$，$j=1$，2，$\cdots$，n

其中 k_i 是给定的常数，求证：

$$\max z_2 \leqslant \max z_1 + \sum_{i=1}^{m} k_i y_i^*$$

6. 已知线性规划问题

$\text{Max } z = c_1x_1 + c_2x_2 + c_3x_3$

$$\begin{bmatrix} a_{11} \\ a_{21} \end{bmatrix} x_1 + \begin{bmatrix} a_{12} \\ a_{22} \end{bmatrix} x_2 + \begin{bmatrix} a_{13} \\ a_{23} \end{bmatrix} x_3 + \begin{bmatrix} 1 \\ 0 \end{bmatrix} x_4 + \begin{bmatrix} 0 \\ 1 \end{bmatrix} x_5 = \begin{bmatrix} b_1 \\ b_2 \end{bmatrix}$$

$x_j \geqslant 0$，$j=1$，$\cdots$，5

用单纯形法求解，得到最终单纯形表如表 2－2 所示，要求：

（1）求 a_{11}，a_{12}，a_{13}，a_{21}，a_{22}，a_{23}，b_1，b_2 的值；

（2）求 c_1，c_2，c_3 的值。

表 2－2

X_B	b	x_1	x_2	x_3	x_4	x_5
x_3	3/2	1	0	1	1/2	−1/2
x_2	2	1/2	1	0	−1	2
$c_j - z_j$		−3	0	0	0	−4

7. 已知线性规划问题

$\text{Max } z = 2x_1 + x_2 + 5x_3 + 6x_4$

s. t. $2x_1 + x_3 + x_4 \leqslant 8$

$2x_1 + 2x_2 + x_3 + 2x_4 \leqslant 12$

$x_j \geqslant 0$，$j=1$，$\cdots$，4

对偶变量 y_1，y_2，其对偶问题的最优解是 $y_1^* = 4$，$y_2^* = 1$，试应用对偶问题的性质，求原问题的最优解。

8. 试用对偶单纯形法求解下列线性规划问题。

（1） $\min z = x_1 + x_2$

$2x_1 + x_2 \geqslant 4$

$x_1 + 7x_2 \geqslant 7$

$x_1,\ x_2 \geqslant 0$

（2） $\min z = 3x_1 + 2x_2 + x_3 + 4x_4$

$2x_1 + 4x_2 + 5x_3 + x_4 \geqslant 0$

$3x_1 - x_2 + 7x_3 - 2x_4 \geqslant 2$

$5x_1 + 2x_2 + x_3 + 10x_4 \geqslant 15$

$x_1,\ x_2,\ x_3,\ x_4 \geqslant 0$

9. 现有线性规划问题

$\max z = -5x_1 + 5x_2 + 13x_3$

$-x_1 + x_2 + 3x_3 \leqslant 20$

$12x_1 + 4x_2 + 10x_3 \leqslant 90$

$x_1,\ x_2,\ x_3 \geqslant 0$

先用单纯形法求出最优解，然后分析在下列各种条件下，最优解分别有什么变化？

（1）约束条件 1 的右端常数由 20 变为 30

（2）约束条件 2 的右端常数由 90 变为 70

（3）目标函数中 x_3 的系数变为 8

（4）x_1 的系数向量变为 $\begin{pmatrix} -1 \\ 12 \end{pmatrix}$

（5）增加一个约束条件 $2x_1 + 3x_2 + 5x_3 \leqslant 50$

（6）将约束条件 2 变为 $10x_1 + 5x_2 + 10x_3 \leqslant 100$

10. 已知某工厂计划生产Ⅰ，Ⅱ，Ⅲ三种产品，各产品在 ABC 设备上加工，数据如表 2－3 所示。

表 2－3

设备代号	Ⅰ	Ⅱ	Ⅲ	每月设备有效台时
A	8	2	10	300
B	10	5	8	400
C	2	13	10	420
单位产品利润/千元	3	2	2.9	

（1）如何充分发挥设备能力，使生产盈利最大？

（2）如果为了增加产量，可借用其他工厂的设备 B，每月可借用 60 台时，租金为 1.8 万元，问借用设备是否合算？

（3）若另有两种新产品Ⅳ、Ⅴ，其中Ⅳ为 10 台时，单位产品利润 2.1 千元；新产品Ⅴ需用设备 A 为 4 台时，B 为 4 台时，C 为 12 台时，单位产品盈利 1.87 千元。如 A、B、C 设备台时不增加，分别回答这两种新产品投产在经济上是否划算？

（4）对产品工艺重新进行设计，改进结构，改进后生产每件产品 I，需要设备 A 为 9 台时，设备 B 为 12 台时，设备 C 为 4 台时，单位产品利润 4.5 千元，问这对原计划有何影响？

11. 分析下列参数规划中当 t 变化时最优解的变化情况。

（1）$\text{Max } z_{(t)} = (3-6t)x_1 + (2-2t)x_2 + (5-5t)x_3 \ (t \geqslant 0)$

s. t.

$x_1 + 2x_2 + x_3 \leqslant 430$

$3x_1 + 2x_3 \leqslant 460$

$x_1 + 4x_2 \leqslant 420$

$x_1, \ x_2, \ x_3 \geqslant 0$

（2）$\text{Max } z_{(t)} = (7+2t)x_1 + (12+t)x_2 + (10-t)x_3 \ (t \geqslant 0)$

s. t.

$x_1 + x_2 + x_3 \leqslant 20$

$2x_1 + 2x_2 + x_3 \leqslant 30$

$x_1, \ x_2, \ x_3 \geqslant 0$

（3）$\text{Max } z_{(t)} = 2x_1 + x_2 \ (0 \leqslant t \leqslant 25)$

s. t.

$x_1 \leqslant 10 + 2t$

$x_1 + x_2 \leqslant 25 - t$

$x_2 \leqslant 10 + 2t$

$x_1, \ x_2 \geqslant 0$

（4）$\text{Max } z_{(t)} = 21x_1 + 12x_2 + 18x_3 + 15x_4 \ (0 \leqslant t \leqslant 59)$

s. t.

$6x_1 + 3x_2 + 6x_3 + 3x_4 \leqslant 30 + t$

$6x_1 - 3x_2 + 12x_3 + 6x_4 \leqslant 78 - t$

$9x_1 + 3x_2 - 6x_3 + 9x_4 \leqslant 135 - 2t$

$x_1, \ x_2, \ x_3, \ x_4 \geqslant 0$

第3章 运输问题

1. 分别判断表3-1、表3-2中给出的调运方案能否作为用表上作业法求解时的最初解？为什么？

表3-1

产地＼销地	1	2	3	4	产量
1	0	15			15
2			15	10	25
3	5				5
销量	5	15	15	10	

表3-2

产地＼销地	1	2	3	4	5	产量
1	150			250		400
2		200	300			500
3			250		50	300
4	90	210				300
5				80	20	100
销量	240	410	550	330	70	

2. 表3-3和表3-4中分别给出两个运输问题的产销平衡表和单位运价表，试用伏格尔法直接给出近似最优解。

表 3-3

产地＼销地	1	2	3	产量
1	5	1	8	12
2	2	4	1	14
3	3	6	7	4
销量	9	10	11	

表 3-4

产地＼销地	1	2	3	4	5	产量
1	10	2	3	15	9	25
2	5	20	15	2	4	30
3	15	5	14	7	15	20
4	20	15	13	M	8	30
销量	20	20	30	10	25	

3. 用表上作业法求给出（1）表 3-5、（2）表 3-6、（3）表 3-7、（4）表 3-8 运输问题的最优解（M 是任意大正数）

（1）**表 3-5**

产地＼销地	甲	乙	丙	丁	产量
1	3	7	6	4	5
2	2	4	3	2	2
3	4	3	8	5	3
销量	3	3	2	2	

（2）**表 3-6**

产地＼销地	甲	乙	丙	丁	产量
1	10	6	7	12	4
2	16	10	5	9	9
3	5	4	10	10	4
销量	5	2	4	6	

(3) **表 3-7**

产地＼销地	甲	乙	丙	丁	戊	产量
1	10	20	5	9	10	5
2	2	10	8	30	6	6
3	1	20	7	10	4	2
4	8	6	3	7	5	9
销量	4	4	6	2	4	

(4) **表 3-8**

产地＼销地	甲	乙	丙	丁	戊	产量
1	10	18	29	13	22	100
2	13	M	21	14	16	120
3	0	6	11	3	M	140
4	9	11	23	18	19	80
5	24	28	36	30	34	60
销量	100	120	100	60	80	

4. 已知运输问题的产销平衡表、单位运价表及最优调运方案如表 3-9、表 3-10 所示。

表 3-9

产地＼销地	B_1	B_2	B_3	B_4	产量
A_1		5		10	15
A_2	0	10	15		25
A_3	5				5
销量	5	15	15	10	

表 3-10

产地＼销地	B_1	B_2	B_3	B_4
A_1	10	1	20	11
A_2	12	7	9	20
A_3	2	14	16	18

（1）A_2 到 B_2 的单位运价 c_{22} 在什么范围变化时，上述最优方案不变？

（2）A_2 到 B_4 的单位运价变为何值时，有无穷多最优调运方案。除表 3－9 中方案外，至少写出其他两个。

5. 某百货公司去外地采购 A、B、C、D 四种规格的服装，数量分别为：A，1 500 套；B，2 000 套；C，3 000 套；D，3 500 套；有三个城市可以供应上述服装，分别为：Ⅰ，2 500 套，Ⅱ，2 500 套；Ⅲ，5 000 套。详见表 3－11，求预期盈利最大的采购方案。

表 3－11

	A	B	C	D
Ⅰ	10	5	6	7
Ⅱ	8	2	7	6
Ⅲ	9	3	4	8

6. 甲乙丙三个城市每年需要煤炭分别为：320 万吨、250 万吨、350 万吨，由 A、B 两处煤矿供应。煤炭供应量分别为：A，400 万吨；B，450 万吨；运价如表 3－12 所示，由于需大于供应，经研究平衡决定，甲城市供应量可以减少 0～30 万吨，乙城市需要完全供应，丙城市供应不少于 270 万吨。试求将供应量分配完又使总运费最低的调运方案。

表 3－12

	甲	乙	丙
A	15	18	22
B	21	25	16

7. 某造船厂根据合同要从当年起连续三年末各提供三条规格型号相同的大型客货轮。已知该厂这三年内生产大型客货轮的能力及每艘客货轮成本如表 3－13 所示。

表 3－13

年度	正常生产时间内 可完成的客货轮数	加班生产时间内 可完成的客货轮数	正常生产时的 每艘成本/万元
1	2	3	500
2	4	2	600
3	1	3	550

已知加班生产时，每艘客货轮的成本比正常生产高出 70 万元，又知道造出来的货轮如当年不交货，每艘积压一年造成积压损失 40 万元，在签合同时，该厂已经存储了 2 艘客货轮，而该厂希望在第三年末完成合同后还能存储一艘备用，问该厂如何安排每年的生产量，能够在满足上述要求的情况下，总的生产费用加积压损失最少？

第4章 目标规划

1. 若用以下表达式作为目标规划的目标函数，试述其逻辑是否正确？

（1）$\max z = d_1^- + d_1^+$

（2）$\max z = d_1^- - d_1^+$

（3）$\min z = d_1^- + d_1^+$

（4）$\min z = d_1^- - d_1^+$

2. 试用图解法找出以下目标规划的满意解；

（1）$\min z = P_1(d_1^- + d_1^+) + P_2(2d_2^+ + d_3^+)$

s. t. $x_1 - 10x_2 + d_1^- - d_1^+ = 50$

$3x_1 + 5x_2 + d_2^- - d_2^+ = 20$

$8x_1 + 6x_2 + d_3^- - d_3^+ = 100$

$x_1,\ x_2,\ d_1^-,\ d_1^+,\ d_2^+,\ d_2^-,\ d_3^-,\ d_3^+ \geqslant 0$

（2）$\min z = P_1(d_3^+ + d_4^+) + P_2 d_1^+ + P_3 d_2^- + P_4(d_3^- + 1.5d_4^-)$

s. t.

$x_1 + x_2 + d_1^- - d_1^+ = 40$

$x_1 + x_2 + d_2^+ - d_2^- = 100$

$x_1 + d_3^- - d_3^+ = 30$

$x_2 + d_4^- - d_4^+ = 15$

$x_1,\ x_2,\ d_1^-,\ d_1^+,\ d_2^+,\ d_2^-,\ d_3^-,\ d_3^+,\ d_4^-,\ d_4^+ \geqslant 0$

（3）$\min z = P_1(d_1^- + d_1^+) + P_2 d_2^- + P_3 d_3^+$

s. t. $x_1 + x_2 + d_1^- - d_1^+ = 10$

$3x_1 + 4x_2 + d_2^- - d_2^+ = 50$

$8x_1 + 10x_2 + d_3^- - d_3^+ = 300$

$x_1,\ x_2,\ d_1^-,\ d_1^+,\ d_2^+,\ d_2^-,\ d_3^-,\ d_3^+ \geqslant 0$

3. 使用单纯形法求解下列目标规划问题。

（1）$\min z = P_1 d_1^- + P_2 d_2^+ + P_3(5d_3^- + 3d_4^-) + P_4 d_1^+$

s. t.

$x_1 + x_2 + d_1^- - d_1^+ = 80$

$x_1 + x_2 + d_2^- - d_2^+ = 90$

$x_1 + d_3^- - d_3^+ = 70$

$x_2 + d_4^- - d_4^+ = 45$

$x_1, x_2, d_1^-, d_1^+, d_2^+, d_2^-, d_3^-, d_3^+, d_4^-, d_4^+ \geqslant 0$

（2）$\min z = P_1 d_2^+ + P_1 d_2^- + P_2 d_1^-$

s. t. $x_1 + 2x_2 + d_1^- - d_1^+ = 10$

$10x_1 + 12x_2 + d_2^- - d_2^+ = 62.4$

$x_1 + 2x_2 \leqslant 8$

$x_1, x_2, d_1^-, d_1^+, d_2^+, d_2^- \geqslant 0$

（3）$\min z = P_1(d_1^- + d_2^+) + P_2 d_3^-$

s. t. $x_1 + x_2 + d_1^- - d_1^+ = 1$

$2x_1 + 2x_2 + d_2^- - d_2^+ = 4$

$6x_1 - 4x_2 + d_3^- - d_3^+ = 50$

$x_1, x_2, d_1^-, d_1^+, d_2^+, d_2^-, d_3^-, d_3^+ \geqslant 0$

4. 有以下目标规划问题

$\min z = P_1 d_1^- + P_2 d_4^+ + P_3(5d_2^- + 3d_3^-) + P_3(5d_3^+ + 3d_2^+)$

s. t. $x_1 + x_2 + d_1^- - d_1^+ = 80$

$x_1 + d_2^- - d_2^+ = 70$

$x_2 + d_3^- - d_3^+ = 45$

$d_1^+ + d_4^- - d_4^+ = 10$

$x_1, x_2, d_1^-, d_1^+, d_2^+, d_2^-, d_3^-, d_3^+, d_4^-, d_4^+ \geqslant 0$

（1）用单纯形法求解

（2）若目标函数变成 $\min z = P_1 d_1^- + P_3 d_4^+ + P_2(5d_2^- + 3d_3^-) + P_2(5d_3^+ + 3d_2^+)$，问原问题的解有什么变化？

（3）若第一个目标约束的右端改为 120，原满意解有何变化？

5. 某工厂生产两种产品，产品Ⅰ每件可获利 10 元，产品Ⅱ每件可获利 8 元。每生产 1 件产品Ⅰ需要 3 小时，生产产品Ⅱ需要 2.5 小时，每周的有效时间 120 小时，若加班生产，产品Ⅰ每件利润减少 1.5 元，每件产品Ⅱ利润减少 1 元，决策者希望在允许的工作时间和加班时间获取最大利润，试建立该问题的目标规划模型，并求解？

6. 某商标的酒是用三种等级的酒兑制而成。若这三种等级的酒每天的供应量和单位成本如表 4－1 所示。

表 4－1

等级	日供应量（kg）	成本（元/kg）
Ⅰ	1 500	6
Ⅱ	2 000	4.5
Ⅲ	1 000	3

设该种牌号酒有三种商标（红、黄、蓝），各种商标的酒对原料酒的混合比及售价，见表4－2。决策者规定：首先必须严格按规定比例兑制各商标的酒；其次是获利最大；最后是红商标的酒每天至少生产2 000公斤，试列出数学模型。

表 4－2

商标	兑制要求	售价（元/kg）
红	Ⅲ少于10%，Ⅰ多于50%	5.5
黄	Ⅲ少于70%，Ⅰ多于20%	5.0
蓝	Ⅲ少于50%，Ⅰ多于10%	4.8

第5章　整数规划

1. 对下列整数规划问题，问：用先解相应的线性规划，然后凑整的办法，能否求到最优整数解？

（1）$\max z=3x_1+2x_2$

s. t.

$2x_1+3x_2\leqslant 14.5$

$4x_1+x_2\leqslant 16.5$

$x_1，x_2\geqslant 0$

$x_1，x_2$ 是整数

（2）$\max z=3x_1+2x_2$

s. t.

$2x_1+3x_2\leqslant 14$

$2x_1+x_2\leqslant 9$

$x_1，x_2\geqslant 0$

$x_1，x_2$ 是整数

2. 用分支定界法解：

$\text{Max}\ z=x_1+x_2$

s. t.

$2x_1+9x_2/14\leqslant 51/14$

$-2x_1+x_2\leqslant 1/3$

$x_1，x_2\geqslant 0$

x_1x_2 都是整数。

3. 用戈莫里切割法解如下问题：

（1）$\max z=x_1+x_2$

s. t. $2x_1+x_2\leqslant 6$

$4x_1+5x_2\leqslant 20$

$x_1，x_2\geqslant 0$

$x_1，x_2$ 是整数

（2）$\max z = 3x_1 - x_2$

$$\begin{aligned} \text{s. t. } & 3x_1 - 2x_2 \leqslant 3 \\ & -5x_1 - 4x_2 \leqslant -10 \\ & 2x_1 + x_2 \leqslant 5 \\ & x_1,\ x_2 \geqslant 0 \\ & x_1,\ x_2 \text{ 是整数} \end{aligned}$$

4. 某城市的消防总部将全市划分为 11 个防火区，设有 4 个消防（救火）站。图 5 – 1 表示各防火区域与消防站的位置，其中①②③④表示消防站，1、2、…、11 表示防火区域。根据历史的资料证实，各消防站可在事先规定的允许时间内对所有负责的地区的火灾予以消灭。图中虚线即表示各地区由那个消防站负责（没有虚线连系，就表示不负责）。现在总部提出：可否减少消防站的数目，仍能同样负责各地区的防火任务？如果课可以，应当关闭哪个？

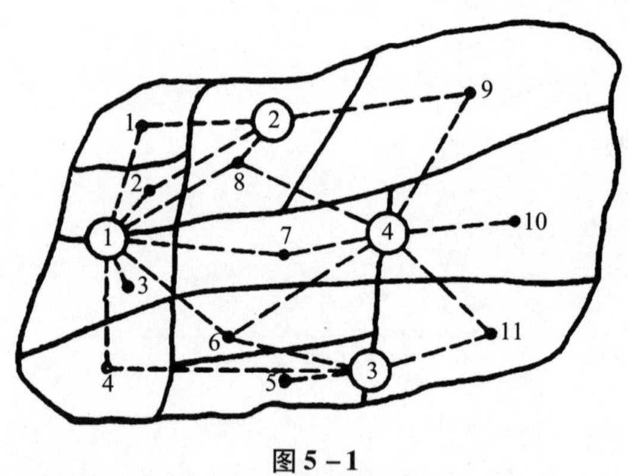

图 5 – 1

提示：对每个消防站定义一个 0 – 1 变量 x_i，令

$$x_j = \begin{cases} 1, & \text{当某防火区域可由第 } j \text{ 消防站负责时,} \\ 0, & \text{当某校防火区不由第 } j \text{ 消防站负责时,} \end{cases}$$

$j = 1,\ 2,\ 3,\ 4$

然后对每个防火区域列一的约束条件。

5. 在有相互排斥的约束条件的问题中，如果约束条件时≤型的，我们加 y_iM（y_i 是 0 – 1 变量，M 是很大的常数）的方法统一在一个问题中。如果是≥型的，我们将如何利用 y_i 和 M 呢？

6. 解 0 – 1 规划：

（1）$\max z = 4x_1 + 3x_2 + 2x_3$

s. t.

$2x_1 - 5x_2 + 3x_3 \leqslant 4$

$4x_1 + x_2 + 3x_5 \geqslant 3$

$x_2 + x_3 \geqslant 1$

$x_1, x_2, x_3 = 0$ 或 1

（2）$\min z = 2x_1 + 5x_2 + 3x_3 + 4x_4$

s. t. $-4x_1 + x_2 + x_3 + x_4 \geqslant 0$

$-2x_1 + 4x_2 + 2x_3 + x_4 \geqslant 4$

$x_1 + x_2 - x_3 + x_4 \geqslant 1$

$x_1, x_2, x_3, x_4 = 0$ 或 1

7. 有4个工人，指派他们完成4种工作，每人做各种工作所消耗的时间如表5－1所示，问指派哪个人去完成哪种工作，可以使得总耗时最小？

表5－1

人员＼任务	A	B	C	D
甲	15	18	21	24
乙	19	23	22	18
丙	26	17	16	19
丁	19	21	23	17

第6章　无约束问题

1. 某厂生产一种混合物，它由原料A和B组成，估计生产量是$3.6x_1-0.4x_1^2-1.6x_2-0.2x_2^2$，其中$x_1$和$x_2$分别为原料A和B的使用量（吨）。该厂拥有资金5万元，A种原料每吨的单价为1万元，B种为0.5万元。试写出生产量最大化的数学模型。

2. 某电视机厂要制定下年度的生产计划。由于该厂生产能力和仓库的限制，它的月生产量不能超过b台，存储量不能大于c台。按照合同规定，该厂地i月份底需要交付供货商的电视机台数为d_i。现在x_i和y_i分别表示该厂第i月份电视机的生产台数和存储台数，其月生产费用和存储费用分别是$f_i(x_i)$和$g_i(y_i)$。假定本年度结束时的存储量为零。是确定下年度费用（包括生产费用和存储费用）最低的生产计划，请写出上述问题的数学模型。

3. 试计算以下函数的梯度和海赛矩阵。

（1）$f(x)=x_1^2+x_2^2+x_3^2$

（2）$f(x)=\ln(x_1^2+x_1x_2+x_2^2)$

4. 试确定下列矩阵是正定、负定、半正定、半负定或不定？

（1）$H=\begin{bmatrix}2&1&2\\1&3&0\\2&0&5\end{bmatrix}$

（2）$H=\begin{bmatrix}1&1&0\\1&1&0\\0&0&1\end{bmatrix}$

5. 利用极值条件求解下列问题

$$\min f(x)=\frac{1}{3}x_1^3+\frac{1}{3}x_2^3-2x_2^2-4x_1$$

6. 试求函数 $f(x)=4x_1^2-4x_1x_2+6x_1x_3+5x_2^2-10x_2x_3+8x_3^2$ 的驻点，并判定它们是极大点、极小点还是鞍点。

7. 试判断以下函数的凹凸性：

（1）$f(x)=(4-x)^3 \quad x\leqslant 4$

（2）$f(x)=x_1^2+2x_1x_2+3x_2^2$

（3）$f(x)=\dfrac{1}{x} \quad x<0$

（4）$f(x)=x_1x_2$

8. （1）求 $f(x)=x^2-6x+2$ 的极小值点。

用黄金分割法求解。（要求缩短后的区间长度不大于原区间［0，10］的3%。）

（2）用牛顿法求解 $f(x)=x^3-6x+3(x>0)$，给定初始点为 $x_0=1$，误差小于0.01。

9. 利用斐波那契法求函数 $f(x)=x^3-7x^2+8x+4$ 在［0，3］内的极大值点。（要求确定后的区间长度不大于原区间的5%）

10. 用抛物线逼迫法求 $f(x)=e^x-5x$ 在区间［1，2］上的极小点，给定初始点 $x_1=1$，初始步长 $h_1=0.1$。只迭代两次。

11. 求函数极值问题：$\min f(x)=x_1-x_2+2x_1^2+2x_1x_2+x_2^2$，利用梯度法、共轭梯度法分别计算。初始点取 $x^{(1)}=(0,0)^T$（只迭代两次）

12. 求 $f(x)=x_1^2+2x_2^2-4x_1-2x_1x_2$ 的极小值点，给定初始点为 $x^{(1)}=(1,1)^T$。分别利用牛顿法、变化尺度法求解。

13. 在某一试验中变更条件 x_i 四次，测得相应的结果 y_i 示于表6－1，试为这一实验拟合一条直线，使其在最小二乘意义上最好反映这项实验结果（仅要求写出数学模型）。

表 6-1

x_i	2	4	6	8
y_i	1	3	5	6

14. 有一线性方程组如下：

$$\begin{cases} x_1 - 2x_2 + 3x_3 = 2 \\ 3x_1 - 2x_2 + x_3 = 7 \\ x_1 + x_2 - x_3 = 1 \end{cases}$$

现欲用无约束极小化法求解，试建立数学模型并说明数学原理。

15. 试判定下述非线性规划是否为凸规划：

$$(1)\ \begin{cases} \min f(X) = x_1^2 + x_2^2 + 8 \\ x_1^2 - x_2 \geqslant 0 \\ -x_1 - x_2^2 + 2 = 0 \\ x_1,\ x_2 \geqslant 0 \end{cases} \qquad (2)\ = \begin{cases} \min f(X) = 2x_1^2 + x_2^2 + x_3^2 - x_1x_2 \\ x_1^2 + x_2^2 \leqslant 4 \\ 5x_1^2 + x_3 = 10 \\ x_1,\ x_2,\ x_3 \geqslant 0 \end{cases}$$

16. 试用最速下降法求解

$$\min f(X) = x_1^2 + x_2^2 + x_3^2$$

取初始点 $X^{(1)} = (2,\ -2,\ 1)^T$。

17. 试用最速下降法求函数 $f(X) = -(x_1 - 2)^2 - 2x_2^2$ 的极大值。现以 $X^{(1)} = (0,\ 0)^T$ 为初始点进行计算，求出极大点；再以 $X^{(1)} = (0,\ 1)^T$ 为初始点进行两次迭代。最后比较从上述两个不同初始点出发的寻优过程。

18. 试用牛顿法求解：

$$\max f(X) = \frac{1}{x_1^2 + x_2^2 + 2}$$

取初始点 $X^{(1)} = (4,\ 0)^T$，用最佳步长进行。然后采用固定步长 $\lambda = 1$，观察迭代情况，并加以分析说明。

19. 试用共轭梯度法求解二次函数 $f(X)=\frac{1}{2}X^TAX$ 的极小点，此处 $A=\begin{pmatrix}1 & 1\\ 1 & 2\end{pmatrix}$。（取初始点为 $X^{(1)}=(1,\ 0)^T$）。

20. 试用变尺度法求解：

$$\min f(X)=(x_1-2)^3+(x_1-2x_2)^2$$

取初始点 $X^{(1)}=(0.00,\ 3.00)^T$。

第 7 章 约束极值问题

1. 在某一试验中变更条件 x_i 四次，测得相应的结果 y_i 示于表 7 - 1，试为这一试验拟合一条直线，使在最小二乘意义上最好地反映这项试验的结果（仅要求写出数学模型）。

表 7 - 1

x_i	2	4	6	8
y_i	1	3	5	6

2. 有一线性方程组如下：

$$\begin{cases} x_1 - 2x_2 + 3x_3 = 2 \\ 3x_1 - 2x_2 + x_3 = 7 \\ x_1 + x_2 - x_3 = 1 \end{cases}$$

现欲用无约束极小化方法求解，试建立数学模型并说明计算原理。

3. 试判定下述非线性规划是否为凸规划：

（1）$\begin{cases} \min f(X) = x_1^2 + x_2^2 + 8 \\ x_1^2 - x_2 \geqslant 0 \\ -x_1 - x_2^2 + 2 = 0 \\ x_1, \ x_2 \geqslant 0 \end{cases}$ （2）$\begin{cases} \min f(X) = 2x_1^2 + x_2^2 + x_3^2 - x_1 x_2 \\ x_1^2 + x_2^2 \leqslant 4 \\ 5x_1^2 + x_3 = 10 \\ x_1, \ x_2, \ x_3 \geqslant 0 \end{cases}$

4. 使用斐波那契法求函数：

$$f(x) = x^2 - 6x + 2$$

在区间［0，10］上的极小点，要求缩短后的区间长度不大于原区间长度的 8%。

5. 试用 0.618 法重做第 4 题，并将计算结果与第 4 题用斐波那契法所得计算结果进行比较。

6. 试用最速下降法求解：

$$\min f(X)=x_1^2+x_2^2+x_3^2$$

选初始点 $X^{(0)}=(2,\ -2,\ 1)^T$，要求做三次迭代，并验证相邻两步的搜索方向正交。

$$\nabla f=\left(\frac{\partial f}{\partial x_1},\ \frac{\partial f}{\partial x_2},\ \frac{\partial f}{\partial x_3}\right)^T=(2x_1,\ 2x_2,\ 2x_3)^T$$

7. 使用最速下降法求函数

$$f(X)=-(x_1-2)^2-2x_2^2$$

的极大点。先以 $X^{(0)}=(0,\ 0)^T$ 为初始点进行计算，求出极大点；再以 $X^{(0)}=(0,\ 1)^T$ 为初始点进行两次迭代。最后比较从上述两个不同初始点出发的寻优过程。

8. 试用牛顿法重解习题7.6。

9. 试用牛顿法求解

$$\max f(X)=\frac{1}{x_1^2+x_2^2+2}$$

取初始点 $X^{(0)}=(4,\ 0)^T$，用最佳步长进行。然后采用固定步长 $\lambda=1$，并观察迭代情况。

10. 试用共轭梯度法求二次函数

$$f(X)=\frac{1}{2}X^TAX$$

的极小点，此处 $A=\begin{pmatrix}1 & 1\\ 1 & 2\end{pmatrix}$

11. 令 $X^{(i)}(i=1,\ 2,\ \cdots,\ n)$ 为一组 A 共轭向量（假定为列向量），A 为 $n\times n$ 对称正定阵，试证

$$A^{-1}=\sum_{i=1}^{n}\frac{X^{(i)}(X^{(i)})^T}{(X^{(i)})^TAX^{(i)}}$$

12. 试用变尺度法求解

$$\min f(X)=(x_1-2)^3+(x_1-2x_2)^2$$

取初始点 $X^{(0)}=(0.00,\ 3.00)^T$，要求近似极小点处梯度的模不大于0.5。

13. 试以 $X^{(0)}=(0,\ 0)^T$ 为初始点，分别使用（1）最速下降法（迭代四次）；（2）牛顿法；（3）变尺度法。

求解无约束极值问题

$$\min f(X)=2x_1^2+x_2^2+2x_1x_2+x_1-x_2$$

并绘图表示使用上述各方法的寻优过程。

14. 试用步长加速法（模矢法）求下述函数

$$\min f(X)=x_1^2+2x_2^2-4x_1-2x_1x_2$$

的极小点，初始点 $X^{(0)}=(3,1)^T$，步长

$$\Delta_1=\begin{pmatrix}0.5\\0\end{pmatrix},\ \Delta_2=\begin{pmatrix}0\\0.5\end{pmatrix}$$

并绘图表示整个迭代过程。

15. 分析非线性规划

$$\begin{cases}\min f(X)=(x_1-2)^2+(x_2-3)^2\\ x_1^2+(x_2-2)^2\geqslant 4\\ x^2\leqslant 2\end{cases}$$

在以下各点的可行下降方向：

（1）$X^{(1)}=(0,\ 0)^T$；（2）$X^{(2)}=(2,\ 2)^T$；（3）$X^{(3)}=(3,\ 2)^T$。

16. 试写出下述二次规划的 Kuhn－Tucker 条件：

$$\begin{cases}\max f(X)=C^TX+X^THX\\ AX\leqslant b\\ X\geqslant 0\end{cases}$$

其中：A 为 $m\times n$ 矩阵，H 为 $n\times n$ 矩阵，C 为 n 维列向量，b 为 m 维列向量，变量 X 为 n 维列向量。

17. 试写出下述非线性规划问题的 Kuhn－Tucker 条件并进行求解：

（1）$\begin{cases}\max f(x)=(x-3)^2\\ 1\leqslant x\leqslant 5\end{cases}$　　（2）$\begin{cases}\min f(x)=(x-3)^2\\ 1\leqslant x\leqslant 5\end{cases}$

18. 试找出非线性规划

$$\begin{cases}\max f(X)=x_1\\ x_2-2+(x_1-1)^3\leqslant 0\\ (x_1-1)^3-x_2+2\leqslant 0\\ x_1,x_2\geqslant 0\end{cases}$$

的极大点，然后写出其 Kuhn – Tucker 条件，所求出的极大点满足 Kuhn – Tucker 条件吗？试加以说明。

19. 试解二次规划

$$\begin{cases}\min f(X)=2x_1^2-4x_1x_2+4x_2^2-6x_1-3x_2\\ x_1+x_2\leqslant 3\\ 4x_1+x_2\leqslant 9\\ x_1,\ x_2\geqslant 0\end{cases}$$

20. 试用可行方向法求解

$$\begin{cases}\min f(X)=2x_1^2+2x_2^2-2x_1x_2-4x_1-6x_2\\ x_1+x_2\leqslant 2\\ x_1+5x_2\leqslant 5\\ x_1,\ x_2\geqslant 0\end{cases}$$

21. 试用 SUMT 外点法求解

$$\begin{cases}\min f(X)=x_1^2+x_2^2\\ x_2=1\end{cases}$$

并求出当罚因子等于 1 和 10 时的近似解。

22. 试用 SUMT 外点法求解

$$\begin{cases}\max f(X)=x_1\\ (x_2-2)+(x_1-1)^3\leqslant 0\\ (x_1-1)^3-(x_2-2)\leqslant 0\\ x_1,\ x_2\geqslant 0\end{cases}$$

23. 试用 SUMT 内点法求解

$$\begin{cases}\max f(x)=(x+1)^2\\ x\geqslant 0\end{cases}$$

24. 试用 SUMT 内点法求解

$$\begin{cases}\min f(x)=x\\ 0\leqslant x\leqslant 1\end{cases}$$

第 8 章　动态规划的基本方法

1. 写出下面问题的动态规划的基本方程：

（1）$\max z = \sum_{i=1}^{n} g_i(x_i)$

$$st.\begin{cases}\sum_{i=1}^{n} a_i x_i \leqslant b \\ 0 \leqslant x_i \leqslant c_i,\ i=1,\ 2,\ 3\cdots,\ n\end{cases}$$

（2）$\max z = \sum_{j=1}^{n} g_j(x_i)$

$$st.\begin{cases}\sum_{j=1}^{n} a_{ij} x_j \leqslant b_j,\ i=1,\ 2,\ \cdots,\ m \\ 0 \leqslant x_j \leqslant c_j,\ j=1,\ 2,\ \cdots,\ n\end{cases}$$

2. 用动态规划方法求解下列问题：

（1）$\max z = x_1^2 x_2 x_3^3$

$$st.\begin{cases}x_1 + x_2 + x_3 \leqslant 6 \\ x_i \geqslant 0,\ i=1,\ 2,\ 3\end{cases}$$

（2）$\max z = 5x_1 - x_1^2 + 9x_2 - 2x_2^2$

$$st.\begin{cases}x_1 + x_2 \leqslant 5 \\ x_i \geqslant 0,\ i=1,\ 2\end{cases}$$

（3）$\min z = 3x_1^2 + 4x_2^2 + x_3^2$

$$st.\begin{cases}x_1 x_2 x_3 \geqslant 9 \\ x_i \geqslant 0,\ i=1,\ 2,\ 3\end{cases}$$

（4）$\max z = 7x_1^2 + 6x_1 + 5x_2^2$

$$st.\begin{cases}x_1 + 2x_2 \leqslant 10 \\ x_1 - 3x_2 \leqslant 9 \\ x_1,\ x_2 \geqslant 0\end{cases}$$

（5）$\max z = 8x_1^2 + 4x_2^2 + x_3^3$

$$st.\begin{cases}2x_1 + x_2 + 10x_3 = b \\ x_i \geqslant 0.\ i=1,\ 2,\ 3 \\ b\ \text{为正数}\end{cases}$$

（6）$\max z = ax_1^2 + x_2x_3 + x_2x_4$

$$st.\begin{cases} x_1 + x_2 + x_3 + x_4 = 10 \\ x_i \geqslant 0,\ i = 1,\ 2,\ 3,\ 4 \\ a\ 为实数 \end{cases}$$

3. 利用动态规划方法证明某些不等式：

（1）平均值不等式

设 $x_i > 0$，$i = 1, 2, \cdots, n$

则有 $\dfrac{x_1 + x_2 + \cdots + x_n}{n} \geqslant (x_1x_2\cdots x_n)^{1/n}$

（2）比值不等式

设 $x_i > 0$，$y_i > 0$，$i = 1, 2, \cdots, n$

则有 $\min\limits_{1 \leqslant i \leqslant n}\left\{\dfrac{x_i}{y_i}\right\} \leqslant \dfrac{\sum\limits_{i=1}^{n} x_i}{\sum\limits_{i=1}^{n} y_i} \leqslant \max\limits_{1 \leqslant i \leqslant n}\left\{\dfrac{x_i}{y_i}\right\}$

4. 某人在每年年底要决策明年的投资与积累的资金分配。设开始时，他可利用的资金数为 c，年利率为 $\alpha(\alpha > 1)$。在 i 年里若投资 y，所得到的效益用 $g_i(y_i) = by_i$（b 为常数）来表示。试用逆推解法和顺推解法来建立该问题在 n 年里获得最大效益的动态规划模型。

5. 已知某指派问题的有关数据（每人完成各项工作的时间）如表 8－1 所示，试对此问题用动态规划方法求解。要求：

（1）列出动态规划的基本方程；

（2）用逆推解法求解。

表 8－1

工作 \ 人	1	2	3	4
1	15	18	21	24
2	19	23	22	18
3	26	18	16	19
4	19	21	23	17

6. 考虑一个有 m 个产地和 n 个销地的运输问题。设 a_i 为产地 $i(i=1, \cdots, n)$ 可发运的物资数，b_j 为销地 $j(j=1, \cdots, n)$ 所需要的物资数。又从产地 i 往销地 j 发运 x_{ij} 单位物资所需的费用为 $h_{ij}(x_{ij})$，试用此问题建立动态规划的模型。

7. 某公司去一所大学招聘一名管理专业应届毕业生。从众多应聘学生中，初选 3 名决定依次单独面试。面试规则为：当对第 1 人或第 2 人面试时，如满意（记 3 分），并决定聘用，面试不再继续；如不满意（记 1 分），决定不聘用，找下一人继续面试；如较满意（记 2 分）时，有两种选择，或决定聘用，面试不再继续，或不聘用，面试继续。但对决定不聘用者，不能同在后面面试的人比较后再回过头来聘用。故在前两名面试者都决定不聘用时，第三名面试者不论何种情况均需聘用。根据以往经验，面试中满章的占 20%，较满意的占 50%，不满意者占 30%。要求用动态规划方法帮助该公司确定一个最优策略，使聘用到的毕业生期望的分值为最高。

8. 某工厂购进 100 台机器，准备生产 p_1，p_2 两种产品。若生产产品 p_1，每台机器每年可收入 45 万元，损坏费为 65%；若生产产品 p_2，每台机器每年收入 35 万元，但损失率只有 35%；估计三年后有新的机器出现，旧的机器将全部淘汰。试问每年应如何安排生产，使在三年内收入最多？

9. 设有两种资源，第一种资源有 x 单位，第二种资源有 y 单位，计划分配 n 个部门。把第一种资源 x_i 单位，第二种资源 y_i 单位分配给部门 i 所得的利润记为 $r_i(x_i, y_i)$。如设 $x=3$，$y=3$，$n=3$，其利润 $r_i(x, y)$ 列表 8－2 中。试用动态规划方法如何分配这两种资源到 i 个部门去，使总的利润最大？

表 8－2

y \ x	$r_1(x, y)$				$r_2(x, y)$				$r_3(x, y)$			
	0	1	2	3	0	1	2	3	0	1	2	3
0	0	1	3	6	0	2	4	6	0	3	5	8
1	4	5	6	7	1	4	6	7	2	5	7	9
2	5	6	7	8	4	6	8	9	4	7	9	11
3	6	7	8	9	6	8	10	11	6	9	11	13

10. 某公司有三个工厂，它们都可以考虑改造扩建。每个工厂都有若干种方案可供选择，各种方案的投资及所能取得的收益如表 8－3 所示。现公司有资金 5 千万元，问应如何分配投资使公司的总收益最大？

表 8 – 3 单位：千万元

m_{ij}（方案）	工厂 $i=1$		工厂 $i=2$		工厂 $i=3$	
	C（投资）	R（收益）	C（投资）	R（收益）	C（投资）	R（收益）
1	0	0	0	0	0	0
2	1	5	2	8	1	3
3	2	6	3	9	—	—
4	—	—	4	12	—	—

11. 某工厂根据国家的需要其交货任务如表 8 – 4 所示。表中数字为月底的交货量。该厂的生产能力为每月 400 件，该厂仓库的存货能力为 300 件，已知每 100 件货物的生产费为 10 000 元，在进行生产的月份，工厂要支出经常费用 4 000 元，仓库保管费为每百件货物每月 1 000 元。假定开始时及 6 月底交货后无存货。试问应在每个月各生产多少件物品，才能既满足交货任务又使总费用最小?

表 8 – 4

月份	1	2	3	4	5	6
货物量/百件	1	2	5	3	2	1

12. 某商店在未来的 4 个月里，准备利用商店里一个仓库来专门经销某种商品，该仓库最多能装这种商品 1 000 单位。假定商店每月只能卖出它仓库现有的货。当商店决定在某个月购货时，只有在该月的下个月开始才能得到该货。据估计未来 4 个月这种商品买卖价格如表 8 – 5 所示。假定商店在 1 月开始经销时，仓库贮存商品有 500 单位。

表 8 – 5

月份（k）	买价（c_k）	卖价（p_k）
1	10	12
2	9	9
3	11	13
4	15	17

试问：如何制订这 4 个月的订购与销售计划，使获得利润最大？（不考虑仓库的存贮费用）

13. 某厂准备连续 3 个月生产 A 种产品，每月初开始生产。A 的生产成本费为 x^2，其中 x 是 A 产品当月的生产数量。仓库存货成本费是每月每单位为 1 元。估计 3 个月的需求量分

别为 $d_1=100$，$d_2=110$，$d_3=120$。现设开始时第一个月月初存货 $s_0=0$，第三个月的月末存货 $s_3=0$。试问：每月的生产数量应是多少才使总的生产和存货费用为最小。

14. 某鞋店出售橡胶雪靴，热销季节是从 10 月 1 日至次年 3 月 31 日，销售部门对这段时间的需求量预测如表 8－6 所示。

表 8－6

月份	10	11	12	1	2	3
需求/双	40	20	30	40	30	20

每月订货数目只有 10 双、20 双、30 双、40 双、50 双几种可能性，所需费用相应地为 48 元、86 元、118 元、138 元、160 元。每月末的存货不应超过 40 双，存贮费用按月末存靴数计算，每月每双为 0.2 元。因为雪靴季节性强，且式样要变化，希望热销前后存货均为零。假定每月的需求率为常数，贮存费用按月存货量计算，订购一次的费用为 10 元。求使热销季节的总费用为最小的订货方案。

15. 设某商店一年分上、下半年两次进货。上、下半年的需求情况是相同的，需求量 y 服从均匀分布，其概率密度函数为

$$f(y)=\begin{cases}\dfrac{1}{10}, & 20\leqslant y\leqslant 30\\ 0, & 其他\end{cases}$$

其进货价格及销售价格在上，下半年中是不同的，分别为 $q_1=3$，$q_2=2$，$p_1=5$，$p_2=4$. 年底若有剩货时，以单价 $p_3=1$ 处理出售，可以清理完剩货。设年初存货为 0. 若不考虑存贮费及其他开支，问两次进货各应为多少，才能获得最大的期望利润？

16. 某工厂生产三种产品，各种产品重量与利润关系如表 8－7 所示。现将此三种产品运往市场出售，运输能力总重量不超过 10 吨，问如何安排运输使总利润最大？

表 8－7

种类	重量/(吨・件$^{-1}$)	利润/(元・件$^{-1}$)
1	2	100
2	3	140
3	4	180

17. 设有一辆载重卡车。现有 4 种货物均可用此车运输。已知这 4 种货物的重景，容积及价值关系如表 8 - 8 所示。

表 8 - 8

货物代号	重量/吨	容积/平方米	价值/千元
1	2	2	3
2	3	2	4
3	4	2	5
4	5	3	6

若该卡车的最大载重为 15 吨，最大允许装载容积为 10 立方米，在许可的条件下，每车装载每一种货物的件数不限，问应如何搭配这四种货物，才能使每车装载货物的价值最大。

18. 设某台机床每天可用工时为 5 小时，生产每单位产品 A 或 B 都需要 1 小时，其成本分别为 4 元和 3 元。已知各种单位产品的售价与该产品的产量具有如下线性关系：产品 A：$p_1 = 12 - x_1$；产品 B：$p_2 = 13 - 2x_2$。其中 x_1，x_2 分别为产品 A，B 的产量。问如果要求机床每天必须工作 5h，产品 A 和 B 各应生产多少，才能使总的利润最大?

19. 用动态规划方法求解下列问题：

（1）$\max z = 5x_1 + 10x_2 + 3x_3 + 6x_4$

$$st.\begin{cases} x_1 + 4x_4 + 5x_3 + 10x_4 \leqslant 11 \\ x_i \geqslant 0，\text{且为正数}，i = 1，2，3，4 \end{cases}$$

（2）$\max z = 3x_1(2 - x_1) + 2x_2(2 - x_2)$

$$st.\begin{cases} x_1 + x_2 \leqslant 3 \\ x_i \geqslant 0，\text{且为整数}，i = 1，2 \end{cases}$$

（3）$\min z = x_1^2 + x_2^2 + x_3^2 + x_4^2$

$$st.\begin{cases} x_1 + x_2 + x_3 + x_4 \geqslant 10 \\ x_i \geqslant 0，\text{且为整数}，i = 1，2，3，4 \end{cases}$$

第 9 章　动态规划应用举例

1. 有一部货车每天沿着公路给四个零售店卸下 6 箱货物，如果各零售店出售该货物所得利润如表 9 - 1 所示，试求在各零售店卸下几箱货物，能使获得总利润最大？其值是多少？

表 9 - 1

箱数 \ 利润 \ 零售店	1	2	3	4
0	0	0	0	0
1	4	2	3	4
2	6	4	5	5
3	7	6	7	6
4	7	8	8	6
5	7	9	8	6
6	7	10	8	6

2. 设有某种肥料共 6 个单位重量，准备供给四块粮田用。其每块田施肥数量与增产粮食数字关系如表 9 - 2 所示。试求对每块田施多少单位重量的肥料，才使总的增产粮食最多。

表 9 - 2

增　肥	粮　田			
	1	2	3	4
0	0	0	0	0
1	20	25	18	28
2	42	45	39	47
3	60	57	61	65
4	75	65	78	74
5	85	70	90	80
6	90	73	95	85

3. 某公司打算向它的3个营业区增设六个销售店，每个营业区至少增设1个。从各区赚取的利润（单位为万元）与增设的销售店个数有关，其数据如表9－3所示。

表9－3

销售店增加数	A区利润	B区利润	C区利润
0	100	200	150
1	200	210	160
2	280	220	170
3	330	225	180
4	340	230	200

试求各区应分配几个增设的销售店，才能使总利润最大？其值是多少？

4. 某工厂有100台机器，拟分四个周期使用，在每一周期有两种生产任务。据经验，把机器 x_1 台投入第一种生产任务，则在一个生产周期中将有 $x_1/3$ 台机器作废；余下的机器全部投入第二种生产任务，则有1/10台机器作废。如果干第一种生产任务每台机器可收益10，干第二种生产任务每台机器可收益7。问怎样分配机器，使总收益最大？

5. 设有三种资源，每单位的成本分别为 a、b、c。给定的利润函数为

$$r_i(x_i, y_i, z_i), (i=1, 2, \cdots, n)$$

现有资金为 W，应购买各种资源多少单位分配给 n 个行业，才能使总利润最大。试给出动态规划的公式，并写出它的一维递推关系式。

6. 某厂生产一种产品，估计该产品在未来4个月的销售量分别为400件、500件、300件、200件。该项产品的生产准备费用每批为500元，每件的生产费用为1元，存储费用每件每月为1元。假定1月初的存货为100件，4月底的存货为零。试求该厂在这4个月内的最优生产计划。

7. 某电视机厂为生产电视机而需生产喇叭，生产以万只为单位。根据以往记录，一年的四个季度需要喇叭分别是3万、2万、3万、2万只。设每万只存放在仓库内一个季度的存储费为0.2万元，每生产一批的装配费为2万元，每万只的生产成本费为1万元。问应该怎样安排四个季度的生产，才能使总的费用最小？

8. 某公司需要对某产品决定未来半年内每个月的最佳存储量，以使总费用极小化。已知半年里对该产品的需求量和单位订货费用、单位存储费用的数据如表 9－4 所示。

表 9－4

月份 k	1	2	3	4	5	6
需求量 d_k	50	55	50	45	40	30
单位订货费用 c_k	825	775	850	850	775	825
单位存储费用 p_k	40	30	35	20	40	

9. 某罐头制造公司需要在近五周内必须采购一批原料，估计在未来五周内价格有波动，其浮动价格和概率如表 9－5 所示。试求各周以什么价格购入，使采购价格的数学期望值最小。

表 9－5

单价	概率
9	0.4
8	0.3
7	0.3

10. 求下列问题的最优解

（1）$\max z=10x_1+22x_2+17x_3$

$$\begin{cases}2x_1+4x_2+3x_3\leqslant 20\\ x_i\geqslant 0 \text{ 且为整数}\ (i=1,2,3)\end{cases}$$

（2）$\max z=x_1x_2x_3x_4$

$$\begin{cases}2x_1+3x_2+x_3+2x_4=11\\ x_i\geqslant 0,\text{整数}\ (i=1,2,3,4)\end{cases}$$

（3）$\max z=4x_1+5x_2+8x_3$

$$\begin{cases}x_1+x_2+x_3\leqslant 10\\ x_1+3x_2+6x_3\leqslant 13\\ x_i\geqslant 0,\text{整数}\ (i=1,2,3)\end{cases}$$

（4）$\max z=g_1(x_1)+g_2(x_2)+g_3(x_3)$

$$\begin{cases}x_1^2+x_2^2+x_3^2\leqslant 20\\ x_i\geqslant 0 \text{ 且为整数}\ (i=1,2,3)\end{cases}$$

其中 x_i 与 $g_i(x_i)$ 的关系如表 9－6 所示。

表 9-6

x_i	0	1	2	3	4	5	6	7	8	9	10
$g_1(x_1)$	2	4	7	11	13	15	18	22	18	15	11
$g_2(x_2)$	5	10	15	20	24	18	12	9	5	3	1
$g_3(x_3)$	8	12	17	22	19	16	14	11	9	7	4

11. 某工厂生产三种产品，各产品重量与利润关系如表 9-7 所示。现将此三种产品运往市场出售，运输能力总重量不超过 6 吨。问如何安排运输使总利润最大？

表 9-7

种类	1	2	3
重量	2	3	4
利润	80	130	180

12. 某工厂在一年进行了 A、B、C 三种新产品试制，由于资金不足，估计在年内这三种新产品研制不成功的概率分别为 0.40、0.60、0.80，因而都研制不成功的概率为 $0.40\times0.60\times0.80=0.192$，为了促进三种新产品的研制，决定增拨 2 万元的研制费，并要资金集中使用，以万元为单位进行分配。其增拨研制费与新产品不成功的概率如表 9-8 所示。试问如何分配费用，使这三种新产品都研制不成功的概率为最小。

表 9-8

新产品 \ 研制费 S	不成功概率		
	A	B	C
0	0.40	0.60	0.80
1	0.20	0.40	0.50
2	0.15	0.20	0.30

13. 某一印刷厂有六项加工任务，对印刷车间和装订车间所需时间（单位为天）如表 9-9 所示，试求最优的加工顺序和总加工天数。

表 9-9

任务 \ 车间	J_1	J_2	J_3	J_4	J_5	J_6
印刷车间	3	10	5	2	9	11
装订车间	8	12	9	6	5	2

14. 试制定五年中的一台机器更新策略，使总收入达到最大。设。$a=1$，$T=2$，有关数据如表 9 – 10 所示。

表 9 – 10

项目 \ 年序 / 机龄	第一年					第二年				第三年		
	0	1	2	3	4	0	1	2	3	0	1	2
收入	20	19	18	16	14	25	23	22	20	27	24	22
运行费用	4	4	6	6	8	3	4	6	7	3	3	4
更新费用	25	27	30	32	35	27	29	32	34	29	30	31

项目 \ 年序 / 机龄	第四年		第五年	期　前				
	0	1	0	2	3	4	5	6
收入	28	26	30	16	14	14	12	12
运行费用	2	3	2	6	6	7	7	8
更新费用	30	31	32	30	32	34	34	36

15. 求解 6 个城市旅行推销员问题。其距离矩阵如表 9 – 11 所示。设推销员从 1 城出发，经过每个城市一次且仅一次，最后回到 1 城。问按怎样的路线走，使总的行程最短。

表 9 – 11

距离 j \ i	1	2	3	4	5	6
1	0	10	20	30	40	50
2	12	0	18	30	25	21
3	23	9	0	5	10	15
4	34	32	4	0	8	16
5	45	27	11	10	0	18
6	56	22	16	20	12	0

第10章　图与网络优化

1. 证明如下序列不可能是某个简单图的次的序列：

（1）7，6，5，4，3，2

（2）6，6，5，4，3，2，1

（3）6，5，5，4，3，2，1

2. 已知9个人 v_1，v_2，…，v_9 中，v_1 和两个人握过手，v_2，v_3 各和四个人握过手，v_4，v_5，v_6，v_7 各和五个人握过手，v_8，v_9 各和六个人握过手，证明这九个人中一定可以找出三个人互相握过手。

3. 有八种化学药品A、B、C、D、P、R、S、T要放进储藏室保管。出于安全原因，下列各组药品不能储存在同一室内：A－R、A－C、A－T、R－P、P－S、S－T、T－B、T－D、B－D、D－C、R－S、R－B、P－D、S－C、S－D问储存这八种药品至少需要多少间储藏室。

4. 已知有16个城市及它们之间的道路联系（见图10－1）。某旅行者从城市A出发，沿途依次经过J、N、H、K、G、B、M、I、E、P、F、C、L、D、O、C、G、N、H、K、O、D、L、P、E、I、F、B、J、A，最后到达城市M。由于疏忽，该旅行者忘了在图上标明各城市的位置，请应用图的基本概念及理论，在图10－1中标明各城市A～P的位置。

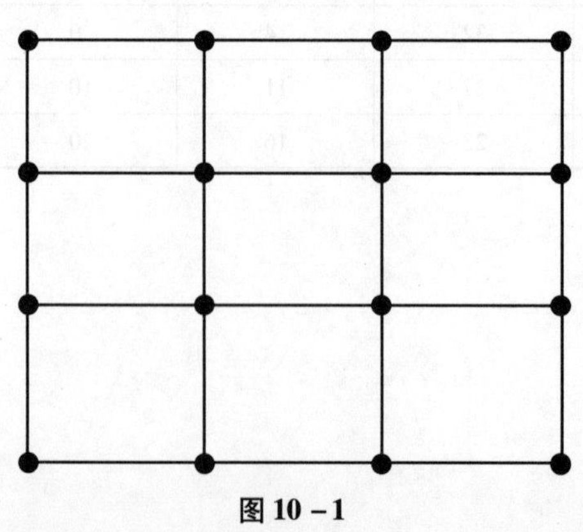

图10－1

5. 10 名研究生参加六门课程的考试。由于选修的课程不同，考试门数也不一样。表 10-1 给出了每个研究生应参加考试的课程（打 Δ 号的）。规定考试应在三天内结束，每天上下午各安排一门。研究生们提出希望每人每天最多考一门，又课程 A 必须安排在每一天上午考，课程 F 安排在最后一门，课程 B 只能安排在中午考，试列出一张满足各方面要求的考试日程表。

表 10-1

研究生 \ 考试课程	A	B	C	D	E	F
1	Δ	Δ		Δ		
2	Δ		Δ			
3	Δ					Δ
4		Δ			Δ	Δ
5	Δ		Δ	Δ		
6			Δ		Δ	
7			Δ		Δ	Δ
8		Δ		Δ		
9	Δ	Δ				Δ
10	Δ		Δ			Δ

6. 用破圈法和避圈法找出图 10-2 的一个支撑树。

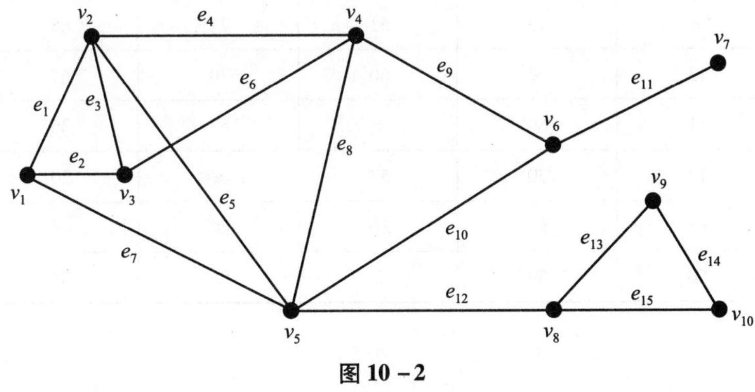

图 10-2

7. 用破圈法和避圈法求图 10-3 中各图的最小树。

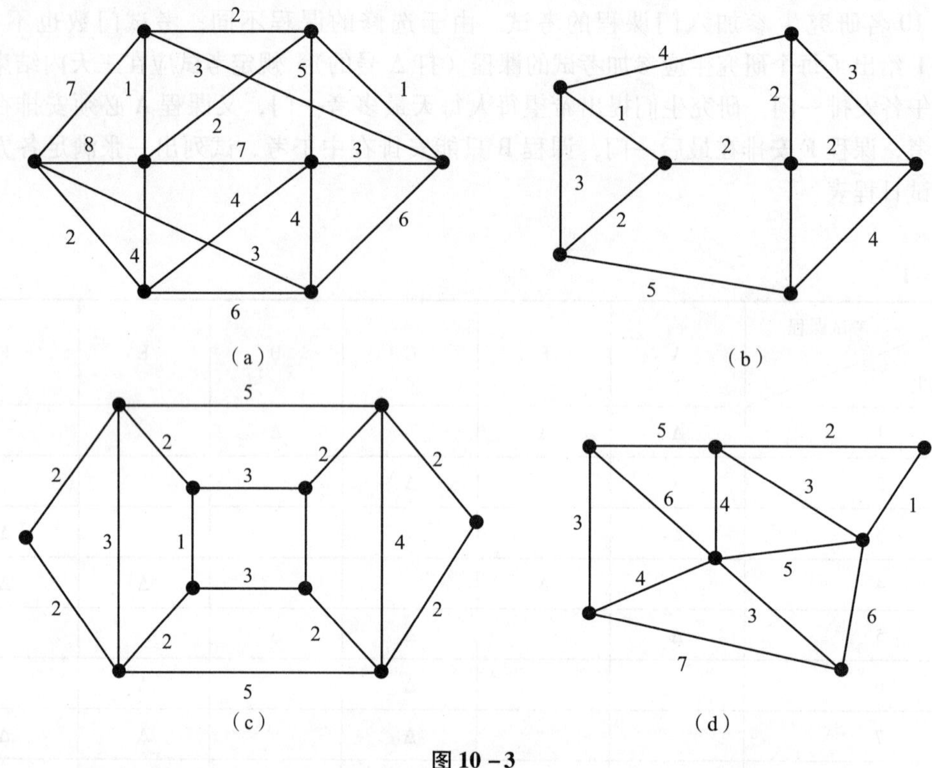

图 10－3

8. 已知世界六大城市：(Pe)、(N)、(Pa)、(L)、(T)、(M)。试在由表 10－2 所示交通网络的数据中确定最小树。

表 10－2

城市	Pe	T	Pa	M	N	L
Pe	×	13	51	77	68	50
T	13	×	60	70	67	59
Pa	51	60	×	57	36	2
M	77	70	57	×	20	55
N	68	67	36	20	×	34
L	50	59	2	55	34	×

9. 有 9 个城市 v_1，v_2，…，v_9，其公路网如图 10－4 所示。弧旁数字是该段公路的长度，有一批货物从 v_1 运到 v_9，问走哪条路最短？

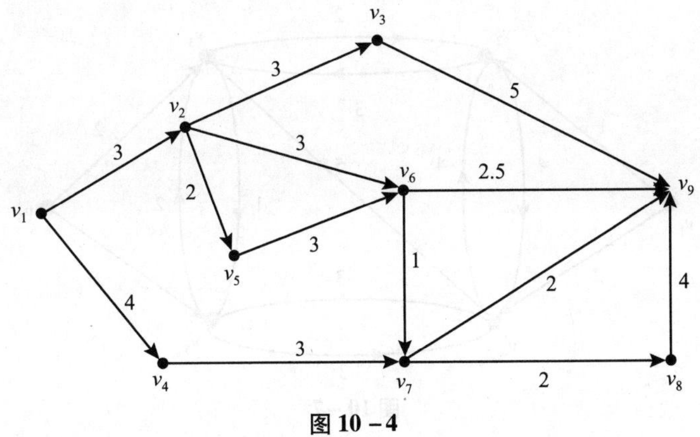

图 10 – 4

10. 用标号法求图 10 – 5 中 v_1 到各点的最短路。

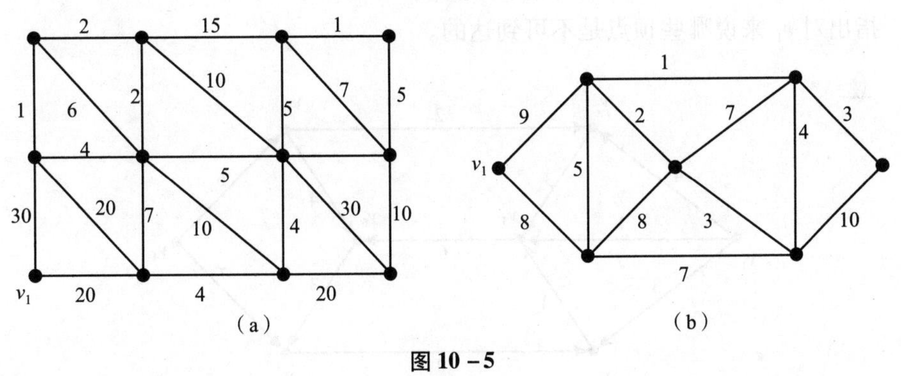

(a)　　(b)

图 10 – 5

11. 用 Dijksrea 方法求图 10 – 6 中 v_1 到各点的最短距离。

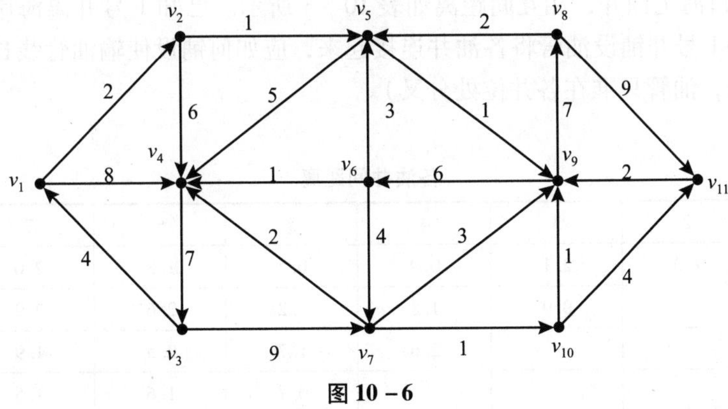

图 10 – 6

12. 求图 10 – 7 中从 v_1 到各点的最短路。

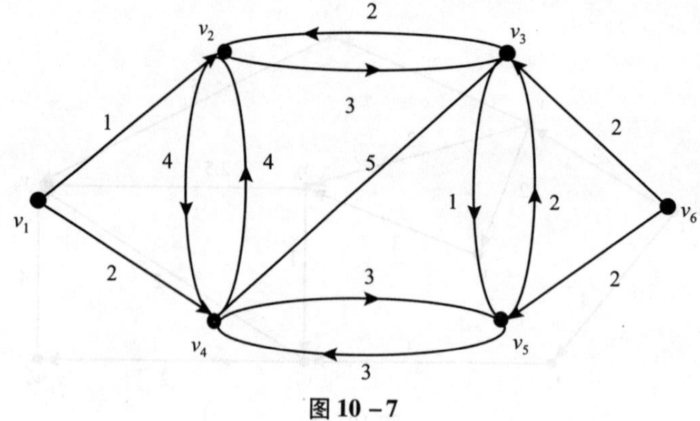

图 10－7

13. 在图 10－8 中

（1）用 Dijkstra 方法求从 v_1 到各点的最短路；

（2）指出对 v_1 来说哪些顶点是不可到达的。

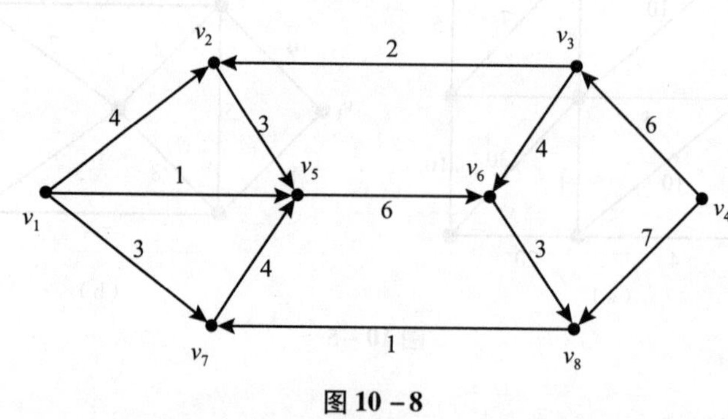

图 10－8

14. 已知八口海上油井，相互间距离如表 10－3 所示。已知 1 号井离海岸最近，为 5 海里。问从海岸经 1 号井铺设油管将各油井连接起来，应如何铺设使输油管线长度为最短（为便于计算和检修，油管只准在各井位处分叉）。

表 10－3　　各油井间距离　　单位：公里

	2	3	4	5	6	7	8
1	1.3	2.1	0.9	0.7	1.8	2.0	1.5
2		0.9	1.8	1.2	2.6	2.9	1.1
3			2.6	1.7	2.5	1.9	1.0
4				0.7	1.6	1.5	0.9
5					0.9	1.1	0.8
6						0.6	1.0
7							0.5

15. 设某公司在六个城市 c_1，…，c_6 有分公司，从 c_i 到 c_j 的直达航线票价记在下面矩阵的（i，j）位置上（∞表明无直达航线，需经其他城市中转）。请帮助该公司设计一张任意两城市的票价最便宜的路线表。

$$\begin{bmatrix} 0 & 50 & \infty & 40 & 25 & 10 \\ 50 & 0 & 15 & 20 & \infty & 25 \\ \infty & 15 & 0 & 10 & 20 & \infty \\ 40 & 20 & 10 & 0 & 10 & 25 \\ 25 & \infty & 20 & 10 & 0 & 55 \\ 10 & 25 & \infty & 25 & 55 & 0 \end{bmatrix}$$

16. 在如图 10－9 所示的网格中，每弧旁的数字是（c_{ij}，f_{ij}）。

（1）确定所有的数集；

（2）求最小截集的容量；

（3）证明指出的流是最大流。

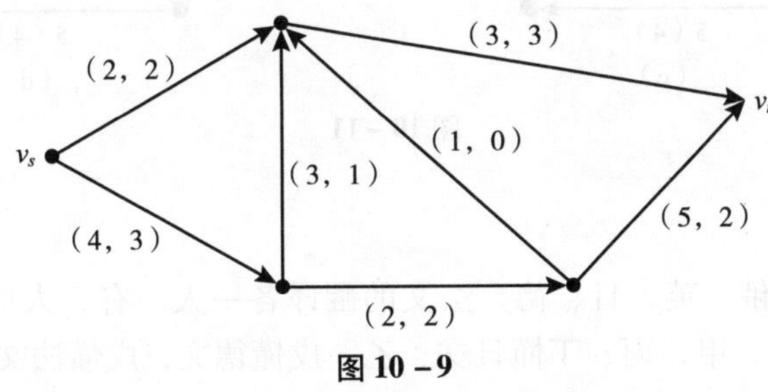

图 10－9

17. 求如图 10－10 所示的网络的最大流，每弧旁的数字是（c_{ij}，f_{ij}）。

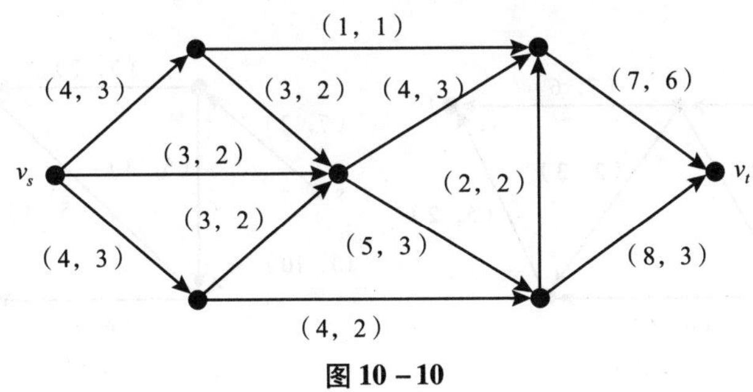

图 10－10

18. 用 Ford－Fulkerson 的标号算法求图 10－11 中所示各容量网络中从 v_s 到 v_t 的最大流，并标出个网络的最小割集。图中各弧旁数字为容量 c_{ij}，括弧中为流量 f_{ij}。

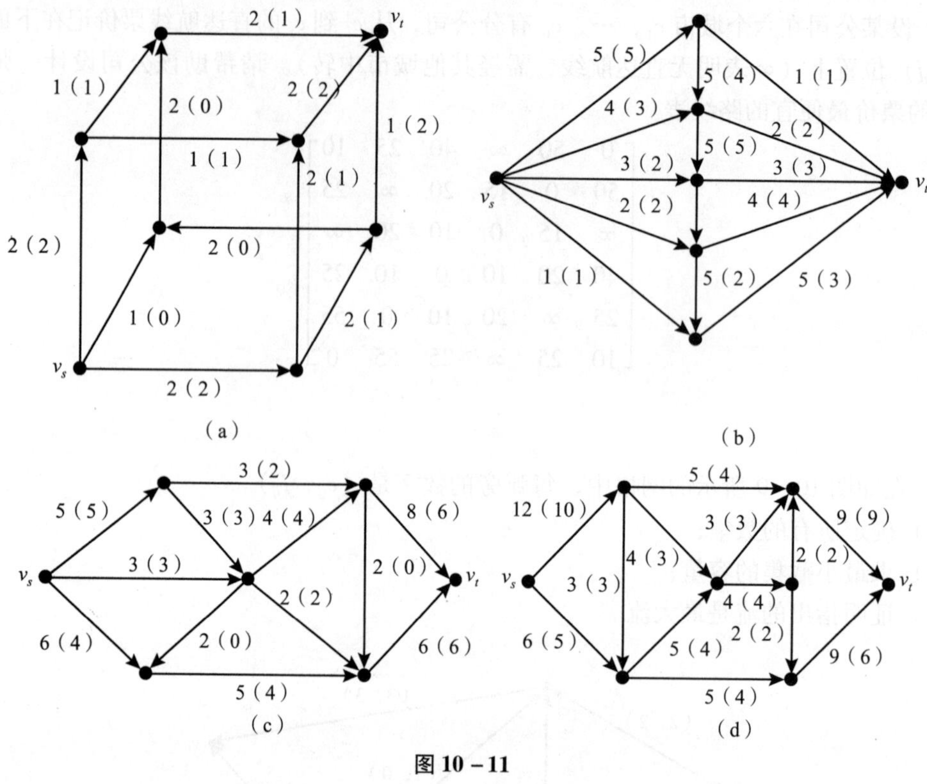

图 10－11

19. 某单位招收懂俄、英、日、德、法文的翻译各一人。有 5 人应聘。已知乙懂俄文，甲、乙、丙、丁懂英文，甲、丙、丁懂日文，乙、戊懂德文，戊懂法文。问最多有几人能得到招聘，又分别被聘任从事哪一文种的翻译。

20. 求图 10－12 中从 $s \to t$ 的最小费用最大流，各弧旁数字为 $(c_{ij},\ b_{ij})$。

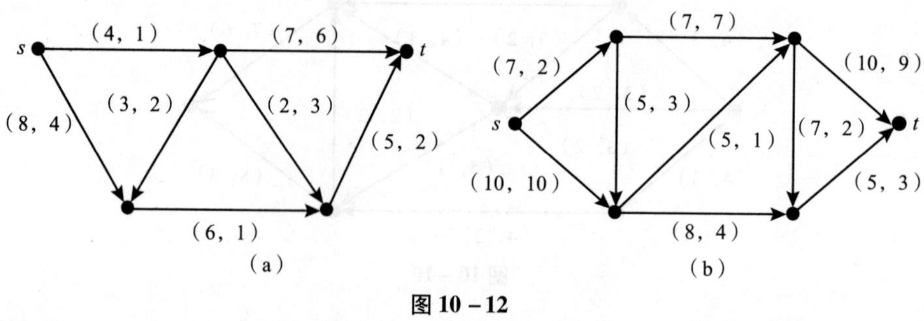

图 10－12

21. 图 10－13 中，A、B 为出发点，分别有 50 和 40 单位物资往外发运，D、E 为收点，分别需要物资 30 和 60 单位，C 为中转点，各弧旁数字为 $(c_{ij},\ b_{ij})$。求满足上述收发量要求最小费用流。

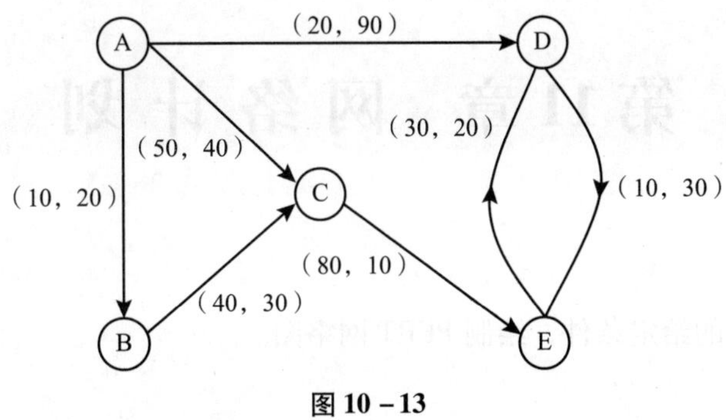

图 10－13

22. 设 $G=(V, E)$ 是一个简单图，令 $\delta(G)=\min\limits_{v\in V}\{d(v)\}$（称 $\delta(G)$ 为 G 的最小次）。证明：

（1）若 $\delta(G)\geqslant 2$，则 G 必有图；

（2）若 $\delta(G)\geqslant 2$，则 G 必有包含至少 $\delta(G)+1$ 条边的图。

23. 设 G 是一个连通图，不含奇点。证明：G 中不含割边。

24. 给一个联通赋权图 G，类似于求 G 的最小支撑树的 Kruskal 方法，给出一个求 G 的最大支撑树的方法。

25. 下述论断正确与否：可行流 f 的流量为零，即 $v(f)=0$，当且仅当 f 是零流。

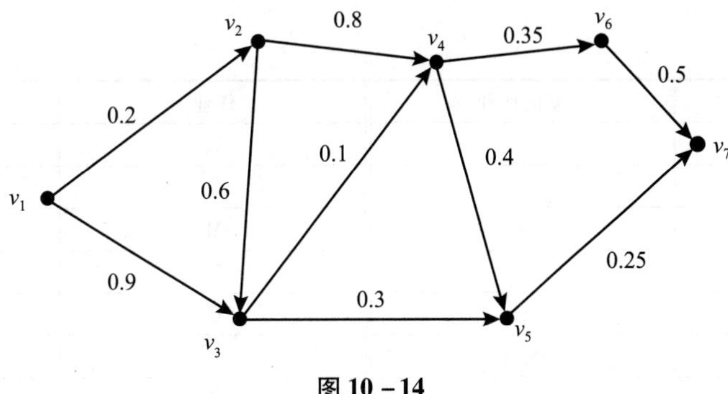

图 10－14

第 11 章 网络计划

1. 根据表 11 - 1 的给定条件，绘制 PERT 网络图。

表 11 - 1

(a)

作业代号	紧前作业
a_1	无
a_2	a_2
a_3	a_2
b_1	无
b_2	b_1
b_3	b_2
c_1	a_1，b_1
c_2	c_1，a_2，b_2
c_3	c_2，a_3，b_3a_1

(b)

作业代号	紧前作业
A	无
B	无
C	无
D	A，B
E	B
F	B
G	F，C
H	B
I	E，H
J	E，H
K	C，D，F，J
L	K
M	L，I，G

(c)

作业代号	紧前作业
A	无
B	无
C	B
D	C
E	A，D
F	D
G	A，D
H	E
I	G，H
J	I
K	G
L	I，K
M	L

2. 试根据表 11 - 2 给定的条件，绘制 PERT 网络图。

表 11 - 2

作业	紧前作业	作业	紧前作业
A	—	K	J
B	A	L	B
C	A	M	K，L
D	C	N	J
E	C	O	M，N
F	D，E	P	J，L
G	A	Q	I
H	E，G	R	P，Q
I	E，H	S	O，R
J	F		

3. 分别计算下列 PERT 网络图（见图 11－1（a）、（b））中各作业的（1）最开始与最早结束时间；（2）最迟开始与最迟结束时间；（3）总时差与自由时差；（4）找出关键路线。

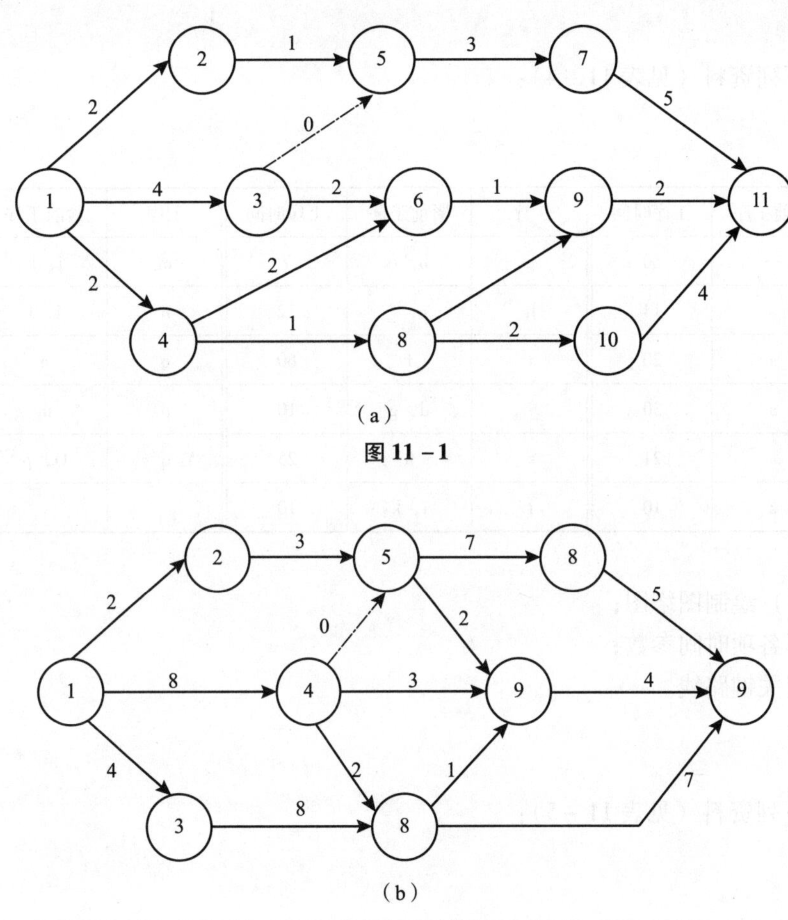

（a）

图 11－1

（b）

图 11－1（续）

4. 已知下列资料（见表 11－3）：

表 11－3

工序	紧前工序	工序时间	工序	紧前工序	工序时间	工序	紧前工序	工序时间
A	G，M	3	E	C	5	I	A，L	2
B	H	4	F	A，E	5	K	F，I	1
C	—	7	G	B，C	2	L	B，C	7
D	L	3	H	—	5	M	C	3

要求：(1) 绘制网络图；
(2) 用图上计算法计算各项时间参数（r 除外）；
(3) 确定关键路线。

5. 已知下列资料（见表 11－4）：

表 11－4

工序	紧前工序	工序时间	工序	紧前工序	工序时间	工序	紧前工序	工序时间
a	—	60	g	b，c	7	m	j，k	5
b	a	14	h	e，f	12	n	i，l	15
c	a	20	i	f	60	o	n	2
d	a	30	j	d，g	10	p	m	7
e	a	21	k	h	25	q	O，p	5
f	a	10	l	j，k	10			

要求：(1) 绘制图络图；
(2) 计算各项时间参数；
(3) 确定关键路线。

6. 已知下列资料（见表 11－5）：

表 11－5

活动	作业时间	紧前活动	正常完成进度的直接费用/百元	赶进度一天所需费用/百元	活动	作业时间	紧前活动	正常完成进度的直接费用/百元	赶进度一天所需费用/百元
A	4	—	20	5	E	5	A	18	4
B	8	—	30	4	F	7	A	40	7
C	6	B	15	3	G	4	B，D	10	3
D	3	A	5	2	H	3	E，F，G	15	6
合计					153				
工程的间接费用					5（百元/天）				

求出这项工程的最低成本日程。

7. 表11－6中给出一个汽车库及引道的施工计划：

表11－6

作业编号	作业内容	作业时间（天）	紧前作业
1	清理场地，准备施工	10	无
2	备料	8	无
3	车库地面施工	6	1，2
4	墙及房顶桁架预制	16	2
5	车库混凝土地面保养	24	3
6	竖立墙架	4	4，5
7	竖立房顶桁架	4	6
8	装窗及边墙	10	6
9	装门	4	6
10	装天花板	12	7
11	油漆	16	8，9，10
12	引道混凝土施工	8	3
13	引道混凝土保养	24	12
14	清理场地，交工验收	4	11，13

试回答：（1）该项工程从施工开始到全部结束的最短周期；（2）如果引道混凝土施工工期拖延10天，对整个工程进度有何影响；（3）若天花板的施工时间从12天缩短到8天，对整个工程有何影响；（4）为保证工程不拖延，装门这项作业最晚应从哪一天开工；（5）如果要求该项工程必须在75天内完工，是否应采取什么措施。

8. 在上题中如果要求该项工程在70天内完工，又知各项作业正常完成所需时间、采取加班作业时最短所需要的完成时间，以及加班作业时每缩短一天所需附加费用见表11－7。

表11－7

作业编号	作业内容（d）	正常作业 所需天数（d）	加班作业时 所需最短天数（d）	每缩短一天的 附加费用（元/d）
1	清理场地，准备施工	10	6	6
2	备料	8	—	—
3	车库地面施工	6	4	10
4	墙及房顶桁架预制	16	12	7

续表

作业编号	作业内容（d）	正常作业所需天数（d）	加班作业时所需最短天数（d）	每缩短一天的附加费用（元/d）
5	车库混凝土地面保养	24	—	—
6	竖立墙架	4	2	18
7	竖立房顶桁架	4	2	15
8	装窗及边墙	10	8	5
9	装门	4	3	5
10	装天花板	12	8	6
11	油漆	16	12	7
12	引道混凝土施工	8	6	10
13	引道混凝土保养	24	—	—
14	清理场地，交工验收	4	—	—

试确定保证该项工程 70 天完成而又使全部费用最低的施工方案。

9. 考虑如图 11－2 所示 PERT 网络图：

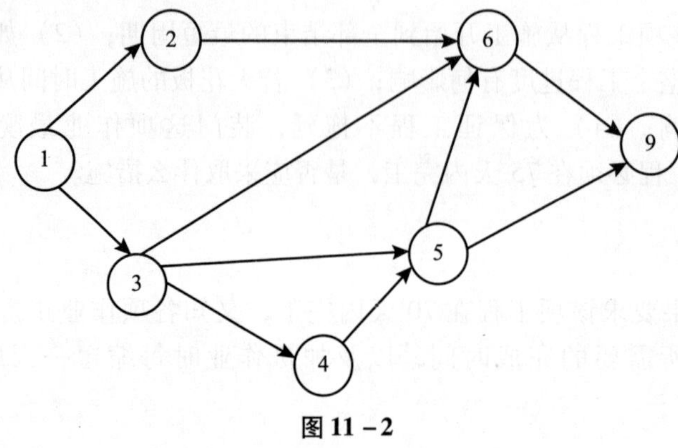

图 11－2

已知各项作业的三个估计时间如表 11－8 所示。

表 11－8

作业	最乐观的估计（a）	最可能的估计（m）	最悲观的估计（b）
（1，2）	7	8	9
（1，3）	5	7	8
（2，6）	6	9	12

续表

作业	最乐观的估计（a）	最可能的估计（m）	最悲观的估计（b）
(3, 4)	4	4	4
(3, 5)	7	8	10
(3, 6)	10	13	19
(4, 5)	3	4	6
(5, 6)	4	5	7
(5, 7)	7	9	11
(6, 7)	3	4	8

(1) 确定各项作业的期望完成时间和标准偏差；

(2) 根据期望时间找出网络图中的关键路线和总工期。

10. 一项工程由 A ~ F 共 6 项作业组成，有关数据资料如表 11 - 9 所示。

表 11 - 9

作业	紧前作业	需要时间（月）		所需费用（万元）	
		正常	最短	正常时间	最短时间
A	—	3	2	8	16
B	A	2	3	10	22
C	A	2	1	6	15
D	B, C	3	2	6	15
E	B	4	2	10	25
F	D, E	6	4	12	28

要求：

(1) 根据各项作业的正常完成时间画出 PERT 网络图，找出关键路线，计算完成工程所需费用；

(2) 按 (1) 计算的工期压缩 3 个月完成，应压缩哪些作业的时间，并重新计算完成工程的所需费用。

第12章　排　队　论

1. 某工地为了研究发放工具应设置几个窗口，对于请领和发放工具分别作了调查记录：

（1）以10秒为一段，记录了100段时间内每段到来请领工具的工人数，见表12－1。

（2）记录了1 000次发放工具（服务）所用时间（单位：秒），见表12－2。

表12－1

每10秒内领工具人数	次数
5	1
6	0
7	1
8	1
9	1
10	2
11	4
12	6
13	9
14	11
15	12
16	13
17	10
18	9
19	7
20	4
21	3
22	3
23	1
24	1
25	1
	100

表12－2

发放时间（秒）	次数
15	200
30	175
45	140
60	104
75	78
90	69
105	51
120	47
135	38
150	30
165	16
180	12
195	10
210	7
225	9
240	9
255	3
270	3
285	1
	1 000

试求：（1）平均达到率和平均服务率（单位：人/分）；

（2）利用统计学的方法证明：若假设到来的人数是服从参数 $\lambda = 1.6$ 的普阿松分布，服务时间服从参数 $\mu = 0.9$ 的负指数分布，这是可以接受的；

（3）这时只设一个服务员是不行的，为什么？试分别就服务员数 $c = 2, 3, 4$ 各情况计算等待时间 W_q，注意用表 12－3。

表 12－3　　**多服务台的 $W_q \cdot \mu$ 数值表**

$\lambda/c\mu$	服务台数				
	C＝1	C＝2	C＝3	C＝4	C＝5
0.1	0.1111	0.0101	0.0014	0.0002	0.0000*
0.2	0.2500	0.0417	0.0103	0.0030	0.0010
0.3	0.4286	0.0989	0.0333	0.0132	0.0058
0.4	0.6667	0.1905	0.0784	0.0378	0.0199
0.5	1.0000	0.3333	0.1579	0.0870	0.0521
0.6	1.5000	0.5625	0.2956	0.1794	0.1181
0.7	2.3333	0.9608	0.5470	0.3572	0.2519
0.8	4.0000	1.7778	1.0787	0.7455	0.5541
0.9	9.0000	4.2632	2.7235	1.9694	1.5250
0.95	19.0000	9.2564	6.0467	4.4571	3.5112

注：* 小于 0.00005

（4）设请领工具的工人等待的费用损失为每小时 6 元，发放工具的服务员空闲费用损失为每小时 3 元，每天按 8 小时计算，问设几个服务员使总费用损失为最小？

2. 某修理店只有一个修理工人，来修理的顾客到达次数服从泊松分布，平均每小时 4 人，修理时间服从负指数分布，平均需 6 秒，求：

（1）修理店空闲时间概率；

（2）店内有 3 个顾客的概率；

（3）店内至少与 1 个顾客的概率；

（4）在店内顾客平均数；

（5）在店内平均逗留时间；

（6）等待服务的顾客平均数；

（7）平均等待修理（服务）时间；

（8）必须在店内消耗 15 秒以上的概率。

3. 在某单人理发店顾客到达为泊松流，平均到达间隔为 20 秒，理发时间服从负指数分布，平均时间为 15 秒。求：

（1）顾客来理发不必等待的概率；

（2）理发店内顾客平均数；

（3）顾客在理发店内平均逗留时间；

（4）若顾客在店内平均逗留时间超过 1.25 小时，则店主将考虑增加设备及理发员，问平均到达率提高多少时店主才做这样考虑呢？

4. 某医院手术室根据病人来诊和完成手术时间的记录，任意抽查 100 个工作小时，每小时就诊的病人数 n 的出现次数如表 12－4 所示。又任意抽查了 100 个完成手术的病例，所用时间 v（小时）出现的次数如表 12－5 所示。

表 12－4

到达的病人数 n	出现次数 fn
0	10
1	28
2	
3	16
4	10
5	6
6 以上	1
合计	100

表 12－5

为病人完成手术时间 v（小时）	出现次数 fv
0.0～0.2	38
0.2～0.4	25
0.4～0.6	17
0.6～0.8	9
0.8～1.0	6
1.0～1.2	5
1.2 以上	0
合计	100

（1）试求系统中（包括手术室和候诊室）有 0，1，2，3，4，5 个病人的概率；

（2）设 λ 不变而 μ 是可控制的，证明：若医院管理人员认为使病人在医院平均耗费时间超过 2 小时是不允许的，那么允许平均服务率 μ 达到 2.6（人/小时）以上。

5. 称顾客为等待所费时间与服务时间之比为顾客损失率，用 R 表示。

（1）试证：对于 $M/M/1$ 模型 $R=\dfrac{\lambda}{\mu-\lambda}$；

（2）在例 3 中仍设 λ 不变，μ 是可控制的，试确定 μ 使顾客损失率小于 4。

6. 设 n_s 表示系统中顾客数，n_q 表示队列中等候的顾客数，在单服务台系统有 $n_s=n_q+1$（n_s，$n_q>0$）

试说明它们的期望值 $L_s\neq L_q+1$，而是 $L_s=L_q+\rho$。

根据该关系式给 ρ 以直观解释。

7. 某工厂为职工设立了昼夜 24 小时都能看病的医疗室（按单服务台处理）。病人到达的平均时间间隔为 15 秒，平均看病时间为 12 秒，且服从负指数分布，因工人看病每小时给工厂造成损失为 30 元。

（1）试求工厂每天损失的期望值；

（2）问平均服务率提高多少，方可使上述损失减少一半？

8. 对于 $M/M/1/\infty/\infty$ 模型，在先到先服务情况下，试证：顾客排队等待时间分布概率密度是

$$f(\omega_q)=\lambda(1-\rho)e^{-(\mu-\lambda)\omega_q},\ W_q>0$$

并根据该式求等待时间的期望值 ω_q。

9. 在 $M/M/1/N/\infty$ 模型中，如 $\rho=1$（即 $\lambda=\mu$），试证：

$$\begin{cases} P_0=\dfrac{1-\rho}{1-\rho^{N+1}},\ \rho\neq 1 \\ P_n=\dfrac{1-\rho}{1-\rho^{N+1}}\rho^n,\ n\leqslant N \end{cases}$$

因为 $P_0=P_1=\cdots=\dfrac{1}{N+1}$

于是 $L_s=N/2$

10. 对于 $M/M/1/N/\infty$ 模型，试证：$\lambda(1-P_N)=\mu(1-P_0)$，并对上式给予直观的解释。

11. 在第 2 题中如店内已有 3 个顾客，那么后来的顾客即不再排队，其他条件不变，试求：

（1）店内空闲的概率；

（2）各运行指标 Ls，Lq，Ws，Wq。

12. 在第 2 题中，若顾客平均到达率增加到每小时 12 人，仍为泊松流，服务时间不变，这时增加了一个工人。

（1）根据 λ/μ 的值说明增加人工的原因；

（2）增加工人后求店内空闲概率；店内有 2 个或更多顾客（即工人繁忙）的概率；

（3）求 Ls，Lq，Ws，Wq。

13. 有 $M/M/1/5/\infty$ 模型，平均服务率 $\mu=10$，就两种到达率：$\lambda=6$（秒），$\lambda=15$（秒）已计算出相应的概率 P_n，如表 12－6 所示。

表 12-6

系统中顾客数 n	$(\lambda=6)P_n$	$(\lambda=15)P$
0	0.42	0.05
1	0.25	0.07
2	0.15	0.11
3	0.09	0.16
4	0.05	0.24
5	0.04	0.37

试就这两种情况计算：

(1) 有效到达率和服务台的服务强度；

(2) 系统中平均顾客数；

(3) 系统的满足率；

(4) 服务台应从哪些方面改进工作？理由是什么？

14. 对于 $M/M/1/m/m$ 模型，试证

$$L_s = m - \frac{\mu(1-P_n)}{\lambda}$$

并给予直观解释。

15. 对于 $M/M/c/\infty/\infty$ 模型，μ 是每个服务台的平均服务率，试证：

(1) $L_s - L_q = \lambda/\mu$

(2) $\lambda = \mu[\,c - \sum_{n=0}^{c}(c-n)\,P_n]$

并给予直观解释。

注意：在单服务台情况，(1) 式是很容易解释的。但是 c 个服务台时，其结果仍相同，且与 c 无关，这是引人注意的。

16. 车间内有 m 台机器，有 c 个修理工（$m>c$）。每台机器发生故障率为 λ，符合 $M/M/c/m/m$ 模型，试证：$\dfrac{W_s}{\dfrac{1}{\lambda}+W_s} = \dfrac{L_s}{m}$。

并说明上式左右两端的概率意义。

17. 有一售票口处，已知顾客按平均 2 分 30 秒的时间间隔的负指数分布到达。若人工

售票，顾客在售票窗口前的服务时间平均为 2 秒，若使用自动售票机服务，顾客在窗口前的服务时间将减少 20%。服务时间分布的概率密度为

$$f(z)=\begin{cases}1.25e^{-1.25z+1}, & z\geqslant 0.8\\ 0, & z<0.8\end{cases}$$

求使用在自动售票机服务的情况下，顾客的逗留时间和等待时间。

18. 在第 2 题中，如服务时间服从正态分布，数学期望值仍是 6 秒，方差 $\sigma^2=\frac{1}{8}$，求店内顾客数的期望值。

19. 一个办事员核对登记的申请书时，必须依次检查 8 张表格，核对每份申请书需 1 秒。顾客到达率为每小时 6 人，服务时间和到达间隔均为负指数分布，求：

（1）办事员空闲的概率；

（2）Ls，Lq，Ws 和 Wq。

20. 对于单服务台情形，试证：

（1）定长服务时间 $L_q^{(1)}$ 是负指数服务时间 $L_q^{(2)}$ 的一半；

（2）定长服务时间 $W_q^{(1)}$ 是负指数服务时间 $W_q^{(2)}$ 的一半。

答　　案

第1章 线性规划与单纯形法

1. 解：

(1)（图略）有唯一最优解，max $z=14$

(2)（图略）有唯一最优解，min $z=9/4$

(3)（图略）无界解

(4)（图略）无可行解

2. 解：

(1) 设 $z=-z'$，$x_4=x_5-x_6$，　x_5，$x_6\geqslant 0$

标准型：

Max $z'=3x_1-4x_2+2x_3-5(x_5-x_6)+0x_7+0x_8-Mx_9-Mx_{10}$

s. t.

$$-4x_1+x_2-2x_3+x_5-x_6+x_{10}=2$$
$$x_1+x_2+3x_3-x_5+x_6+x_7=14$$
$$-2x_1+3x_2-x_3+2x_5-2x_6-x_8+x_9=2$$
$$x_1,\ x_2,\ x_3,\ x_5,\ x_6,\ x_7,\ x_8,\ x_9,\ x_{10}\geqslant 0$$

初始单纯形表：

$c_j\rightarrow$			3	−4	2	−5	5	0	0	−M	−M	θ_i
C_B	X_B	b	x_1	x_2	x_3	x_5	x_6	x_7	x_8	x_9	x_{10}	
−M	x_{10}	2	−4	1	−2	1	−1	0	0	0	1	2
0	x_7	14	1	1	3	−1	1	1	0	0	0	14
−M	x_9	2	−2	[3]	−1	2	−2	0	−1	1	0	2/3
$-z'$		4M	3−6M	4M−4	2−3M	3M−5	5−3M	0	−M	0	0	

(2) 加入人工变量 x_1，x_2，x_3，…，x_n，得：

Max $s=(1/p_k)\sum\limits_{i=1}^{n}\sum\limits_{k=1}^{m}\alpha_{ik}x_{ik}-Mx_1-Mx_2-\cdots-Mx_n$

s. t.

$$x_i+\sum_{k=1}^{m}x_{ik}=1\ (i=1,\ 2,\ 3\cdots,\ n)$$

$x_{ik} \geqslant 0$，$x_i \geqslant 0$，（$i=1$，2，3…，n；$k=1$，2…，m）

M 是任意的正的很大的数

初始单纯形表：

c_j			$-M$	$-M$	…	$-M$	$\frac{a_{11}}{p_k}$	$\frac{a_{12}}{p_k}$	…	$\frac{a_{1m}}{p_k}$	…	$\frac{a_{n1}}{p_k}$	$\frac{a_{n2}}{p_k}$	…	$\frac{a_{mn}}{p_k}$	θ_i
C_B	X_B	b	x_1	x_2	…	x_n	x_{11}	x_{12}	…	x_{1m}	…	x_{n1}	x_{n2}	…	x_{nm}	
$-M$	x_1	1	1	0	…	0	1	1	…		…	0	0	…	0	
$-M$	x_2	1	0	1	…	0		0	…		…	0	0	…	0	
…	…	…	…	…	…	…	…	…	…	…	…	…	…	…	…	
$-M$	x_n	1	0	0	…	1	0	0	…	0	…	1	1	…	1	
$-s$		M	0	0	…	0	$\frac{a_{11}}{p_k}+M$	$\frac{a_{12}}{p_k}+M$	…	$\frac{a_{1m}}{p_k}+M$	…	$\frac{a_{n1}}{p_k}+M$	$\frac{a_{n2}}{p_k}+M$	…	$\frac{a_{mn}}{p_k}+M$	

3. 解：

（1）系数矩阵 A 是：

$$\begin{bmatrix} 2 & 3 & -1 & -4 \\ 1 & -2 & 6 & -7 \end{bmatrix}$$

令 $A=(P_1, P_2, P_3, P_4)$

P_1 与 P_2 线形无关，以（P_1，P_2）为基，x_1，x_2 为基变量。

有 $2x_1+3x_2=8+x_3+4x_4$

$x_1-2x_2=-3-6x_3+7x_4$

令非基变量 x_3，$x_4=0$

解得：$x_1=1$；$x_2=2$

基解 $X^{(1)}=(1, 2, 0, 0)^T$ 为可行解

$z_1=8$

同理，以（P_1，P_3）为基，基解 $X^{(2)}=(45/13, 0, -14/13, 0)^T$ 是非可行解；

以（P_1，P_4）为基，基解 $X^{(3)}=(34/5, 0, 0, 7/5)^T$ 是可行解，$z_3=117/5$；

以（P_2，P_3）为基，基解 $X^{(4)}=(0, 45/16, 7/16, 0)^T$ 是可行解，$z_4=163/16$；

以（P_2，P_4）为基，基解 $X^{(5)}=(0, 68/29, 0, -7/29)^T$ 是非可行解；

以（P_4，P_3）为基，基解 $X^{(6)}=(0, 0, -68/31, -45/31)^T$ 是非可行解；

最大值为 $z_3=117/5$；最优解 $X^{(3)}=(34/5, 0, 0, 7/5)^T$。

（2）系数矩阵 A 是：

$$\begin{bmatrix} 1 & 2 & 3 & 4 \\ 2 & 1 & 1 & 2 \end{bmatrix}$$

令 $A=(P_1, P_2, P_3, P_4)$

P_1，P_2 线性无关，以（P_1，P_2）为基，有：

$x_1+2x_2=7-3x_3-4x_4$

$2x_1+x_2=3-x_3-2x_4$

令 x_3，$x_4=0$ 得

$x_1=-1/3$，$x_2=11/3$

基解 $X^{(1)}=(-1/3, 11/3, 0, 0)^T$ 为非可行解；

同理，以（P_1，P_3）为基，基解 $X^{(2)}=(2/5, 0, 11/5, 0)^T$ 是可行解 $z_2=43/5$；

以（P_1，P_4）为基，基解 $X^{(3)}=(-1/3, 0, 0, 11/6)^T$ 是非可行解；

以（P_2，P_3）为基，基解 $X^{(4)}=(0, 2, 1, 0)^T$ 是可行解，$z_4=-1$；

以（P_4，P_3）为基，基解 $X^{(6)}=(0, 0, 1, 1)^T$ 是 $z_6=-3$；

最大值为 $z_2=43/5$；最优解为 $X^{(2)}=(2/5, 0, 11/5, 0)^T$。

4. 解：(图略)

(1) $\max z=33/4$　最优解是（15/4，3/4）

单纯形法：

标准型是 $\max z=2x_1+x_2+0x_3+0x_4$

$$\begin{aligned} \text{s.t. } & 3x_1+5x_2+x_3=15 \\ & 6x_1+2x_2+x_4=24 \\ & x_1, x_2, x_3, x_4 \geqslant 0 \end{aligned}$$

单纯形表计算：

c_j			2	1	0	0	θ_i
C_B	X_B	b	x_1	x_2	x_3	x_4	
0	x_3	15	3	5	1	0	5
0	x_4	24	[6]	2	0	1	4
$-z$		0	2	1	0	0	
0	x_3	3	0	[4]	1	−1/2	3/4
2	x_1	4	1	1/3	0	1/6	12
$-z$		−8	0	1/3	0	−1/3	
1	x_2	3/4	0	1	1/4	−1/8	
2	x_1	15/4	1	0	−1/12	5/24	
$-z$		−33/4	0	0	−1/12	−7/24	

$X^*=(15/4, 3/4, 0, 0)^T$

$\text{Max } z=33/4$

迭代第一步表示原点；第二步代表 C 点（4，0，3，0）^{T}；

第三步代表 B 点（15/4，3/4，0，0）^{T}。

（2）（图略）

Max $z=34$　此时坐标点为（2，6）

单纯形法，标准型是：

$$\text{Max } z=2x_1+5x_2+0x_3+0x_4+0x_5$$

$$\text{s.t.}\ \begin{cases} x_1+x_3=4 \\ 2x_2+x_4=12 \\ 3x_1+2x_2+x_5=18 \\ x_1,\ x_2,\ x_3,\ x_4,\ x_5 \geqslant 0 \end{cases}$$

（表略）

$X^*=(2,\ 6,\ 2,\ 0,\ 0)^T$

Max $z=34$

迭代第一步得 $X^{(1)}=(0,\ 0,\ 4,\ 12,\ 18)^T$ 表示原点，迭代第二步得 $X^{(2)}=(0,\ 6,\ 4,\ 0,\ 6)^T$，第三步迭代得到最优解的点 $X^*=(2,\ 6,\ 2,\ 0,\ 0)^T$。

5. 解：

目标函数：$\max z=c_1x_1+c_2x_2$

（1）当 $c_2\neq 0$ 时

$x_2=-(c_1/c_2)\ x_1+z/c_2$　其中，$k=-c_1/c_2$

$k_{AB}=-3/5$，$k_{BC}=-3$

$k<k_{BC}$时，c_1，c_2 同号。

当 $c_2>0$ 时，目标函数在 C 点有最大值

当 $c_2<0$ 时，目标函数在原点最大值。

$k_{BC}<k<k_{AB}$时，c_1，c_2 同号。

当 $c_2>0$，目标函数在 B 点有最大值；

当 $c_2<0$，目标函数在原点最大值。

$k_{AB}<k<0$ 时，c_1，c_2 同号。

当 $c_2>0$ 时，目标函数在 A 点有最大值

当 $c_2<0$ 时，目标函数在原点最大值。

$k>0$ 时，c_1，c_2 异号。

当 $c_2>0$，$c_1<0$ 时，目标函数在 A 点有最大值；

当 $c_2<0$，$c_1>0$ 时，目标函数在 C 点最大值。

$k=k_{AB}$时，c_1，c_2 同号。

当 $c_2>0$ 时，目标函数在 AB 线断上任一点有最大值

当 $c_2<0$，目标函数在原点最大值。

$k=k_{Bc}$时，c_1，c_2 同号。

当 $c_2>0$ 时，目标函数在 BC 线断上任一点有最大值

当 $c_2<0$ 时，目标函数在原点最大值。

$k=0$ 时，$c_1=0$。
当 $c_2>0$ 时，目标函数在 A 点有最大值
当 $c_2<0$，目标函数在 OC 线断上任一点有最大值
(2) 当 $c_2=0$ 时，$\max z=c_1x_1$
$c_1>0$ 时，目标函数在 C 点有最大值。
$c_1<0$ 时，目标函数在 OA 线断上任一点有最大值。
$c_1=0$ 时，在可行域任何一点取最大值。

6. 解：
(1) 解法一：大 M 法
化为标准型：
$\text{Max } z=2x_1+3x_2-5x_3-Mx_4+0x_5-Mx_6$
s. t. $x_1+x_2+x_3+x_4=7$
$2x_1-5x_2+x_3-x_5+x_6=10$
$x_1, x_2, x_3, x_5, x_4, x_6\geqslant 0$　M 是任意大正数。
单纯形表：

c_j			2	3	-5	$-M$	0	$-M$	θ_i
C_B	X_B	b	x_1	x_2	x_3	x_4	x_5	x_6	
$-M$	x_4	7	1	1	1	1	0	0	7
$-M$	x_6	10	[2]	-5	1	0	-1	1	5
$-z$		$17M$	$3M+2$	$3-4M$	$2M-5$	0	$-M$	0	
$-M$	x_4	2	0	[7/2]	1/2	1	1/2	$-1/2$	4/7
2	x_1	5	1	$-5/2$	1/2	0	$-1/2$	1/2	—
$-z$		$2M-10$	0	$(7/2)M+8$	$0.5M-6$	0	$0.5M+1$	$-1.5M-1$	
3	x_2	4/7	0	1	1/7	2/7	1/7	$-1/7$	
2	x_1	45/7	1	0	6/7	5/7	$-1/7$	1/7	
$-z$		$-102/7$	0	0	$-50/7$	$-M-16/7$	$-1/7$	$-M+1/7$	

最优解是：$X^*=(45/7, 4/7, 0, 0, 0, 0)^T$
目标函数最优值　$\max z=102/7$
有唯一最优解。
解法二：两阶段法
第一阶段数学模型为　$\min w=x_4+x_6$
S. t. $x_1+x_2+x_3+x_4=7$
$2x_1-5x_2+x_3-x_5+x_6=10$
$x_1, x_2, x_3, x_4, x_5, x_6\geqslant 0$
(单纯形表略)

最优解是：$X^* = (0,\ 0,\ 0,\ 0,\ 0,\ 0)^T$

目标函数最优值 $\min w = 0$

第二阶段单纯形表为：

c_j			2	3	−5	0	θ_i
C_B	X_B	b	x_1	x_2	x_3	x_5	
3	x_2	4/7	0	1	1/7	1/7	
2	x_1	45/7	1	0	6/7	−1/7	
$-z$		−102/7	0	0	−50/7	−1/7	

最优解是：$X^* = (45/7,\ 4/7,\ 0,\ 0,\ 0,\ 0)^T$

$\max z = 102/7$

(2) 解法一：大 M 法

$z' = -z$ 有 $\max z' = -\min(-z') = -\min z$

化成标准形：

$\max z' = -2x_1 - 3x_2 - x_3 + 0x_4 + 0x_5 - Mx_6 - Mx_7$

S. T.

$x_1 + 4x_2 + 2x_3 - x_4 + x_6 = 4$

$3x_1 + 2x_2 - x_5 + x_7 = 6$

$x_1,\ x_2,\ x_3,\ x_4,\ x_5,\ x_6,\ x_7 \geqslant 0$

（单纯性表计算略）

线性规划最优解是：$X^* = (4/5,\ 9/5,\ 0,\ 0,\ 0,\ 0,\ 0)^T$

目标函数最优值 $\min z = 7$

非基变量 x_3 的检验数 $\sigma_3 = 0$，所以有无穷多最优解。

解法二：两阶段法

第一阶段最优解 $X^* = (0,\ 0,\ 0,\ 0,\ 0,\ 0,\ 0)^T$ 是基本可行解，$\min w = 0$

第二阶段最优解 $X^* = (4/5,\ 9/5,\ 0,\ 0,\ 0,\ 0,\ 0)^T$ $\min z = 7$

非基变量 x_3 的检验数 $\sigma_3 = 0$，所以有无穷多最优解。

(3) 解法一：大 M 法

加入人工变量，化成标准型：

$\max z = 10x_1 + 15x_2 + 12x_3 + 0x_4 + 0x_5 + 0x_6 - Mx_7$

s. t. $5x_1 + 3x_2 + x_3 + x_4 = 9$

$-5x_1 + 6x_2 + 15x_3 + x_5 = 15$

$2x_1 + x_2 + x_3 - x_6 + x_7 = 5$

$x_1,\ x_2,\ x_3,\ x_4,\ x_5,\ x_6,\ x_7 \geqslant 0$

单纯形表计算略

当所有非基变量为负数，人工变量 $x_7 = 0.5$，所以原问题无可行解。

解法二：两阶段法（略）

（4）解法一：大 M 法

单纯形法，（表略）非基变量 x_4 的检验数大于零，此线性规划问题有无界解。

解法二：两阶段法（略）

7. 解：

（1）求 Z 的上界

$\text{Max } z = 3x_1 + 6x_2$

s. t. $-x_1 + 2x_2 \leqslant 12$

$2x_1 + 4x_2 \leqslant 14$

$x_2，x_1 \geqslant 0$

加入松弛变量，化成标准型，用单纯形法解得最优解

$X^* = (0，7/2，5，0)^T$

目标函数上界为 $z = 21$

存在非基变量检验数等于零，所以有无穷多最优解。

（2）求 z 的下界

线性规划模型：

$\text{Max } Z = x_1 + 4x_2$

s. t. $3x_1 + 5x_2 \leqslant 8$

$4x_1 + 6x_2 \leqslant 10$

$x_2，x_1 \geqslant 0$

加入松弛变量，化成标准型，解得：

最优解为

$X^* = (0，8/5，0，1/5)^T$

目标函数下界是 $z = 32/5$

8. 解：

（1）有唯一最优解时，$d \geqslant 0$，$c_1 < 0$，$c_2 < 0$

（2）存在无穷多最优解时，$d \geqslant 0$，$c_1 \leqslant 0$，$c_2 = 0$ 或 $d \geqslant 0$，$c_1 = 0$，$c_2 \leqslant 0$

（3）有无界解时，$d \geqslant 0$，$c_1 \leqslant 0$，$c_2 > 0$ 且 $a_1 \leqslant 0$

（4）此时，有 $d \geqslant 0$，$c_1 > 0$ 并且 $c_1 \geqslant c_2$，$a_3 > 0$，$3/a_3 < d/4$

9. 解：

设 $x_k (k = 1，2，3，4，5，6)$ 为 x_k 个司机和乘务人员第 k 班次开始上班。

建立模型：

$\text{Min } z = x_1 + x_2 + x_3 + x_4 + x_5 + x_6$

s. t. $x_1 + x_6 \geqslant 60$

$x_1+x_2\geqslant 70$

$x_2+x_3\geqslant 60$

$x_3+x_4\geqslant 50$

$x_4+x_5\geqslant 20$

$x_5+x_6\geqslant 30$

$x_1,\ x_2,\ x_3,\ x_4,\ x_5,\ x_6\geqslant 0$

10. 解：

设 x_1，x_2，x_3 是甲糖果中的 A、B、C 成分，x_4、x_5、x_6 是乙糖果的 A，B，C 成分，x_7、x_8、x_9 是丙糖果的 A、B、C 成分。

线性规划模型：

Max $z=0.9x_1+1.4x_2+1.9x_3+0.45x_4+0.95x_5+1.45x_6-0.05x_7+0.45x_8+0.95x_9$

s. t. $-0.4x_1+0.6x_2+0.6x_3\leqslant 0$

$-0.2x_1-0.2x_2+0.8x_3\leqslant 0$

$-0.85x_4+0.15x_5+0.15x_6\leqslant 0$

$-0.6x_4-0.6x_5+0.4x_6\leqslant 0$

$-0.7x_7-0.5x_8+0.5x_9\leqslant 0$

$x_1+x_4+x_7\leqslant 2\ 000$

$x_2+x_5+x_8\leqslant 2\ 500$

$x_3+x_6+x_9\leqslant 1\ 200$

$x_1,\ x_2,\ x_3,\ x_4,\ x_5,\ x_6,\ x_7,\ x_8,\ x_9\geqslant 0$

11. 解：

产品Ⅰ，设 A_1，A_2 完成 A 工序的产品 x_1，x_2 件；B 工序时，B_1，B_2，B_3 完成 B 工序的 x_3，x_4，x_5 件，产品Ⅱ，设 A_1，A_2 完成 A 工序的产品 x_6，x_7 件；B 工序时，B_1 完成 B 的产品为 x_8 件；产品Ⅲ，A_2 完成 A 工序的 x_9 件，B_2 完成 B 工序的 x_9 件；

$x_1+x_2=x_3+x_4+x_5$

$x_6+x_7=x_8$

建立数学模型：

Max $z=(1.25-0.25)\cdot(x_1+x_2)+(2-0.35)\cdot(x_6+x_7)+(2.8-0.5)x_9-(5x_1+10x_6)300/6\ 000-(7x_2+9x_7+12x_9)321/10\ 000-(6x_3+8x_8)250/4\ 000-(4x_4+11x_9)783/7\ 000-7x_5\cdot 200/4\ 000$

s. t

$5x_1+10x_6\leqslant 6\ 000$

$7x_2+9x_7+12x_9\leqslant 10\ 000$

$6x_3+8x_8\leqslant 4\ 000$

$4x_4+11x_9\leqslant 7\ 000$

$7x_5 \leqslant 4\ 000$

$x_1 + x_2 = x_3 + x_4 + x_5$

$x_6 + x_7 = x_8$

$x_1,\ x_2,\ x_3,\ x_4,\ x_5,\ x_6,\ x_7,\ x_8,\ x_9 \geqslant 0$

最优解为 $X^* = (1\ 200,\ 230,\ 0,\ 859,\ 571,\ 0,\ 500,\ 500,\ 324)^T$

最优值为 1 147。

第2章　对偶理论与灵敏度分析

1. 解：

（1）先化成标准型：

Max $z=6x_1-2x_2+3x_3+0x_4+0x_5$

s. t. $2x_1-x_2+2x_3+x_4=2$

$x_1+4x_3+x_5=4$

$x_1,\ x_2,\ x_3,\ x_4,\ x_5\geqslant 0$

令 $B_0=(P_4,\ P_5)=\begin{pmatrix}1 & 0\\0 & 1\end{pmatrix}$　$X_{B_0}=(x_4,\ x_5)^T$，$C_{B_0}=(0,\ 0)$

$N_0=(P_1,\ P_2,\ P_3)=\begin{pmatrix}2 & -1 & 2\\1 & 0 & 4\end{pmatrix}$，$X_{N_0}=(x_1,\ x_2,\ x_3)^T$

$C_{N_0}=(6,\ -2,\ 3)$，$B_0^{-1}=\begin{pmatrix}1 & 0\\0 & 1\end{pmatrix}$，$b_0=\begin{pmatrix}2\\4\end{pmatrix}$

非基变量的检验数

$\sigma_{N_0}=C_{N_0}-C_BB_0^{-1}N_0=C_{N_0}=(6,\ -2,\ 3)$

因为 x_1 的检验数等于6，是最大值，所以，x_1 为换入变量，

$B_0^{-1}b_0=\begin{pmatrix}2\\4\end{pmatrix}$；$B_0^{-1}P_1=\begin{pmatrix}2\\1\end{pmatrix}$

由 θ 规则得：

$\theta=1$

x_4 为换出变量。

$B_1=(P_4,\ P_5)=\begin{pmatrix}2 & 0\\1 & 1\end{pmatrix}$，$X_{B_1}=(x_1,\ x_5)^T$，$C_{B_1}=(6,\ 0)$.

$N_1=(P_4,\ P_2,\ P_3)$，$X_{N_1}=(x_4,\ x_2,\ x_3)^T$

$C_{N_1}=(0,\ -2,\ 3)$，$B_1^{-1}=\begin{pmatrix}0.5 & 0\\-0.5 & 1\end{pmatrix}$，$b_1=\begin{pmatrix}1\\3\end{pmatrix}$

非基变量的检验数 $\sigma_{N_1}=(-3,\ 1,\ -3)$

因为 x_2 的检验数为1，是正的最大数。所以 x_2 为换入变量；

$B_0^{-1}P_2=\begin{pmatrix}-0.5\\0.5\end{pmatrix}$

由 θ 规则得：

$\theta=6$

所以 x_5 是换出变量。

$B_2=(P_1,\ P_2)=\begin{pmatrix}2 & -1\\ 1 & 0\end{pmatrix}$，$X_{B_2}=(x_1,\ x_2)^T$，$C_{B_2}=(6,\ -2)$.

$N_2=(P_4,\ P_5,\ P_3)$，$X_{N_2}=(x_4,\ x_5,\ x_3)^T$

$C_{N_2}=(0,\ 0,\ 3)$，$B_2^{-1}=\begin{pmatrix}0 & 1\\ -1 & 2\end{pmatrix}$，$b_2=\begin{pmatrix}4\\ 6\end{pmatrix}$

非基变量的检验数 $\sigma_{N_2}=(-2,\ -2,\ -9)$

非基变量的检验数均为负数，原问题已达最优解。

最优解 $X=\begin{pmatrix}4\\ 6\end{pmatrix}$

即：$X=(4,\ 6,\ 0)^T$

目标函数最优值　$\max z=12$

(2) $\text{Min } z=2x_1+x_2+0x_3+Mx_4+Mx_5+0x_6$

S. T.

$$3x_1+x_2+x_4=3$$
$$4x_1+3x_2-x_3+x_5=6$$
$$x_1+2x_2+x_6=3$$
$$x_1,\ x_2,\ x_3,\ x_4,\ x_5,\ x_6\geqslant 0$$

M 是任意大的正数。

(非基变量检验数计算省略)

原问题最优解是 $X=(0.6,\ 1.2,\ 0)$

目标函数最优值：$z=12/5$

2. 解：

c_j			3	5	4	0	0	0
C_B	X_B	b	x_1	x_2	x_3	x_4	x_5	x_6
5	x_2	8/3						
0	x_5	14/3						
0	x_6	20/3						
c_j-z_j								

⋮

5	x_2	80/41	0	1	0	15/41	
4	x_3	50/41	0	0	1	−6/41	
3	x_1	44/41	1	0	0	−2/41	
c_j-z_j			0	0	0	−45/41	

3. 解：

（1）对偶问题是：

Max $w=2y_1-3y_2-5y_3$

s. t.

$$\begin{aligned}&2y_1-3y_2-y_3\leqslant 2\\&3y_1-y_2-4y_3\leqslant 2\\&5y_1-7y_2-6y_3\leqslant 4\\&y_1,\ y_2,\ y_3\geqslant 0\end{aligned}$$

（2）对偶问题：

Min $w=5y_1+8y_3+20y_4$

S. t.
$$\begin{aligned}&-y_1+6y_3+12y_4\geqslant 1\\&y_1+7y_3-9y_4\geqslant 2\\&-y_1+3y_3-9y_4\leqslant 3\\&-3y_1-5y_3+9y_4=4\end{aligned}$$

y_1 无约束，$y_3\leqslant 0$；$y_4\geqslant 0$

（3）对偶问题：$\max w=\sum_{i=1}^{m}a_i y_i''+\sum_{j=1}^{n}b_j y_{m+j}''$

s. t. $y_i''+y_{m+j}''\leqslant c_{ij}$

y_i''，y_{m+j}''，无约束 $i=1, 2, \cdots, m$；$j=1, 2, \cdots, n$

（4）Min $w=\sum_{i=1}^{m}b_j y_i''$

s. t.

$$\sum_{i=1}^{m}a_{ij}y_i''\geqslant c_j \quad j=1, 2, 3, \cdots, n_1$$

$$\sum_{i=1}^{m}a_{ij}y_i''\geqslant c_j \quad j=n_1+1, n_1+2, \cdots, n$$

$$y_i''\geqslant 0 \quad i=1, 2, \cdots, m_1$$

y_i''无约束，$i=m_1+1, m_1+2, \cdots, m$

4. 解：

（1）错误，原问题有可行解，对偶问题可能存在可行解，也可能不存在；

（2）错误，对偶问题没有可行解，原问题可能有可行解也可能有无界解；

（3）错误，原问题和对偶问题都有可行解，则可能有有限最优解也可能有无界解；

5. 解：

证明：把原问题用矩阵表示：

Max $z_1=CX$

s. t. $AX\leqslant b$

$X \geqslant 0$

$b = (b_1, b_2 \cdots b_m)^T$

设可行解为 X_1，对偶问题的最优解 $Y_1 = (y_1, y_2 \cdots y_m)$ 已知。

Max $z_2 = CX$

s. t. $AX \leqslant b + k$

$X \geqslant 0$

$k = (k_1, k_2 \cdots k_m)^T$

设可行解为 X_2，对偶问题最优解是 Y_2，对偶问题是，

Min $w = Y(b + k)$

S. t. $YA \geqslant C$

$Y \geqslant 0$

因为 Y_2 是最优解，所以 $Y_2(b + k) \leqslant Y_1(b + k)$

X_2 是目标函数 z_2 的可行解，$AX_2 \leqslant b + k$；$Y_2AX_2 \leqslant Y_2(b + k) \leqslant Y_1 b + Yk$

原问题和对偶问题的最优函数值相等，所以不等式成立，证毕。

6. 解：

（1）初始单纯形表的增广矩阵是：

$$A_1 = \begin{bmatrix} a_{11} & a_{12} & a_{13} & 1 & 0 & b_1 \\ a_{21} & a_{22} & a_{23} & 0 & 1 & b_2 \end{bmatrix}$$

最终单纯形表的增广矩阵为

$$A_2 = \begin{bmatrix} 1 & 0 & 1 & 0.5 & -0.5 & 1.5 \\ 0.5 & 1 & 0 & -1 & 2 & 2 \end{bmatrix}$$

A_2 是 A_1 作初等变换得来的，将 A_2 作初等变换，使得 A_2 的第四列和第五列的矩阵成为 A_2 的单位矩阵。有：

$a_{11} = 9/2$；$a_{12} = 1$；$a_{13} = 4$；$a_{21} = 5/2$；$a_{22} = 1$；$a_{23} = 2$；

$b_1 = 9$；$b_2 = 5$

（2）由检验计算得：

$c_1 = -3$；$c_2 = c_3 = 0$

7. 解：

对偶问题是：

Min $w = 8y_1 + 12y_2$

s. t. $2y_1 + 2y_2 \geqslant 2$

$2y_2 \geqslant 1$

$y_1 + y_2 \geqslant 5$

$y_1 + 2y_2 \geqslant 6$

$y_1, y_2 \geqslant 0$

互补松弛性可知，如 $\hat{X}$，$\hat{Y}$ 是原问题和对偶问题的可行解，那么，$\hat{Y}X_S=0$ 和 $Y_S\hat{X}=0$，当且仅当 $\hat{X}$，$\hat{X}$ 是最优解。

设 X，Y 是原问题和对偶问题的可行解，$Y_S=(y_3, y_4, y_5, y_6)$

有：

$YX_s=0$；且 $Y_SX=0$

$x_5=x_6=0$，原问题约束条件取等号，$x_3=4$；$x_4=4$

最优解 $X^*=(0, 0, 4, 4)^T$

目标函数最优值为44。

8. 解：

（1）取 $w=-z$，标准形式：

$\text{Max } w=-x_1-x_2+0x_3+0x_4$

s. t.

$$-2x_1-x_2+x_3=-4$$
$$-x_1-7x_2+x_4=-7$$
$$x_1, x_2, x_3, x_4\geqslant 0$$

单纯形法求解（略）：

最优解：

$X^*=(21/13, 10/13, 0, 0)^T$

目标函数最优值为31/13。

（2）令：$w=-z$，转化为标准形式：

$\text{Max } w=-3x_1-2x_2-x_3-4x_4+0x_5+0x_6+0x_7$

s. t.

$$-2x_1-4x_2-5x_3-x_4+x_5=0$$
$$-3x_1+x_2-7x_3+2x_4+x_6=-2$$
$$-5x_1-2x_2-x_3-6x_4+x_7=-15$$
$$x_1, x_2, x_3, x_4, x_5, x_6, x_7\geqslant 0$$

单纯形法略

原问题最优解：

$X^*=(3, 0, 0, 0, 6, 7, 0)^T$

目标函数最优值为9。

9. 解：

把原问题化成标准型的：

$\text{Max } z=-5x_1+5x_2+13x_3+0x_4+0x_5$

s. t

$$-x_1+x_2+3x_3+x_5=20$$

$12x_1+4x_2+10x_3+x_5=90$

$x_1, x_2, x_3, x_4, x_5 \geqslant 0$

单纯形法解得：

最优解：

$X^*=(0, 20, 0, 0, 10)^T$

目标函数最优值为100。

非基变量 x_1 的检验数等于0，原线性问题有无穷多最优解。

(1) 约束条件 θ 的右端常数变为30

有 $\Delta b'=B^{-1}\Delta b$

因此 $b'=b+\Delta b'$

单纯形法解得：

最优解：

$X^*=(0, 0, 9, 3, 0)^T$

目标函数最优值为117。

(2) 约束条件②右端常数变为70

有 $\Delta b'=B^{-1}\Delta b$

因此 $b'=b+\Delta b'$

单纯形法解得，最优解：

$X^*=(0, 5, 5, 0, 0)^T$

目标函数最优值为90。

(3) x_3 的系数变成8，x_3 是非基变量，检验数小于0，所以最优解不变。

(4) x_1 的系数向量变为$\begin{pmatrix}0\\5\end{pmatrix}$

x_1 是非基变量，检验数等于-5，所以最优解不变。

(5) 解：加入约束条件③

用对偶单纯形表计算得：

$X^*=(0, 25/2, 5/2, 0, 15, 0)^T$

目标函数最优值为95。

(6) 改变约束条件，P_3，P_4，P_5 没有变化，

线性规划问题的最优解不变。

10. 解：

(1) 设：产品三种产品的产量分别为 x_1，x_2，x_3，建立数学模型：

$\text{Max } z=3x_1+2x_2+2.9x_3$

s. t.

$8x_1+2x_2+10x_3 \leqslant 300$

$10x_1+5x_2+8x_3 \leqslant 400$

$2x_1+13x_2+10x_3 \leqslant 420$

$x_1, x_2, x_3 \geqslant 0$

把上述问题化为标准型，用单纯形法解得最优解：

$X^* = (338/15, 116/5, 22/3, 0, 0, 0)^T$

目标函数最优值为 2 029/15。

（2）设备 B 的影子价格为 4/15 千元/台时，借用设备的租金为 0.3 千元每台时。所以，借用 B 设备不合算。

（3）设备Ⅳ，Ⅴ生产的产量为 x_7，x_8，系数向量分别为：

$P_7 = (12, 5, 10)^T$

$P_8 = (4, 4, 12)^T$

检验数 $\sigma_7 = -0.06$，所以生产Ⅳ不合算，

$\sigma_8 = 37/300$，生产Ⅴ合算。

单纯形法计算得最优解：

$X^* = (107/4, 31/2, 0, 0, 0, 0, 55/4)^T$

目标函数最优值为 10 957/80。

（4）改进后，检验数 $\sigma_1' = 253/300$，大于零。

所以，改进技术可以带来更好的效益。

11. 解：

（1）化成标准形式：

$$\text{Max } z_{(t)} = (3-6t)x_1 + (2-2t)x_2 + (5-5t)x_3 + 0x_4 + 0x_5 + 0x_6 \ (t \geqslant 0)$$

s. t.

$$x_1 + 2x_2 + x_3 + x_4 = 430$$
$$3x_1 + 2x_3 + x_5 = 460$$
$$x_1 + 4x_2 + x_6 = 420$$
$$x_1, x_2, x_3, x_4, x_5, x_6 \geqslant 0$$

令 $t=0$，用单纯形表计算，

c_j			$3-6t$	$2-2t$	$5-5t$	0	0	0	θ_i
C_B	X_B	B	x_1	x_2	x_3	x_4	x_5	x_6	
$2-2t$	x_2	100	$-1/4$	1	0	0.5	$-1/4$	0	—
$5-5t$	x_3	230	3/2	0	1	0	1/2	0	460
0	x_6	20	2	0	0	-2	[1]	1	20
$-z$		$1\,350t - 1\,350$	$t-4$	0	0	$t-1$	$2t-2$	0	

t 增大，t 大于 1，首先出现 σ_4，σ_5 大于 0，所以当 $0 \leqslant t \leqslant 1$ 时有最优解。

$X = (0, 100, 230, 0, 0, 20)^T$

目标函数最优值为 $1\,350(t-1)$ $(0 \leqslant t \leqslant 1)$。

$t=1$ 是第一临界点。

t 大于 1 时，x_6 是换出变量。

t 大于 1，最优解是：$X=(0, 0, 0, 430, 460, 420)^T$

目标函数最优值为

$\text{Max } z_{(t)}=0$，（t 大于 1）

（2）化成标准型，然后令 $t=0$，单纯形法解得：

t 开始增大时，当 t 大于 8/3 时，首先出现 σ_4 大于 0，所以 $0\leqslant t\leqslant 8/3$，得最优解。

目标函数最优值 $\text{Max } z_{(t)}=220$，（$0\leqslant t\leqslant 8/3$）

所以，$t=8/3$ 为第一临界点。

当 $8/3<t<5$ 时，σ_4 为换入变量，由 θ 规则，x_3 为换出变量，使用单纯形法继续迭代，t 继续增大，当 $t>5$，首先 σ_1 大于 0，$8/3<t\leqslant 5$ 的时候，最优解为：

$X=(0, 15, 0, 5)^T$

目标函数最优值为 $180+15t$，（$8/3<t\leqslant 5$）。

所以，$t=5$ 为第二临界点。

当 $t>5$ 时，x_1 是换入变量，x_2 为换出变量，单纯性法计算，

当 t 继续增大，所有检验数都非正，所以当 $t>5$，最优解：

$X=(15, 0, 0, 5)^T$

目标函数最优值为 $105+30t$，$t>0$

（3）化成标准型，令 $t=0$，用单纯形法计算得：

当 t 开始增大，t 大于 5 时，首先出现 b_2 小于 0，当 $0\leqslant t\leqslant 5$，最优解为：

$X=(10+2t, 0, 10+2t, 5-t, 0)^T$

目标函数最优值为 $6t+30$，（$0\leqslant t\leqslant 5$）。

所以 $t=5$ 是第一临界点。

当 t 大于 5 时，x_4 是换出变量，x_5 是换入变量。用对偶单纯形法计算，

当 t 大于 5 时，最优解为：

$X=(10+2t, 15+t, 0, 0, t-5)^T$

目标函数最优值为 $35+5t$。

（4）先化为标准型，令 $t=0$，用单纯形法计算，得：

当 t 开始增大，当 t 大于 6 时，首先出现 b_2 小于 0，当 $0\leqslant t\leqslant 6$，有最优解：

$X=(0, 0, 0, 10+t/3, 0, 18-3t, 45-5t)^T$

目标函数最优值为 $150+5t(0\leqslant t\leqslant 6)$。

当 t 大于 6 时，首先出现 b_2 小于 0，x_6 是换出变量，x_2 是换入变量，使用单纯形法计算得：t 继续增大，当 t 大于 11 时，b_3 首先小于零，x_7 是换出变量，x_3 为换入变量，对偶单纯形法迭代得：

当 $t\leqslant 59$，有最优解：

$X=(0, t/3-2, t/8-11/8, 59/4-t/4, 0, 0, 0)^T$

目标函数最优值为 $5t/2+345/2$，（$11<t\leqslant 59$）。

第3章 运输问题

1. 解：

表3－1中，有5个数字格，作为初始解，应该有 $m+n-1=3+4-1=6$ 个数字格，所以表3－1的调运方案不能作为用表上作业法求解时的初始解。

表3－2中，有10个数字格，而作为初始解，应该有 $m+n-1=9$ 个数字格，所以表3－2的调运方案不能作为表上作业法的初始解。

2. 解：

(1) 在表3－3中分别计算出各行和各列的次最小运费和最小运费的差额，填入该表的最右列和最下列。得到：

销地 产地	1	2	3	行差额
1	5	1	8	4
2	2	4	1	1
3	3	6	7	3
列差额	1	3	6	

从行差额或者列差额中找出最大的，选择它所在的行或者列中的最小元素，上表中，第三列是最大差额列，此列中最小元素为1，由此可以确定产地2的产品应先供应给销售地3，得到下表：

销地 产地	1	2	3	产量
1				12
2			11	14
3				4
销量	9	10	11	

同时将运价表第三列数字划去，得：

产地＼销地	1	2		产量
1	5	1		12
2	2	4		14
3	3	6		4
销量	9	10		

对上表中的元素，计算各行和各列的次最小运费和最小运费的差额，填入该表的最右列和最下列，重复上面的步骤，直到求出初始解，最终结果是：

产地＼销地	1	2	3	产量
1	2			12
2	3	10	11	14
3	4			4
销量	9	10	11	

（2）3 - 4 分别计算出各行和各列的次最小运费和最小运费的差额，填入该表的最右列和最下列。从行差额或者列差额中找出最大的，选择它所在的行或者列中的最小元素（方法同 3 - 3 相同）。

最终得出原问题的初始解：

产地＼销地	1	2	3	4	5	产量
1						25
2	20					30
3						20
4						30
销量	20	20	30	10	25	

3. 解：

（1）①计算出各行和各列的次最小运费和最小运费的差额，填入该表的最右列和最下列。

②从行差额或者列差额中找出最大的，选择它所在的行或者列中的最小元素，丙列中的最小元素为 3，由此可以确定产地 2 的产品应先供应丙的需要，而产地 2 的产量等于丙地的销量，故在（2，丙）处填入 0，同时将运价表中的丙列和第二行的数字划去，得到：

产地＼销地	甲	乙	丙	丁	产量
1	3	7		4	5
2					2
3	4	3		5	3
销量	3	3		2	

③对上表中的元素分别计算各行和各列的次最小运费和最小运费的差额，填入该表的最右列和最下行，重复步骤①②，直到求出初始解为止。得到下表：

产地＼销地	甲	乙	丙	丁	产量
1	3			2	5
2			2	0	2
3	0	3			3
销量	3	3	2	2	

使用位势法进行检验：

①上表中，数字格处填入单位运价并增加一行一列，在列中填入 $u_i(i=1, 2, 3)$，在行中填入 $v_j(j=1, 2, 3, 4)$，先令 $u_i+v_i=c_{ij}(i, j\in B$，B 为基，下同）来确定 u_i 和 v_i，得到下表：

产地＼销地	甲	乙	丙	丁	u_i
1	3			4	0
2			3	2	-2
3	4	3			1
v_i	3	2	5	4	

②由 $\sigma_{ij}=c_{ij}-(u_i+v_i)$（$i, j$ 为非基，下同）计算所有空格的检验数，并在每个格的右上角填入单位运价，得到下表：

产地＼销地	甲	乙	丙	丁	u_i
1	3 0	7 5	6 1	4 0	0
2	2 1	4 4	3 0	2 0	-2
3	4 0	3 0	8 2	5 0	1
v_i	3	2	5	4	

由上表可以看出，所有的非基变量检验数≥0，此问题达到最优解。

又因为 $\sigma_{34}=0$，此问题有无穷多最优解。

总运费 $\min z=3\times3+3\times3+2\times3+2\times4=32$

（2）①计算出各行和各列的次最小运费和最小运费的差额，填入该表的最右列和最下列。

②从行差额或者列差额中找出最大的，选择它所在的行或者列中的最小元素，甲列是最大差额列，甲列的最小元素是5，所以产地3的产品先供应甲的需求，同时将运价表中产地3所在行的数字划去。

③对上表中的元素分别计算各行和各列的次最小运费和最小运费的差额，填入该标的最右列和最下行，重复步骤①②，直到求出初始解为止。得到下表：

销地 产地	甲	乙	丙	丁	产量
1	1	2	1		4
2			3	6	9
3	4				4
销量	5	2	4	6	

使用位势法进行检验：

①上表中，数字格处填入单位运价，并增加一行一列，在列中填入 $u_i(i=1,\ 2,\ 3)$，在行中填入 $v_j(j=1,\ 2,\ 3,\ 4)$，先令 $u_1=0$，由 $u_i+v_i=c_{ij}(i,\ j\in B,\ B$ 为基，下同）来确定 u_i 和 v_i.

②由 $\sigma_{ij}=c_{ij}-(u_i+v_i)$ $(i,\ j\in N)$ 计算所有空格的检验数，并在每个格的右上角填入单位运价，得到下表：

销地 产地	甲	乙	丙	丁	u_i
1	10 0	6	7	12 1	0
2	16 8	10 6	5 0	9 0	−2
3	5 0	4 3	10 8	10 4	−5
v_i	10	6	7	11	

由上表可以看出，所有的非基变量检验数≥0，此问题达到最优解。

此问题有唯一最优解。

总运费 $\min z=118$

（3）此问题是一个产销不平衡的问题，产大于销。增加一个假象销售地己，令单位运价为0，销量为2。这样就达到了产销平衡。

用伏格尔法求初始解：

①计算出各行和各列的次最小运费和最小运费的差额，填入该表的最右列和最下列。

②从行差额或者列差额中找出最大的，选择它所在的行或者列中的最小元素，产地1所在的行是最大差额行，最小元素0，说以一产地的产品应该优先供应已的需要，同时划掉已列的数字。

③对上表中的元素分别计算各行和各列的次最小运费和最小运费的差额，填入该标的最右列和最下行，重复步骤①②，直到求出初始解为止。得到下表：

销地 产地	甲	乙	丙	丁	戊	己	产量
1			3			2	5
2	4				2		6
3					2		2
4		4	3	2			9
销量	4	4	6	2	4	2	

使用位势法进行检验：

①上表中，数字格处填入单位运价，并增加一行一列，在列中填入 $u_i(i=1,2,3,4)$，在行中填入 $v_j(j=1,2,3,4,5,6)$，先令 $u_1=0$，由 $u_i+v_i=c_{ij}(i,j\in B$，B 为基，下同）来确定 u_i 和 v_i。

②由 $\sigma_{ij}=c_{ij}-(u_i+v_i)$（$i,j\in N$）计算所有空格的检验数，并在每个格的右上角填入单位运价。

由上表可以看出，所有的非基变量检验数≥0，此问题达到最优解。

又因为 $\sigma_{14}=0$，此问题有无穷多最优解。

总运费 $\min z=90$

（4）此问题是一个产销不平衡的问题，产大于销。增加一个假象销售地己，令单位运价为0。销量为40。这样就达到了产销平衡。

用伏格尔法求初始解：

①计算出各行和各列的次最小运费和最小运费的差额，填入该表的最右列和最下行。

②从行差额或者列差额中找出最大的，选择它所在的行或者列中的最小元素，同时划掉所在列或行的元素。

③对上表中的元素分别计算各行和各列的次最小运费和最小运费的差额，填入该标的最右列和最下行，重复步骤①②，直到求出初始解为止。

并用位势法进行检验：

销地 产地	甲	乙	丙	丁	戊	己	u_i
1	10	18 2	29 8	13 0	22 6	0 12	0
2	13 3	M $M-16$	21 0	14 1	16 0	0 12	0
3	0 0	6 0	11 0	3 0	M $M-6$	0 22	−10
4	9 4	11 0	23 7	18 10	19 8	0 17	−5
5	24 2	28 0	36 3	30 5	34 6	0	12
v_i	10	16	21	13	16	−12	

由上表可以看出，所有的非基变量检验数≥0，此问题达到最优解。

又因为 $\sigma_{31}=0$，此问题有无穷多最优解。

总运费 $\min z=5\ 520$

4. 解：

(1) ①在对应表的数字格处（c_{22}未知）填入单位运价，并增加一行，在列中填入 u_i ($i=1, 2, 3$)，在行中填入 v_j($j=1, 2, 3, 4$)，先令 $u_1=0$，由 $u_i+v_i=c_{ij}(i, j\in B)$ 来确定 u_i 和 v_i。

②由 $\sigma_{ij}=c_{ij}-(u_i+v_i)(i, j\in N)$ 计算所有空格的检验数，并在每个格的右上角填入单位运价（c_{22}未知）。

最优调运方案不变，则所有非基变量的检验数都是非负。所以：

$c_{22}-3\geqslant 0$

$c_{22}+10\geqslant 0$

$10-c_{22}\geqslant 0$

$24-c_{22}\geqslant 0$

$18-c_{22}\geqslant 0$

解得：

$3\leqslant c_{22}\leqslant 10$

单位运价在此区间变化时，最优调运方案不变。

(2) ①在对应表的数字格处（c_{22}未知）填入单位运价，并增加一行，在列中填入 u_i ($i=1, 2, 3$)，在行中填入 v_j($j=1, 2, 3, 4$)，先令 $u_1=0$，由 $u_i+v_i=c_{ij}(i, j\in B)$ 来确定 u_i 和 v_i.

②由 $\sigma_{ij}=c_{ij}-(u_i+v_i)(i, j\in N)$ 计算所有空格的检验数，并在每个格的右上角填入单

位运价（c_{22}未知）。

有无穷多最优方案，则至少有一个非基变量的检验数为0。

取 $c_{24}-17=0$，所以单价变为17时，该问题有无穷多最优调运方案。

另外的两种调运方案：

①

产地 \ 销地	B_1	B_2	B_3	B_4	产量
A_1		15		0	15
A_2	0		15	10	25
A_3	5				5
销量	5	15	15	10	

②

产地 \ 销地	B_1	B_2	B_3	B_4	产量
A_1		15			15
A_2	0	0	15	10	25
A_3	5				5
销量	5	15	15	10	

5. 解：

因为利润表中的最大利润是10，所以令 $M=10$，用 M 减去利润表上的数字，此问题变成一个运输问题，见下表：

产地 \ 销地	A	B	C	D	产量
Ⅰ	0	5	4	3	2 500
Ⅱ	2	8	3	4	2 500
Ⅲ	1	7	6	2	5 000
销量	1 500	2 000	3 000	3 500	

使用伏格尔法计算初始解：

①计算出各行和各列的次最小运费和最小运费的差额，填入该表的最右列和最下行。

②从行差额或者列差额中找出最大的，选择它所在的行或者列中的最小元素，同时划掉所在列或行的元素。

③对上表中的元素分别计算各行和各列的次最小运费和最小运费的差额，填入该表的最右列和最下行，重复步骤①②，直到求出初始解为止。

产地＼销地	A	B	C	D	产量
Ⅰ	1 500	500	500		2 500
Ⅱ			2 500		2 500
Ⅲ		1 500		3 500	5 000
销量	1 500	2 000	3 000	3 500	

使用位势法检验：

①数字格处填入单位运价，并增加一行一列，在列中填入 $u_i(i=1, 2, 3)$，在行中填入 $v_j(j=1, 2, 3, 4)$，先令 $u_1=0$，由 $u_i+v_i=c_{ij}(i, j\in B)$ 来确定 u_i 和 v_i。

②由 $\sigma_{ij}=c_{ij}-(u_i+v_i)$ $(i, j\in N)$ 计算所有空格的检验数，并在每个格的右上角填入单位运价。

如果没有得到最优解，用闭回路法进行改进。

盈利最大方案：

产地＼销地	A	B	C	D	u_i
Ⅰ	0	5 0	4 0	3 2	0
Ⅱ	2 3	8 4	3 0	4 4	−1
Ⅲ	1 0	7 1	6 1	2	1
v_i	0	5	4	1	

此时，总运费为 28 000 元；最大盈利为 72 000 元。

6. 解：

此问题的供应量小于需求量，假设供应地 C，产量为 70 万吨。

用伏格尔法求解得：

产地＼销地	甲	甲′	乙	丙	丙′	供应
A	150		250			400
B	140	30		270	10	450
C					70	70
需求	290	30	250	270	80	

使用位势法检验：

①数字格处填入单位运价，并增加一行一列，在列中填入 $u_i(i=1, 2, 3)$，在行中填入 $v_j(j=1, 2, 3, 4)$，先令 $u_1=0$，由 $u_i+v_i=c_{ij}(i, j\in B)$ 来确定 u_i 和 v_i.

②由 $\sigma_{ij}=c_{ij}-(u_i+v_i)$ $(i, j\in \mathrm{N})$ 计算所有空格的检验数，并在每个格的右上角填入单位运价。

如果没有得到最优解，用闭回路法进行改进。

最优解时，最小运费是 14 650 万元。

7. 解：

设 A_1，A_2，A_3 是三年的需求订货，B_1，B_2，B_3 是三年的正常生产能力；B_1'，B_2'，B_3'是三年的加班能力，S 是事先积压产生的供货能力。第三年的需求量是 4 艘。此问题产销不平衡，增加设想销地 A_4，运价 0，销量 7。

使用伏格尔法求初始解：并用位势法检验：

此问题有无穷多最优解，

总运费 $\min z=4\ 730$ 万元

产地＼销地	A_1	A_2	A_3	A_4	供应量
B_1	500	540			0
B_1'				0	60
B_2		600		0	60
B_2'				0	60
B_3			550		-10
B_3'			620	0	60
S	40				-460
需求量	500	540	560	-60	

第4章 目标规划

1. 解:

(1) 不正确

(2) 正确

(3) 正确

(4) 正确

2. 解:

(1) 满意解是:(50, 0)

(2) 满意解是:(25, 15)

(3) 满意解是:(10, 0)

3. 解:

(1) 把原问题转化为:

$\text{Min } z = P_1 d_2^+ + P_1 d_2^- + P_2 d_1^-$

S. T.

$$x_1 + 2x_2 + d_1^- - d_1^+ = 10$$

$$10x_1 + 12x_2 + d_2^- - d_2^+ = 62.4$$

$$2x_1 + x_2 + x_3 = 8$$

$$x_1,\ x_2,\ x_3,\ d_1^-,\ d_1^+,\ d_2^+,\ d_2^- \geqslant 0$$

x_3 是松弛变量

单纯形法计算得:

c_j			0	0	0	P_2	0	P_1	P_2	θ_i
C_B	X_B	b	x_1	x_2	x_3	d_1^-	d_1^+	d_2^-	d_2^+	
P_2	d_1^-	10	1	(2)	0	1	−1	0	0	5
P_1	d_2^-	62.4	10	12	0	0	0	1	−1	5.2
0	x_3	8	2	1	1	0	0	0	0	8
P_1			−10	−12	0	0	0	0	2	
P_2			−1	−2	0	0	1	0	0	

迭代…

得原问题最优解 $x_1=0$，$x_2=5.2$，非基变量的检验数是 0，所以有多重解；

继续迭代得到：

$x_1=0.6$，$x_2=4.7$ 也是满意解

（2）使用单纯形法计算：

$x_1=70$，$x_2=20$

（3）满意解是

$x_1=1$，$x_2=0$

4. 解：

（1）单纯形法计算得到：

$x_1=70$，$x_2=45$ 是满意解

（2）实际上是对优先因子 P_2，P_3 进行调换，最优解不变。

（3）$\Delta b'=B^{-1}\Delta b=\begin{bmatrix}0&0&1&0\\0&1&0&0\\-1&1&1&0\\0&0&0&1\end{bmatrix}\begin{bmatrix}40\\0\\0\\0\end{bmatrix}\begin{bmatrix}0\\0\\-40\\0\end{bmatrix}$

b 列出现负数，d_1^+ 行的系数乘以 -1，重新迭代，$x_1=75$，$x_2=45$ 是满意解；

5. 解：条件不足，无法建立模型。

6. 解：

设 x_{i1}，x_{i2}，$x_{i3}(i=1,2,3)$ 表示第 i 种等级的兑制红黄蓝三种商标的酒的数量，数学模型：

$\text{Max } z=P_1(d_1^-+d_2^++d_3^-+d_4^++d_5^-+d_6^+)+P_2d_8^++P_3d_7^+$

s. t.

$x_{31}-0.1(x_{11}+x_{21}+x_{31})+d_1^--d_1^+=0$

$x_{11}-0.5(x_{11}+x_{21}+x_{31})+d_2^--d_2^+=0$

$x_{32}-0.7(x_{12}+x_{22}+x_{32})+d_3^--d_3^+=0$

$x_{12}-0.2(x_{12}+x_{22}+x_{32})+d_4^--d_4^+=0$

$x_{33}-0.5(x_{13}+x_{23}+x_{33})+d_5^--d_5^+=0$

$x_{13}-0.1(x_{13}+x_{23}+x_{33})+d_6^--d_6^+=0$

$x_{11}+x_{21}+x_{31}+d_7^--d_7^+=2\,000$

$x_{ij}\geqslant 0\ (i=1,2,3;\ j=1,2,3)$

其中，

$z=5.5(x_{11}+x_{21}+x_{31})+5(x_{12}+x_{22}+x_{32})+4.8(x_{13}+x_{23}+x_{33})-6(x_{11}+x_{12}+x_{13})-4.5(x_{21}+x_{22}+x_{23})-3(x_{31}+x_{32}+x_{33})+d_8^--d_8^+$

第5章　整数规划

1. 解：

(1) 解：将上述问题化为：

Max $z=3x_1+2x_2+0x_3+0x_4$

s. t.

$$2x_1+3x_2+x_3=14.5$$
$$4x_1+x_2+x_4=16.5$$
$$x_1,\ x_2,\ x_3,\ x_4\geqslant 0$$
$$x_1,\ x_2\in N$$

用单纯形法求解：

c_j			3	2	0	0	θ_i
C_B	X_B	b	x_1	x_2	x_3	x_4	
0	x_3	29/2	2	3	1	0	29/4
0	x_4	33/2	(4)	1	0	1	33/8
$-z$		0	3	2	0	0	

(迭代过程略)

相应的线性规划问题最优解是 $X^*=(7/2,\ 5/2,\ 0,\ 0)^T$，目标函数的最优值 $z=31/2$

凑整数时，$X_1=(4,\ 3,\ 0,\ 0)^T$，是非可行解；

$X_2=(4,\ 2,\ 0,\ 0)^T$，是非可行解；

$X_3=(3,\ 3,\ 0,\ 0)^T$，是非可行解；

$X_4=(3,\ 2,\ 0,\ 0)^T$，是可行解，$z=13$；

使用分支定界法解整数规划问题。

令 $\bar{z}=31/2$，$x_1=x_2=0$ 是可行解。

所以 $\underline{z}=0$，$0\leqslant z^*\leqslant 31/2$

把原问题分解为两个问题：

①max $z_1=3x_1+2x_2$

s. t.

$$2x_1+3x_2\leqslant 14.5$$
$$4x_1+x_2\leqslant 16.5$$
$$0\leqslant x_1\leqslant 3;\ x_2\geqslant 0$$

②$\max z_2 = 3x_1 + 2x_2$

s. t.

$2x_1 + 3x_2 \leqslant 14.5$

$4x_1 + x_2 \leqslant 16.5$

$4 \leqslant x_1$；$x_2 \geqslant 0$

将上述问题化为标准型，使用单纯形法求解：

$x_1 = 3$，$x_2 = 2$ 是最优整数解，$z = 13$。

（2）使用图解法或者单纯形法求解此问题，线性规划问题最优解是（13/4，5/2）

目标函数最优值 $\max z = 59/4$；

凑整数时，$X_1 = (3,\ 2)^T$，是可行解，$z = 13$；

$X_2 = (3,\ 3)^T$，是非可行解；

$X_3 = (4,\ 2)^T$，是非可行解；

$X_4 = (4,\ 3)^T$，是非可行解；

使用分支定界法求解原整数规划问题，

令 $\bar{z} = 59/4$，$x_1 = x_2 = 0$ 是可行解。

所以 $\underline{z} = 0$，$0 \leqslant z^* \leqslant 59/4$；

把原问题分解为两个问题：

①$\max z_1 = 3x_1 + 2x_2$

s. t.

$2x_1 + 3x_2 \leqslant 14$

$2x_1 + x_2 \leqslant 9$

$0 \leqslant x_1 \leqslant 3$；$x_2 \geqslant 0$

②$\max z_2 = 3x_1 + 2x_2$

s. t.

$2x_1 + 3x_2 \leqslant 14$

$2x_1 + x_2 \leqslant 9$

$4 \leqslant x_1$；$x_2 \geqslant 0$

解得：最优整数解是 $x_1 = 4$，$x_2 = 1$；

目标函数是 14。

2. 解：运用图解法解得：最优解是 B 点（51/46 + 7/69 − 1/6，51/23 + 14/69）

目标函数最优值为：58/23 + 51/46 − 1/6

使用分支定界法求解，

令 $\bar{z} = 58/23 + 51/46 - 1/6$，$x_1 = x_2 = 0$ 是可行解；

因此 $\underline{z} = 0$，故 $0 \leqslant z^* \leqslant 58/23 + 51/46 - 1/6$

将原问题分解为下列问题：

①$\operatorname{Max} z_1 = x_1 + x_2$

s. t.

$2x_1 + 9x_2/14 \leqslant 51/14$

$-2x_1 + x_2 \leqslant 1/3$

$x_2 \leqslant 1$

$x_1, x_2 \geqslant 0$

②Max $z_1 = x_1 + x_2$

s. t.

$2x_1 + 9x_2/14 \leqslant 51/14$

$-2x_1 + x_2 \leqslant 1/3$

$x_2 \geqslant 2$

$x_1, x_2 \geqslant 0$

按照以上步骤，

求解最终得到：最优解是 $X^* = (1, 2)^T$

目标函数最优值 $z = 3$

3. 解：

（1）将上述问题化成标准型：

$\max z = x_1 + x_2 + 0x_3 + 0x_4$

s. t. $2x_1 + x_2 + x_3 = 6$

$4x_1 + 5x_2 + x_4 = 20$

$x_1, x_2, x_3, x_4 \geqslant 0$

x_1, x_2, x_3, x_4 是整数

单纯形法求得最优解是：$X^* = (5/3, 8/3, 0, 0)^T$，目标函数最优值 13/3

变量之间的关系：

$$x_1 + 5x_3/6 - x_4/6 = 5/3$$

$$x_2 - 2x_3/3 + x_4/3 = 8/3$$

把系数和常数项都分解成为整数和非负真分数之和有：

$$2/3 - 5x_3/6 - 5x_4/6 \leqslant 0$$

$$2/3 - (x_3 + x_4)/3 \leqslant 0$$

加入松弛变量 x_5，继续迭代得到最终结果：$X^* = (0, 4, 2, 0, 0)^T$，目标函数最优值 4。

解得：最优整数解是 $x_1 = 0$，$x_2 = 4$；

目标函数是 4。

（2）将原问题化成标准型，并使用单纯形法求解：

最优解为 $X^* = (13/7, 9/7, 0, 31/7, 0)^T$，目标函数最优值 30/7

从单纯形表可以得到变量间的关系，把系数和常数项都分解成整数和非负分数之和，可以得知：

$$6/7 - (x_3/7 + 2x_5/7) \leqslant 0$$

加入松弛变量 x_7，把新的约束条件加入后，继续迭代，得到最终的结果：

最优解是 $x_1 = 1$，$x_2 = 2$

目标函数最优值 1。

4. 解：

令 $x_i = \begin{cases} 1，表示当某个防火区域由第 i 个消防站负责 \\ 0，否则 \end{cases}$

$i=1，2，3，4$。

建立数学模型：

$$\text{Min } z = \sum_{i=1}^{4} x_i$$

$$\text{s. t. } \begin{aligned} & x_1 + x_2 \geqslant 1 \\ & x_1 \geqslant 1 \\ & x_1 + x_3 \geqslant 1 \\ & x_3 \geqslant 1 \\ & x_1 + x_3 + x_4 \geqslant 1 \\ & x_1 + x_4 \geqslant 1 \\ & x_1 + x_2 + x_4 \geqslant 1 \\ & x_2 + x_4 \geqslant 1 \\ & x_4 \geqslant 1 \\ & x_3 + x_4 \geqslant 1 \end{aligned}$$

有以上约束条件可以解得：

$x_1 = x_3 = x_4 = 1$

继续求解

当 $x_2 = 0$ 时，是可行解，目标函数是 3；

当 $x_2 = 1$ 时，是可行解，目标函数是 4；

比较可以得到，最优解是

$X^* = (1，0，1，1)^T$，目标函数最优值是 3。

所以，可以关闭消防站②。

5. 解：

在 m 个约束条件右端分别减去 $y_i M$（y_i 是 0－1 变量，M 是很大的常数，$i=1，2\cdots m$）并且 $\sum_{i=1}^{m} y_i = m-1$。

6. 解：

（1）将（0，0，0）（0，0，1）（0，1，0）（1，0，0）（0，1，1）（1，0，1）（1，1，0）（1，1，1）分别代入约束条件中，可以得到：原问题的最优解是（0，0，1），目标函数

最优值2。

(2) $X^*=(0,\ 1,\ 0,\ 0)^T$ 是一个可行解，目标函数数值是4；

所以可以增加约束条件：

$2x_1+5x_2+3x_3+4x_4\leqslant 4$

把可能的解（0，0，0，0）（0，0，0，1）…（1，1，1，1）分别代入约束条件的问题中，得到最优解 $X^*=(0,\ 1,\ 0,\ 0)^T$，目标函数最优值4。

7. 解：

系数矩阵 C 为：

$$\begin{bmatrix} 15 & 18 & 21 & 24 \\ 19 & 23 & 22 & 18 \\ 26 & 17 & 26 & 19 \\ 19 & 21 & 23 & 17 \end{bmatrix}$$

①系数矩阵的每行元素减去该行的最小元素得矩阵 B

②B 矩阵的每列元素减去该列的最小元素得到矩阵 A

此时，系数矩阵 A 的每行每列都有元素0。

先给 a_{11} 加圈，然后给 a_{24} 加圈，划掉 a_{44}。给 a_{32} 加圈，划掉 a_{33} 得：

$$\begin{bmatrix} 0 & 2 & 6 & 9 \\ 1 & 4 & 4 & 0 \\ 10 & 0 & 0 & 3 \\ 2 & 3 & 6 & 0 \end{bmatrix}$$

此时，画圈的数目是3，少于4个，所以指派不成功，进入下一步，

给第四行打√号，给第四列打√号，给第二行打√号，将第一，第三行画一横线，将第四列画纵线，变换矩阵得到：

$$\begin{bmatrix} 0 & 2 & 6 & 10 \\ 0 & 3 & 3 & 0 \\ 10 & 0 & 0 & 4 \\ 1 & 2 & 5 & 0 \end{bmatrix}$$

给第一、第四列打√号，对第一、第二、第四行打√号，给第一、第四列画一纵线，第三行画一横线，变换矩阵得到：

$$\begin{matrix} 甲 & 乙 & 丙 & 丁 \end{matrix}$$
$$\begin{bmatrix} 0 & 0 & 4 & 10 \\ 0 & 1 & 1 & 1 \\ 12 & 0 & 0 & 6 \\ 1 & 0 & 3 & 0 \end{bmatrix}$$

得到最优指派方案为：甲—B；乙—A；丙—C；丁—D。

所消耗的总时间是70。

第6章　无约束问题

1. 解：

设 x_1，x_2 分别为原料 A，B 的使用量，则生产消耗的原料成本为 $x_1+0.5x_2$，其不能超过总资金，即 $x_1+0.5x_2\leqslant 5$

生产量函数为 $f(x_1, x_2)=3.6x_1-0.4x_1^2+1.6x_2-0.2x_2^2$，那么，使生产量最大化的数学模型为：

$$\max f(x)=3.6x_1-0.4x_1^2+1.6x_2-0.2x_2^2$$

$$s.t.\begin{cases}x_1+0.5x_2\leqslant 5\\ x_1, x_2\geqslant 0\end{cases}$$

2. 解：

设 x_i，y_i 分别表示该厂第 i 月份电视机的生产数量和存储数量。

（1）生产能力约束：$x_i\leqslant b(i=1, 2, \cdots, 12)$

（2）存储能力限制约束：$y_i\leqslant c(i=1, 2, \cdots, 12)$

（3）交付商业合同要求：$x_i+y_i\geqslant d_i(i=1, 2, \cdots, 12)$

（4）年度结束时库存为零要求：$x_{12}+y_{12}=d_{12}$

（5）生产量，存储量非负约束：$x_i\geqslant 0$，$y_i\geqslant 0(i=1, 2, \cdots, 12)$

（6）生产与存储总费用：

第 i 月份生产和存储费用为：$f_i(x_i)+f_i(y_i)$，那么，全年总生产和存储费用为：$z=\sum_{i=1}^{12}[f_i(x_i)+f_i(y_i)]$

则：生产存储优化模型为：$\min z=\sum_{i=1}^{12}[f_i(x_i)+f_i(y_i)]$

$$s.t.\begin{cases}x_i\leqslant b\\ y_i\leqslant c\\ x_i+y_i\geqslant d_i\\ x_{12}+y_{12}=d_{12}\\ x_i\geqslant 0, y_i\geqslant 0\end{cases}$$

3. 解：

（1）$f(x)=x_1^2+x_2^2+x_3^2$

$$\nabla f(x)=\begin{pmatrix}\dfrac{\partial f(x)}{\partial x_1}\\ \dfrac{\partial f(x)}{\partial x_2}\\ \dfrac{\partial f(x)}{\partial x_3}\end{pmatrix}=\begin{pmatrix}2x_1\\2x_2\\2x_3\end{pmatrix}$$

$$H=\nabla^2 f(x)=\begin{pmatrix}\dfrac{\partial^2 f(x)}{\partial x_1^2} & \dfrac{\partial^2 f(x)}{\partial x_1 x_2} & \dfrac{\partial^2 f(x)}{\partial x_1 x_3}\\ \dfrac{\partial^2 f(x)}{\partial x_2 x_1} & \dfrac{\partial^2 f(x)}{\partial x_2^2} & \dfrac{\partial^2 f(x)}{\partial x_2 x_3}\\ \dfrac{\partial^2 f(x)}{\partial x_3 x_1} & \dfrac{\partial^2 f(x)}{\partial x_3 x_2} & \dfrac{\partial^2 f(x)}{\partial x_3^2}\end{pmatrix}$$

$$=\begin{pmatrix}\dfrac{\partial}{\partial x_1}(2x_1) & \dfrac{\partial}{\partial x_1}(2x_2) & \dfrac{\partial}{\partial x_1}(2x_3)\\ \dfrac{\partial}{\partial x_2}(2x_1) & \dfrac{\partial}{\partial x_2}(2x_2) & \dfrac{\partial}{\partial x_2}(2x_3)\\ \dfrac{\partial}{\partial x_3}(2x_1) & \dfrac{\partial}{\partial x_3}(2x_2) & \dfrac{\partial}{\partial x_3}(2x_3)\end{pmatrix}$$

$$=\begin{pmatrix}2 & 0 & 0\\0 & 2 & 0\\0 & 0 & 2\end{pmatrix}$$

（2）$f(x)=\ln(x_1^2+x_1x_2+x_2^2)$

$$\frac{\partial f(x)}{\partial x_1}=\frac{1}{x_1^2+x_1x_2+x_2^2}\cdot\frac{\partial}{\partial x_1}(x_1^2+x_1x_2+x_2^2)$$

$$=\frac{2x_1+x_2}{x_1^2+x_1x_2+x_2^2}$$

$$\frac{\partial f(x)}{\partial x_2}=\frac{x_1+2x_2}{x_1^2+x_1x_2+x_2^2}$$

$$\frac{\partial^2 f(x)}{\partial x_1^2}=\frac{\partial}{\partial x_1}\left(\frac{2x_1+x_2}{x_1^2+x_1x_2+x_2^2}\right)=\frac{2(x_1^2+x_1x_2+x_2^2)-(2x_1+x_2)^2}{(x_1^2+x_1x_2+x_2^2)^2}$$

$$=\frac{-2x_1^2-2x_1x_2+x_2^2}{(x_1^2+x_1x_2+x_2^2)^2}$$

$$\frac{\partial^2 f(x)}{\partial x_1x_2}=\frac{\partial}{\partial x_2}\left(\frac{2x_1+x_2}{x_1^2+x_1x_2+x_2^2}\right)=\frac{(x_1^2+x_1x_2+x_2^2)-(2x_1+x_2)\cdot(x_1+2x_2)}{(x_1^2+x_1x_2+x_2^2)^2}$$

$$=\frac{-x_1^2-4x_1x_2-x_2^2}{(x_1^2+x_1x_2+x_2^2)^2}$$

$$\frac{\partial^2 f(x)}{\partial x_2^2}=\frac{\partial}{\partial x_2}\left(\frac{x_1+2x_2}{x_1^2+x_1x_2+x_2^2}\right)=\frac{2(x_1^2+x_1x_2+x_2^2)-(x_1+2x_2)^2}{(x_1^2+x_1x_2+x_2^2)^2}$$

$$=\frac{-x_1^2-2x_1x_2-2x_2^2}{(x_1^2+x_1x_2+x_2^2)^2}$$

则：$\nabla f(x)=\left(\frac{\partial f(x)}{\partial x_1},\quad \frac{\partial f(x)}{\partial x_2}\right)^T=\left(\frac{2x_1+x_2}{x_1^2+x_1x_2+x_2^2},\quad \frac{x_1+2x_2}{x_1^2+x_1x_2+x_2^2}\right)^T$

$$H=\nabla^2 f(x)=\begin{pmatrix}\frac{\partial^2 f(x)}{\partial x_1^2} & \frac{\partial^2 f(x)}{\partial x_1 x_2}\\ \frac{\partial^2 f(x)}{\partial x_2 x_1} & \frac{\partial^2 f(x)}{\partial x_2^2}\end{pmatrix}$$

$$=\begin{pmatrix}\frac{-2x_1^2-2x_1x_2+x_2^2}{(x_1^2+x_1x_2+x_2^2)^2} & \frac{-x_1^2-4x_1x_2-x_2^2}{(x_1^2+x_1x_2+x_2^2)^2}\\ \frac{-x_1^2-4x_1x_2-x_2^2}{(x_1^2+x_1x_2+x_2^2)^2} & \frac{x_1^2-2x_1x_2-2x_2^2}{(x_1^2+x_1x_2+x_2^2)^2}\end{pmatrix}$$

4. 解：

（1）$H=\begin{pmatrix}2 & 1 & 2\\ 1 & 3 & 0\\ 2 & 0 & 5\end{pmatrix}$

一阶主子式：$H_1'=|2|=2>0$

二阶主子式：$H_2'=\begin{vmatrix}2 & 1\\ 1 & 3\end{vmatrix}=5>0$

三阶主子式：$H_3'=\begin{pmatrix}2 & 1 & 2\\ 1 & 3 & 0\\ 2 & 0 & 5\end{pmatrix}=2\cdot\begin{vmatrix}3 & 0\\ 0 & 5\end{vmatrix}-\begin{vmatrix}1 & 2\\ 0 & 5\end{vmatrix}+2\begin{vmatrix}1 & 2\\ 3 & 0\end{vmatrix}=13>0$

所以 H 为正定主子式。

（2）$H=\begin{pmatrix}1 & 1 & 0\\ 1 & 1 & 0\\ 0 & 0 & 1\end{pmatrix}$

$$H_1'=1>0$$

$$H_2'=\begin{vmatrix}1 & 1\\ 1 & 1\end{vmatrix}=0$$

$$H_3'=\begin{vmatrix}1 & 1 & 0\\ 1 & 1 & 0\\ 0 & 0 & 1\end{vmatrix}=0$$

所以 H 为半正定的。

5. 解：

$$f(x)=\frac{1}{3}x_1^3+\frac{1}{3}x_2^3-2x_2^2-4x_1$$

$$\frac{\partial f(x)}{\partial x_1}=x_1^2-4,\qquad \frac{\partial f(x)}{\partial x_2}=x_2^2-4x_2$$

令：$\nabla f(x)=0$，即 $\begin{cases}x_1^2-4=0\\x_2^2-4x_2=0\end{cases}$

求解得到驻点：

$X^{(1)}=\begin{pmatrix}2\\0\end{pmatrix}$，$X^{(2)}=\begin{pmatrix}2\\4\end{pmatrix}$，$X^{(3)}=\begin{pmatrix}-2\\0\end{pmatrix}$，　$X^{(4)}=\begin{pmatrix}-2\\4\end{pmatrix}$

因为$\nabla^2 f(x)=\begin{pmatrix}2x_1 & 0\\0 & 2x_2-4\end{pmatrix}$

所以$\nabla^2 f\ (X^{(1)})=\begin{pmatrix}4 & 0\\0 & -4\end{pmatrix}$，为不定矩阵

$\nabla^2 f\ (X^{(2)})=\begin{pmatrix}4 & 0\\0 & 4\end{pmatrix}$，为正定矩阵

$\nabla^2 f\ (X^{(3)})=\begin{pmatrix}-4 & 0\\0 & -4\end{pmatrix}$，为负定矩阵

$\nabla^2 f\ (X^{(4)})=\begin{pmatrix}-4 & 0\\0 & 4\end{pmatrix}$，为不定矩阵

所以，$X^{(1)}$，$X^{(4)}$不是极值点，$X^{(2)}$为局部极小值点，$X^{(3)}$为局部极大值点。

6. 解：

因为

$$f(x)=4x_1^2-4x_1x_2+6x_1x_3+5x_2^2-10x_2x_3+8x_3^2$$

$$\frac{\partial f(x)}{\partial x_1}=2x_1-4x_2+6x_3,\qquad \frac{\partial f(x)}{\partial x_2}=-4x_1+10x_2-10x_3$$

$$\frac{\partial f(x)}{\partial x_3}=6x_1-10x_2+16x_3$$

令$\nabla f(x)=0$，即 $\begin{cases}2x_1-4x_2+6x_3=0\\-4x_1+10x_2-10x_3=0\\6x_1-10x_2+16x_3=0\end{cases}$

求解方程组得驻点，$X=(0,\ 0,\ 0)^T$

$$\nabla^2 f(x)=\begin{pmatrix}2 & -4 & 6\\-4 & 10 & -10\\6 & -10 & 16\end{pmatrix}=H$$

$$H_1'=|2|=2>0,\qquad H_2'=\begin{vmatrix}2 & -4\\-4 & 10\end{vmatrix}=36>0$$

$$H_3' = \begin{vmatrix} 2 & -4 & 6 \\ -4 & 10 & -10 \\ 6 & -10 & 16 \end{vmatrix} = 384 > 0$$

所以$\nabla^2 f(x)$是正定的，则$X=(0,\ 0,\ 0)^T$是局部极小值点。

7. 解：

（1）$f(x)=(4-x)^3 \quad (x\leqslant 4)$

$$f'(x)=\frac{d}{dx}[(4-x)^3]=-3(4-x)^2$$

$$f''(x)=\frac{d}{dx}[-3(4-x)^2]=6(4-x)$$

当$x\leqslant 4$时，$f''(x)\geqslant 0$，且当$x<4$时，$f''(x)>0$

所以$f(x)=(4-x)^3$（$x\leqslant 4$）是严格凸函数。

（2）$f(x)=x_1^2+2x_1x_2+3x_2^2$

$$\nabla f(x)=\begin{pmatrix} \dfrac{\partial f(x)}{\partial x_1} \\ \dfrac{\partial f(x)}{\partial x_2} \end{pmatrix}=\begin{pmatrix} 2x_1+2x_2 \\ 2x_1+6x_2 \end{pmatrix}$$

$$\nabla^2 f(x)=\begin{pmatrix} \dfrac{\partial^2 f(x)}{\partial x_1^2} & \dfrac{\partial^2 f(x)}{\partial x_1 x_2} \\ \dfrac{\partial^2 f(x)}{\partial x_2 x_1} & \dfrac{\partial^2 f(x)}{\partial x_2^2} \end{pmatrix}=\begin{pmatrix} 2 & 2 \\ 2 & 6 \end{pmatrix}=H$$

因为$H_1'=|2|=2>0$，$H_2'=\begin{vmatrix} 2 & 2 \\ 2 & 6 \end{vmatrix}=8>0$

所以H为正定矩阵，由凸函数二阶条件得$f(x)=x_1^2+2x_1x_2+3x_2^2$为严格凸函数。

（3）$f(x)=\dfrac{1}{x}(x<0)$

$$f'(x)=\frac{df(x)}{dx}=-\frac{1}{x^2},\ f''(x)=\frac{d^2f(x)}{dx^2}=\frac{2}{x^3}$$

当$x<0$时，$f''(x)<0$，所以$f(x)=\dfrac{1}{x}(x<0)$为严格凹函数。

（4）解：$f(x)=x_1\cdot x_2$

$$\nabla f(x)=\begin{pmatrix} \dfrac{\partial f(x)}{\partial x_1} \\ \dfrac{\partial f(x)}{\partial x_2} \end{pmatrix}=\begin{pmatrix} x_1 \\ x_2 \end{pmatrix}$$

$$\nabla^2 f(x)=\begin{pmatrix} \dfrac{\partial^2 f(x)}{\partial x_1^2} & \dfrac{\partial^2 f(x)}{\partial x_1 x_2} \\ \dfrac{\partial^2 f(x)}{\partial x_2 x_1} & \dfrac{\partial^2 f(x)}{\partial x_2^2} \end{pmatrix}=\begin{pmatrix} 0 & 1 \\ 1 & 0 \end{pmatrix}=H$$

$$H_1' = |0| = 0, \quad H_2' = \begin{vmatrix} 0 & 1 \\ 1 & 0 \end{vmatrix} = -1 < 0$$

所以 H 为不定矩阵

因故得到 $f(x) = x_1 \cdot x_2$ 不是凸函数（或凹函数）。

8. 解：

(1)（用黄金分割法求解）

$$f(x) = x^2 - 6x + 2$$

原始求解区间 $[a_1, b_1] = [0, 10]$

$x_1 = a_1 + 0.618(b_1 - a_1) = 6.18$，$f(x_1) = 3.112$

$x_1' = a_1 + 0.382(b_1 - a_1) = 3.82$，$f(x_1') = -6.328$

因为 $f(x_1) > f(x_1')$，极小值不可能在 $[x_1, b_1]$ 上，则求解区间缩短为 $[a_1, x_1] = [a_2, b_2] = [0, 6.18]$，继续黄金分割：

$x_2 = x_1' = 3.82$，$f(x_2) = f(x_1') = -6.328$

$x_2' = a_2 + 0.382(b_2 - a_1) = 2.36$，$f(x_2') = -6.590$

因为 $f(x_2) > f(x_2')$，极小值不可能在 $[x_2, b_2]$ 上，则缩短区间为

$[a_2, x_2] = [a_3, b_3] = [0, 0.382]$

$x_3 = x_2' = 2.36$，$f(x_3) = -6.590$

$x_3' = a_3 + 0.382(b_3 - a_3) = 1.46$，$f(x_3') = -4.628$

因为 $f(x_3) < f(x_3')$，极小值不可能在 $[a_3, x_3']$ 上，则缩短区间为 $[x_3', b_3] = [a_4, b_4] = [1.46, 3.82]$

$x_4 = a_4 + 0.618(b_4 - a_4) = 2.92$，$f(x_4) = -6.994$

$x_4' = x_3 = 2.36$，$f(x_4') = -6.590$

因为 $f(x_4) < f(x_4')$，则缩短求解区间为 $[x_4', b_4] = [a_5, b_5] = [2.36, 3.82]$

$x_5 = a_5 + 0.618(b_4 - a_4) = 3.26$，$f(x_5) = -6.932$

$x_5' = x_4 = 2.92$，$f(x_5') = -6.994$

因为 $f(x_5) > f(x_5')$，则 $[a_6, b_6] = [a_5, x_5] = [2.36, 3.26]$

$x_6 = x_5' = 2.92$，$f(x_6) = -6.994$

$x_6' = a_6 + 0.382(b_6 - a_6) = 2.70$，$f(x_6') = -6.934$

因为 $f(x_6) < f(x_6')$，则 $[a_7, b_7] = [x_6', b_6] = [2.70, 3.26]$

且 $\dfrac{(b_7 - a_7)}{(b_1 - a_1)} = 0.05 > 3\%$，继续求解

$x_7' = x_6' = 2.92$，$f(x_7') = -6.994$

$x_7 = a_7 + 0.382\ (b_7 - a_7)\ = 3.05$，$f(x_7) = -6.997$

因为 $f(x_7) < f(x_7')$，则 $[a_8, b_8] = [x_7', b_6] = [2.92, 3.26]$，且 $\dfrac{b_8 - a_8}{b_1 - a_1} = 0.04 > 3\%$

$x_8 = a_8 + (b_8 - a_8) = 3.13$，$f(x_8) = -6.993$

$x_8' = x_7 = 3.05$，$f(x_8') = -6.997$

因为$f(x_8)>f(x_8')$，则求解区间缩短为 $[a_9, b_9]=[a_7, x_8]=[2.92, 3.13]$

由于$\frac{(b_9-a_9)}{(b_1-a_1)}=0.021<3\%$，符合精度要求，停止迭代。

所以$f(x)=x^6-6x+2$ 的极小值点近似为：$x^*=x_8'=3.05$，近似极小值为：$f(x^*)=-6.997$

(2)（牛顿法求解）

$f(x)=x^3-6x+3$，$x_1=1$，$(x>0)$

因为$f'(x)=3x^2-6$，$f''(x)=6x$

所以 $x_{k+1}=x_k-\frac{f'(x_k)}{f''(x_k)}=x_k-\frac{3x_k^2-6}{6x_k}$

即，牛顿法迭代公式为：$x_{k+1}=x_k-\frac{x_k^2-2}{2x_k}$

$x_1=1$，

$x_2=x_1-\frac{x_1^2-2}{2x_1}=1.5000$，$|x_2-x_1|=0.5>0.01$，延续

$x_3=x_2-\frac{x_2^2-2}{2x_2}=1.4167$，$|x_3-x_2|=0.0833>0.01$，继续

$x_4=x_3-\frac{x_3^2-2}{2x_3}=1.4142$，$|x_4-x_3|=0.0024<0.01$，停止迭代。

$f(x)=x^6-6x+2$ $(x>0)$ 的近似极小值点为：$x^*=1.4142$，极小值近似值为：$f(x^*)=-2.6568$。

9. 解：（斐波那契法）

$f(x)=x^3-7x^2+8x+4$，$x\in[0, 3]$

已知 $[a_0, b_0]=[0, 3]$，精度$\delta=0.05$

则 $F_n\geqslant\frac{1}{8}=\frac{1}{0.05}=20$，查表知 $n=7$

$$\begin{cases}x_1=b_0+\frac{F_6}{F_7}(a_0-b_0)=3+\frac{13}{21}\times(-3)=1.1428\\x_1'=a_0+\frac{F_6}{F_7}(b_0-a_0)=0+\frac{13}{21}\times3=1.8571\end{cases}$$

$f(x_1)=x_1^3-7x_1^2+8x_1+4=5.4927$

$f(x_1')=x_1'^3-7x_1'^2+8x_1'+4=1.1195$

由于$f(x_1)>f(x_1')$，$f(x)$为求极大值点，故取

$[a_1, b_1]=[a_0, x_1']=[0, 1.8571]$

$$\begin{cases}x_2=b_1+\frac{F_5}{F_6}\cdot(a_1-b_1)=1.8571+\frac{8}{13}(-1.8571)=0.7143\\x_2'=x_1=1.1428\end{cases}$$

$f(x_2)=0.7143^3-7\times0.7143^2+8\times0.7143+4=6.5073$

$f(x_2')=5.4972$

由于$f(x_2)>f(x_2')$，故取 $[a_2, b_2]=[a_1, x_2']=[0, 1.1428]$

$$\begin{cases} x_3=b_2+\dfrac{F_4}{F_5}(a_2-b_2)=1.1428+\dfrac{5}{8}\times(-1.1428)=0.4285 \\ x_3'=x_2=0.7143 \end{cases}$$

$f(x_3)=0.4285^3-7\times0.4285^2+8\times0.4285+4=6.2215$

$f(x_3')=6.5073$

由于$f(x_3)<f(x_3')$，故取 $[a_3, b_3]=[x_3, b_2]=[0.4285, 1.1428]$

$$\begin{cases} x_4=x_3'=0.7143 \\ x_4'=a_3+\dfrac{F_3}{F_4}\cdot(b_3-a_3)=0.8571 \end{cases}$$

$f(x_4)=6.5073$

$f(x_4')=0.8571^3-7\times0.8571^2+8\times0.8571+4=6.3441$

由于$f(x_4)>f(x_4')$，故取 $[a_4, b_4]=[a_3, x_4']=[0.4285, 0.8571]$

$$\begin{cases} x_5=b_4+\dfrac{F_2}{F_3}\cdot(a_4-b_4)=0.5174 \\ x_5'=x_4=0.7143 \end{cases}$$

$f(x_5)=0.5174^3-7\times0.5174^2+8\times0.5174+4=6.4722$

$f(x_5')=6.5073$

由于$f(x_5)<f(x_5')$，故取 $[a_5, b_5]=[x_5, b_4]=[0.5714, 0.8571]$

取 $\varepsilon=0.001$ $\begin{cases} x_6=x_5'=0.7143 \\ x_6'=a_5+\left(\dfrac{1}{2}+\varepsilon\right)\cdot(b_5-a_5)=0.7145 \end{cases}$

$f(x_6)=6.5073$

$f(x_6')=6.5072$

由于$f(x_6)>f(x_6')$，故取 $[a_6, b_6]=[a_6, x_6']=[0.5714, 0.7145]$

所以 $x_6=6.5073$，为近似极大值，近似极大值为：6.5073。

10. 解：

$f(x)=e^x-5x$，$x\in[1, 2]$

设 $x_1=1$，步长 $h_1=0.1$

则 $x_2=x_1+h_1=1.1$，$x_3=x_1+2h_1=1.2$

$f(x_1)=-2.2817$，$f(x_2)=-2.4958$，$f(x_3)=-2.6799$

设拟合抛物线为：$Q(x)=a_0+a_1x+a_2x^2$

则 $a_1=\dfrac{(x_2^2-x_3^2)f(x_1)+(x_3^2-x_1^2)f(x_2)+(x_1^2-x_2^2)f(x_3)}{(x_1-x_2)\cdot(x_2-x_3)\cdot(x_3-x_1)}$

$$a_2=\frac{(x_2-x_3)f(x_1)+(x_3-x_1)f(x_2)+(x_1-x_2)f(x_3)}{(x_1-x_2)\cdot(x_2-x_3)\cdot(x_3-x_1)}$$

$$x^*=\frac{a_1}{2a_2}=\frac{(x_2^2-x_3^2)f(x_1)+(x_3^2-x_1^2)f(x_2)+(x_1^2-x_2^2)f(x_3)}{(x_2-x_3)f(x_1)+(x_3-x_1)f(x_2)+(x_1-x_2)f(x_3)}$$

将 x_1，x_2，x_3，$f(x_1)$，$f(x_2)$，$f(x_3)$ 代入上式，得 $x^*=1.7621$，$f(x^*)=-2.9857$

满 $x_1<x_2<x_3<x^*$，$f(x^*)$ 为最小，取 x_2，x_3，x^*为新的逼近起步点，重复上式计算。

即得 $x^*=1.6201$，$f(x^*)=-3.0469$

所以$f(x)=e^x-5x$ 的近似极小值点为 $x^*=1.6201$，近似极小值为 -3.0496.

11. 解：

$$f(x)=x_1-x_2+2x_1^2+2x_1x_2+x_2^2,\ X^{(1)}=(0,\ 0)^T$$

（1）（梯度法）

$$\nabla f(x)=\begin{pmatrix}\dfrac{\partial f(x)}{\partial x_1}\\ \dfrac{\partial f(x)}{\partial x_2}\end{pmatrix}=\begin{pmatrix}1+4x_1+2x_2\\ -1+2x_1+2x_2\end{pmatrix}$$

在点 $X^{(1)}$处，$\nabla f(X^{(1)})=\begin{pmatrix}-1\\ 1\end{pmatrix}$

令 $d^{(1)}=-\nabla f(X^{(1)})=\begin{pmatrix}1\\ -1\end{pmatrix}$

再从 $X^{(1)}$出发，沿 $d^{(1)}$方向做一维寻优，令步长为 λ_1，则有

$$X^{(2)}=X^{(1)}+\lambda_1 d^{(1)}=\begin{pmatrix}0\\ 0\end{pmatrix}+\lambda_1\begin{pmatrix}-1\\ 1\end{pmatrix}=\begin{pmatrix}-\lambda_1\\ \lambda_1\end{pmatrix}$$

故$f(X^{(2)})=f(X^{(1)}+\lambda_1 d^{(1)})=(-\lambda_1)-\lambda_1+2(-\lambda_1)^2+2(-\lambda_1)\cdot\lambda_1+\lambda_1^2$

$=\lambda_1^2-2\lambda_1=\phi_1(\lambda_1)$

令 $\phi_1'(\lambda_1)=0$，即 $2\lambda_1-2=0$　$\lambda_1=1$

则 $X^{(2)}=X^{(1)}+\lambda_1 d^{(1)}=\begin{pmatrix}0\\ 0\end{pmatrix}+\begin{pmatrix}-1\\ 1\end{pmatrix}=\begin{pmatrix}-1\\ 1\end{pmatrix}$

从 $X^{(2)}$出发，与上类似迭代

$$\nabla f(X^{(2)})=\begin{pmatrix}-1\\ -1\end{pmatrix}$$

令 $d^{(2)}=-\nabla f(X^{(2)})=\begin{pmatrix}1\\ 1\end{pmatrix}$

令步长为 λ_2，则 $X^{(3)}=X^{(2)}+\lambda_2 d^{(2)}=\begin{pmatrix}-1\\ 1\end{pmatrix}+\lambda_2\begin{pmatrix}1\\ 1\end{pmatrix}=\begin{pmatrix}\lambda_2-1\\ \lambda_2+1\end{pmatrix}$

故$f(X^{(3)})=f(X^{(2)}+\lambda_2 d^{(2)})=5\lambda_2^2-2\lambda_2-1=\phi_2(\lambda_2)$

令 $\phi_2'(\lambda_2)=0$，即 $10\lambda_2-2=0$，$\lambda_2=\dfrac{1}{5}$

$$X^{(3)}=X^{(2)}+\lambda_2 d^{(2)}=\begin{pmatrix}-1\\1\end{pmatrix}+\frac{1}{5}\begin{pmatrix}1\\1\end{pmatrix}=\begin{pmatrix}-0.8\\1.2\end{pmatrix}$$

此时，迭代精度为$\|\nabla f\ (X^{(1)})\|\approx 0.2828$

$$f(X^{(3)})=-1.2$$

(2)（共轭梯度法）

$$\nabla f(x)=\begin{pmatrix}1+4x_1+2x_2\\-1+2x_1+2x_2\end{pmatrix}$$

因为共轭梯度法第一步与梯度法相同，直接引用梯度法求解结果

$$\delta_1=\nabla f(X^{(1)})=\begin{pmatrix}1\\-1\end{pmatrix},\ d^{(1)}=\begin{pmatrix}-1\\1\end{pmatrix},\ X^{(2)}=\begin{pmatrix}-1\\1\end{pmatrix}$$

下面计算δ_2与$d^{(2)}$

$f(x)$在$x^{(2)}$处，$g_2=\nabla f\ (X^{(2)})\ =\begin{pmatrix}-1\\-1\end{pmatrix}$，$\beta_1=\dfrac{\|g_2\|^2}{\|g_1\|^2}=1$

$d^{(2)}=-g_2+\beta_1\cdot d^{(1)}=-\begin{pmatrix}-1\\-1\end{pmatrix}+\begin{pmatrix}-1\\1\end{pmatrix}=\begin{pmatrix}0\\2\end{pmatrix}$

从$X^{(2)}$出发，沿$d^{(2)}$方向做一维搜索寻优，求出最优步长为λ_2

$$\lambda_2=\frac{-(g_2)^T d^{(2)}}{(d^{(2)})^T\cdot A\cdot d^{(2)}}$$

因为$f(x)=x_1-x_2+2x_1^2+2x_1x_2+x_2^2=\dfrac{1}{2}X^TAX+B^TX+C$

$$A=\nabla^2 f(x)=\begin{pmatrix}4&2\\2&2\end{pmatrix},$$

$$\lambda_2=-\frac{(g_2)^T d^{(2)}}{(d^{(2)})^T A d^{(2)}}=-\frac{\begin{pmatrix}-1\\-1\end{pmatrix}^T\times\begin{pmatrix}0\\2\end{pmatrix}}{\begin{pmatrix}0\\2\end{pmatrix}^T\times\begin{pmatrix}4&2\\2&2\end{pmatrix}\times\begin{pmatrix}0\\2\end{pmatrix}}=\frac{1}{4}$$

故 $X^{(3)}=X^{(2)}+\lambda_2 d^{(2)}=\begin{pmatrix}-1\\1\end{pmatrix}+\dfrac{1}{4}\begin{pmatrix}0\\2\end{pmatrix}=\begin{pmatrix}-1\\1.5\end{pmatrix}$

因为$g_3=\nabla f(X^{(3)})=\begin{pmatrix}0\\0\end{pmatrix}$，所以$X^{(3)}$是极小值点，极小值为$f(X^{(3)})=-1.25$。

12. 解：

$$f(x)=x_1^2+2x_2^2-4x_1-2x_1x_2,\ X^{(1)}=(1,\ 1)^T$$

(1)（牛顿法）

$$\nabla f(x)=\begin{pmatrix}2x_1-4-2x_2\\4x_2-2x_1\end{pmatrix},\ \nabla^2 f(x)=\begin{pmatrix}2&-2\\-2&4\end{pmatrix}$$

在$X^{(1)}$处，$\nabla f\ (X^{(1)})=\begin{pmatrix}-4\\2\end{pmatrix}$，$\nabla^2 f(X^{(2)})=H(X^{(1)})=\begin{pmatrix}2&-2\\-2&4\end{pmatrix}$

牛顿方向 $d^{(1)} = -(H(X^{(1)}))^{-1} \cdot \nabla f(X^{(1)})$

$$= -\begin{pmatrix} 2 & -2 \\ -2 & 4 \end{pmatrix}^{-1} \cdot \begin{pmatrix} -4 \\ 2 \end{pmatrix} = -\begin{pmatrix} 1 & \frac{1}{2} \\ \frac{1}{2} & \frac{1}{2} \end{pmatrix} \times \begin{pmatrix} -4 \\ 2 \end{pmatrix} = \begin{pmatrix} 3 \\ 1 \end{pmatrix}$$

从 $X^{(1)}$ 出发，沿 $d^{(1)}$ 做一维搜索，令步长为 λ_1，则有

$$X^{(2)} = X^{(1)} + \lambda_1 d^{(1)} = \begin{pmatrix} 1 \\ 1 \end{pmatrix} + \lambda_1 \begin{pmatrix} 3 \\ 1 \end{pmatrix} = \begin{pmatrix} 1+3\lambda_1 \\ 1+\lambda_1 \end{pmatrix}$$

$$\begin{aligned} f(X^{(2)}) &= f(X^{(1)} + \lambda_1 d^{(1)}) \\ &= (1+3\lambda_1)^2 + 2(1+\lambda_1)^2 - 4(1+3\lambda_1) - 2(1+3\lambda_1) \cdot (1+\lambda_1) \\ &= 5\lambda_1^2 - 10\lambda_1 - 3 = \phi(\lambda_1) \end{aligned}$$

令 $\phi'(\lambda_1) = 0$　即 $10\lambda_1 - 10 = 0$，$\lambda_1 = 1$

$$X^{(2)} = X^{(1)} + \lambda_1 d^{(1)} = \begin{pmatrix} 1 \\ 1 \end{pmatrix} + \begin{pmatrix} 3 \\ 1 \end{pmatrix} = \begin{pmatrix} 4 \\ 2 \end{pmatrix}$$

因为 $\nabla^2 f(X^{(2)}) = \begin{pmatrix} 2\times4-4-2\times2 \\ 4\times2-2\times4 \end{pmatrix} = \begin{pmatrix} 0 \\ 0 \end{pmatrix}$

所以 $X^{(2)}$ 是极小值点，极小值 $f(X^{(2)}) = -8$

(2)（变换尺度）

$$\nabla f(x) = \begin{pmatrix} 2x_1 - 4 - 2x_2 \\ 4x_2 - 2x_1 \end{pmatrix}$$

在 $X^{(1)} = \begin{pmatrix} 1 \\ 1 \end{pmatrix}$ 处，$\nabla f(X^{(1)}) = \begin{pmatrix} -4 \\ 2 \end{pmatrix}$

$$g_1 = \nabla f(X^{(1)}) = \begin{pmatrix} -4 \\ 2 \end{pmatrix},\ H_1 = \begin{pmatrix} 1 & 0 \\ 0 & 1 \end{pmatrix}$$

$$d^{(1)} = -H_1 \cdot g_1 = \begin{pmatrix} 4 \\ -2 \end{pmatrix}$$

从 $X^{(1)}$ 出发，沿 $d^{(1)}$ 做一维搜索，令最有步长为 λ_1，则有

$$X^{(2)} = X^{(1)} + \lambda_1 d^{(1)} = \begin{pmatrix} 1 \\ 1 \end{pmatrix} + \lambda_1 \cdot \begin{pmatrix} 4 \\ -2 \end{pmatrix} = \begin{pmatrix} 1+4\lambda_1 \\ 1-2\lambda_1 \end{pmatrix}$$

$$\begin{aligned} f(X^{(2)}) &= f(X^{(1)} + \lambda_1 d^{(1)}) \\ &= (1+4\lambda_1)^2 + 2(1-2\lambda_1)^2 - 4(1+4\lambda_1) - 2(1+4\lambda_1) \cdot (1-2\lambda_1) \\ &= 40\lambda_1 - 20\lambda_1 - 2 = \phi(\lambda_1) \end{aligned}$$

令 $\phi_1'(\lambda_1) = 0$，即 $80\lambda_1 - 20 = 0$，$\lambda_1 = \frac{1}{4}$

$$X^{(2)} = \begin{pmatrix} 1+4\times\frac{1}{4} \\ 1-2\times\frac{1}{4} \end{pmatrix} = \begin{pmatrix} 2 \\ \frac{1}{2} \end{pmatrix}$$

计算 $g_2 = \nabla f\ (X^{(2)})\ = \begin{pmatrix} -1 \\ -2 \end{pmatrix}$

$$p^{(1)}=X^{(2)}-X^{(1)}=\begin{pmatrix}1\\-\frac{1}{2}\end{pmatrix}$$

$$q^{(1)}=g_2-g_1=\begin{pmatrix}3\\-4\end{pmatrix}$$

$$H_2=H_1+\frac{p^{(1)}\cdot(p^{(1)})^T}{(p^{(1)})^T\cdot p^{(1)}}-\frac{H_1q^{(1)}\cdot(q^{(1)})^TH_1}{(q^{(1)})^T\cdot H_1\cdot q^{(1)}}$$

$$=\begin{pmatrix}1&0\\0&1\end{pmatrix}+\frac{\begin{pmatrix}1\\-\frac{1}{2}\end{pmatrix}\times\begin{pmatrix}1&-\frac{1}{2}\end{pmatrix}}{\begin{pmatrix}1&-\frac{1}{2}\end{pmatrix}\times\begin{pmatrix}3\\-4\end{pmatrix}}-\frac{\begin{pmatrix}1&0\\0&1\end{pmatrix}\times\begin{pmatrix}3\\-4\end{pmatrix}\times(3\quad -4)\times\begin{pmatrix}1&0\\0&1\end{pmatrix}}{(3\quad -4)\times\begin{pmatrix}1&0\\0&1\end{pmatrix}\times\begin{pmatrix}3\\-4\end{pmatrix}}$$

$$=\begin{pmatrix}1&0\\0&1\end{pmatrix}+\frac{1}{5}\begin{pmatrix}1&-\frac{1}{2}\\-\frac{1}{2}&\frac{1}{4}\end{pmatrix}-\frac{1}{25}\begin{pmatrix}9&-12\\-12&16\end{pmatrix}$$

$$=\begin{pmatrix}\frac{84}{100}&\frac{38}{100}\\\frac{38}{100}&\frac{41}{100}\end{pmatrix}$$

$$d^{(2)}=-H_1\cdot g=-\begin{pmatrix}\frac{84}{100}&\frac{38}{100}\\\frac{38}{100}&\frac{41}{100}\end{pmatrix}\times\begin{pmatrix}-1\\-2\end{pmatrix}=\begin{pmatrix}\frac{8}{5}\\\frac{6}{5}\end{pmatrix}$$

从 $X^{(2)}$ 出发，沿 $d^{(2)}$ 做一维搜索，令最优步长为 λ_1，则有

$$X^{(3)}=X^{(2)}+\lambda_1d^{(2)}=\begin{pmatrix}2\\\frac{1}{2}\end{pmatrix}+\lambda_1\begin{pmatrix}\frac{8}{5}\\\frac{6}{5}\end{pmatrix}=\begin{pmatrix}2+\frac{8}{5}\lambda_1\\\frac{1}{2}+\frac{6}{5}\lambda_1\end{pmatrix}$$

$$\begin{aligned}f(X^{(3)})&=f(X^{(2)}+\lambda_1d^{(2)})\\&=\left(2+\frac{8}{5}\lambda_1\right)^2+2\left(\frac{1}{2}+\frac{6}{5}\lambda_1\right)^2-4\left(2+\frac{8}{5}\lambda_1\right)-2\left(2+\frac{8}{5}\lambda_1\right)\times\left(\frac{1}{2}+\frac{6}{5}\lambda_1\right)\\&=\frac{40}{25}\lambda_1^2-\frac{20}{5}\lambda_1-\frac{11}{2}=\phi(\lambda_1)\end{aligned}$$

令 $\phi'(\lambda_1)=0$，即 $\frac{80}{25}\lambda_1-\frac{20}{5}=0$，$\lambda_1=\frac{5}{4}$

$$X^{(3)}=\begin{pmatrix}2+\frac{8}{5}\times\frac{5}{4}\\\frac{1}{2}+\frac{6}{5}\times\frac{5}{4}\end{pmatrix}=\begin{pmatrix}4\\2\end{pmatrix}$$

因为 $\nabla f(X^{(2)})=\begin{pmatrix}0\\0\end{pmatrix}$，所以 $X^{(3)}$ 是极小值点，极小值为 $f(X^{(3)})=-8$。

13. 解：

设拟合直线为 $\hat{y}_i = a + bx_i$，则有

i	1	2	3	4
x_i	2	4	6	8
y_i	1	3	5	6
$\hat{y}_i$	$a+2b$	$a+4b$	$a+6b$	$a+8b$

拟合误差平方和（最小二乘意义）为：$\alpha = \sum_{i=1}^{4}(y_i - \hat{y}_i)^2$

$$\min \alpha = (a+2b-1)^2 + (a+4b-3)^2 + (a+6b-5)^2 + (a+8b-6)^2$$

14. 解：

$f_1(x) = x_1 - 2x_2 + 3x_3 - 2$

令 $f_2(x) = 3x_1 - 2x_2 + x_3 - 7$

$f_3(x) = x_1 + x_2 - x_3 - 1$

求解线性方程组解可转化为无约束极小值求解

$$\min f(x) = f_1^2(x) + f_2^2(x) + f_3^2(x)$$

$\min f(x) = (x_1 - 2x_2 + 3x_3 - 2)^2 + (3x_1 - 2x_2 + x_3 - 7)^2 + (x_1 + x_2 - x_3 - 1)^2$ 转化合理性论证：

$$\frac{\partial f(x)}{\partial x_1} = 0,\ \frac{\partial f(x)}{\partial x_2} = 0,\ \frac{\partial f(x)}{\partial x_3} = 0$$

即 $\begin{cases} 2f_1(x) + 3f_2(x) + f_3(x) = 0 \\ -2f_1(x) - 2f_2(x) + f_3(x) = 0 \\ 3f_1(x) + f_2(x) - f_3(x) = 0 \end{cases}$，简化得 $\begin{cases} f_1(x) = 0 \\ f_2(x) = 0 \\ f_3(x) = 0 \end{cases}$

15. 解：

（1）$\min f(x) = x_1^2 + x_2^2 + 8$

$$\begin{cases} x_1^2 - x_2 \geqslant 0 \\ -x_1 - x_2^2 + 2 = 0 \\ x_1,\ x_2 \geqslant 0 \end{cases}$$

令 $f_1(x) = x_1^2 - x_2$，$f_2(x) = -x_1 - x_2^2 + 2$

因为 $\nabla f(x) = \begin{pmatrix} 2x_1 \\ 2x_2 \end{pmatrix}$，$\nabla^2 f(x) = \begin{pmatrix} 2 & 0 \\ 0 & 2 \end{pmatrix}$ 为正定矩阵

所以 $f(x)$ 为凸函数。

因为$\nabla f_1(x)=\begin{pmatrix}2x_1\\-1\end{pmatrix}$，$\nabla^2 f_1(x)=\begin{pmatrix}2&0\\0&0\end{pmatrix}$为半正定矩阵

$\nabla f_2(x)=\begin{pmatrix}-1\\-2x_2\end{pmatrix}$，$\nabla^2 f_2(x)=\begin{pmatrix}0&0\\0&-2\end{pmatrix}$为半正定矩阵

所以$f_1(x)$，$f_2(x)$ 均为凸函数，那么原规划问题为凸规划。

（2）$\min f(x)=2x_1^2+x_2^2+x_3^2-x_1x_2$

$$\begin{cases}x_1^2+x_2^2\leqslant 4\\5x_1^2+x_3=10\\x_1,\ x_2,\ x_3\geqslant 0\end{cases}$$

令$f_1(x)=4-(x_1^2+x_2^2)$，$f_2(x)=5x_1^2+x_3-10$

因为$\nabla f(x)=\begin{pmatrix}4x_1-x_2\\2x_2-x_1\\2x_3\end{pmatrix}$，$\nabla^2 f(x)=\begin{pmatrix}4&-1&0\\-1&2&0\\0&0&2\end{pmatrix}$为正定矩阵

所以$f(x)$ 为凸函数

$\nabla f_1(x)=\begin{Bmatrix}-2x_1\\-2x_2\\0\end{Bmatrix}$，$\nabla^2 f_1(x)=\begin{pmatrix}-2&0&0\\0&-2&0\\0&0&0\end{pmatrix}$为半负定矩阵

$\nabla f_2(x)=\begin{Bmatrix}10x_1\\0\\0\end{Bmatrix}$，$\nabla^2 f_2(x)=\begin{pmatrix}10&0&0\\0&0&0\\0&0&0\end{pmatrix}$为半正定矩阵

所以$f_1(x)$ 为凹函数，$f_2(x)$ 为凸函数，那么原规划问题为凸规划。

16. 解：

$$\min f(x)=x_1^2+x_2^2+x_3^2,\ X^{(1)}=(2,\ -2,\ 1)^T$$

$$\nabla f(x)=\begin{pmatrix}2x_1\\2x_2\\2x_3\end{pmatrix},\ \nabla f(X^{(1)})=\begin{pmatrix}4\\-4\\2\end{pmatrix}$$

令搜索方向为 $d^{(1)}=-\nabla f(X^{(1)})=\begin{pmatrix}-4\\4\\-2\end{pmatrix}$

从 $X^{(1)}$ 出发，沿 $d^{(1)}$ 方向做一维搜索寻优，设步长为 λ，则

$$X^{(2)}=X^{(1)}+\lambda d^{(1)}=\begin{pmatrix}2\\-2\\1\end{pmatrix}+\begin{pmatrix}-4\lambda\\4\lambda\\-2\lambda\end{pmatrix}=\begin{pmatrix}2-4\lambda\\-2+4\lambda\\1-2\lambda\end{pmatrix}$$

$$\begin{aligned}f(X^{(2)})&=f(X^{(1)}+\lambda d^{(1)})\\&=(2-4\lambda)^2+(-2+4\lambda)^2+(1-2\lambda)^2\end{aligned}$$

$$=36\lambda^2-36\lambda+5=\phi(\lambda)$$

令 $\phi'(\lambda)=0$，即 $36\times2\lambda-36=0$，$\lambda=\frac{1}{2}$，

$$X^{(2)}=\begin{pmatrix}0\\0\\0\end{pmatrix}$$

因为$\nabla f(X^{(2)})=\begin{pmatrix}0\\0\\0\end{pmatrix}$，所以 $X^{(2)}$ 为$f(x)$ 极小值点，极小值为$f(X^{(2)})=0$。

17. 解：

$$f(x)=-(x_1-2)^2-2x_2^2,\ X^{(1)}=\begin{pmatrix}0\\0\end{pmatrix}$$

$$\nabla f(x)=\begin{pmatrix}-2\ (x_1-2)\\-4x_2\end{pmatrix},\ \nabla f(X^{(1)})=\begin{pmatrix}4\\0\end{pmatrix}$$

令搜索方向 $$d^{(1)}=-\nabla f(X^{(1)})=\begin{pmatrix}-4\\0\end{pmatrix}$$

从 $X^{(1)}$ 出发，沿 $d^{(1)}$ 方向一维寻优，设步长为 λ，则

$$X^{(2)}=X^{(1)}+\lambda d^{(1)}=\begin{pmatrix}0\\0\end{pmatrix}+\lambda\begin{pmatrix}-4\\0\end{pmatrix}=\begin{pmatrix}-4\lambda\\0\end{pmatrix}$$

$$f(X^{(2)})=-(-4\lambda-2)^2=-16\lambda^2-16\lambda-4=\phi(\lambda)$$

令 $\phi'(\lambda)=0$，即 $$-32\lambda-16=0,\ \lambda=-\frac{1}{2}$$

$$X^{(2)}=\begin{pmatrix}-4\times\left(-\frac{1}{2}\right)\\0\end{pmatrix}=\begin{pmatrix}2\\0\end{pmatrix}$$

因为$\nabla f\ (X^{(2)})=\begin{pmatrix}0\\0\end{pmatrix}$，所以 $X^{(2)}$ 为$f(x)$ 极大值点，极大值为$f(X^{(2)})=0$。

若出发点为 $X^{(1)}=\begin{pmatrix}0\\1\end{pmatrix}$

$$\nabla f(X^{(1)})=\begin{pmatrix}4\\-4\end{pmatrix},\ d^{(1)}=-\nabla f(X^{(1)})=\begin{pmatrix}-4\\4\end{pmatrix}$$

$$X^{(2)}=X^{(1)}+\lambda d^{(1)}=\begin{pmatrix}0\\1\end{pmatrix}+\lambda\begin{pmatrix}-4\\4\end{pmatrix}=\begin{pmatrix}-4\lambda\\1+4\lambda\end{pmatrix}$$

$$f(X^{(2)})=-(-4\lambda-2)^2-2(1+4\lambda)^2$$
$$=-48\lambda^2-32\lambda-6=\phi(\lambda)$$

令 $\phi'(\lambda)=0$，$-96\lambda-32=0$，$\lambda=-\frac{1}{3}$，

$$X^{(2)}=\begin{pmatrix}\frac{4}{3}\\ -\frac{1}{3}\end{pmatrix},\ \nabla f(X^{(2)})=\begin{pmatrix}\frac{4}{3}\\ \frac{4}{3}\end{pmatrix},$$

$$d^{(2)}=-\nabla f(X^{(2)})=\begin{pmatrix}-\frac{4}{3}\\ -\frac{4}{3}\end{pmatrix},\ X^{(3)}=X^{(2)}+\lambda d^{(2)}=\begin{pmatrix}\frac{4}{3}\\ -\frac{1}{3}\end{pmatrix}+\lambda\begin{pmatrix}-\frac{4}{3}\\ -\frac{4}{3}\end{pmatrix}=\begin{pmatrix}\frac{4}{3}-\frac{4}{3}\lambda\\ -\frac{1}{3}-\frac{4}{3}\lambda\end{pmatrix}$$

$$\begin{aligned}f(X^{(3)})&=-\left(\frac{4}{3}-\frac{4}{3}\lambda\right)^2-2\left(-\frac{1}{3}-\frac{4}{3}\lambda\right)^2\\&=-\frac{48}{9}\lambda^2-\frac{32}{9}\lambda-\frac{6}{9}=\phi(\lambda)\end{aligned}$$

令 $\phi'(\lambda)=0$，$-\frac{96 32}{9\ 9}\lambda-\frac{32}{9}=0$，$\lambda=-\frac{1}{3}$

$$X^{(3)}=\begin{pmatrix}\frac{16}{9}\\ \frac{1}{9}\end{pmatrix}$$

因为$\nabla f(X^{(3)})\neq 0$，所以 $X^{(3)}$ 还不是极大值点。

由上述计算可知，利用最速下降法求函数极大值点，初始点的选择不同，迭代到达极大值点的步数差别比较大，本题从 $X^{(1)}=\begin{pmatrix}0\\0\end{pmatrix}$出发，一步迭代搜索就达到最优极值点$\begin{pmatrix}2\\0\end{pmatrix}$，而从 $X^{(1)}=\begin{pmatrix}0\\1\end{pmatrix}$出发，经过两步迭代仍未达到极大值点，只是逐步逼近。

18. 解：

$$\max f(x)=\frac{1}{x_1^2+x_2^2+2},\ X^{(1)}=\begin{pmatrix}4\\0\end{pmatrix}$$

$$\nabla f(x)=\begin{pmatrix}\frac{2x_1}{(x_1^2+x_2^2+2)^2}\\ \frac{2x_2}{(x_1^2+x_2^2+2)^2}\end{pmatrix}$$

$$\nabla^2 f(x)=\begin{pmatrix}\frac{-6x_1^2+2x_2^2+4}{(x_1^2+x_2^2+2)^3} & \frac{-8x_1x_2}{(x_1^2+x_2^2+2)^3}\\ \frac{-8x_1x_2}{(x_1^2+x_2^2+2)^3} & \frac{2x_1^2-6x_2^2+4}{(x_1^2+x_2^2+2)^3}\end{pmatrix}$$

在 $X^{(1)}$ 处

$$\nabla f(X^{(1)})=\begin{pmatrix}\frac{2}{81}\\ 0\end{pmatrix},\ \nabla^2 f(X^{(1)})=\begin{pmatrix}\frac{-23}{18\times 81} & 0\\ 0 & \frac{1}{18\times 9}\end{pmatrix}=H(X^{(1)})$$

$$d^{(1)}=-(H(X^{(1)}))^{-1}\cdot\nabla f(X^{(1)})=-\begin{pmatrix}\frac{-23}{18\times81} & 0\\ 0 & \frac{1}{18\times9}\end{pmatrix}^{-1}\times\begin{pmatrix}\frac{2}{81}\\ 0\end{pmatrix}$$

$$=-\begin{pmatrix}\frac{18\times81}{-23} & 0\\ 0 & 18\times9\end{pmatrix}\times\begin{pmatrix}\frac{2}{81}\\ 0\end{pmatrix}=\begin{pmatrix}\frac{-36}{23}\\ 0\end{pmatrix}$$

$$X^{(2)}=X^{(1)}+\lambda d^{(1)}=\begin{pmatrix}4\\ 0\end{pmatrix}+\lambda\begin{pmatrix}\frac{-36}{23}\\ 0\end{pmatrix}=\begin{pmatrix}4-\frac{36}{23}\lambda\\ 0\end{pmatrix},$$

$$f(X^{(2)})=\frac{1}{\left(4-\frac{36}{23}\lambda\right)^2+2}=\phi(\lambda)$$

令 $\phi'(\lambda)=0$，$\frac{2\left(4-\frac{36}{23}\lambda\right)}{\left[\left(4-\frac{36}{23}\lambda\right)^2+2\right]^2}=0$，$\lambda=\frac{23}{9}$

$X^{(2)}=\begin{pmatrix}0\\ 0\end{pmatrix}$，因为$\nabla f(X^{(2)})=\begin{pmatrix}0\\ 0\end{pmatrix}$，所以 $X^{(2)}$ 为极大值点，极大值为$f(X^{(2)})=\frac{1}{2}$。

若采用固定步长 $\lambda=1$，则

$$X^{(2)}=X^{(1)}+\lambda d^{(1)}=\begin{pmatrix}4\\ 0\end{pmatrix}+\begin{pmatrix}\frac{-36}{23}\\ 0\end{pmatrix}=\begin{pmatrix}\frac{56}{23}\\ 0\end{pmatrix}$$

显然，$\nabla f(X^{(2)})\neq0$，$X^{(2)}$ 不是极大值点。所以在搜索寻优过程中，初始点、搜索方向均相同的情况下，其搜索步长对搜索逼近的效果差距很大，最优步长是搜索效果最优。

19. 解：

$$f(x)=\frac{1}{2}X^TAX,\ A=\begin{pmatrix}1 & 1\\ 1 & 2\end{pmatrix},$$

$$\nabla f(x)=AX=\begin{pmatrix}1 & 1\\ 1 & 2\end{pmatrix}\cdot\begin{pmatrix}x_1\\ x_2\end{pmatrix}=\begin{pmatrix}x_1+x_2\\ x_1+2x_2\end{pmatrix}$$

在 $X^{(1)}=\begin{pmatrix}1\\ 0\end{pmatrix}$处，

$$\nabla f(X^{(1)})=\begin{pmatrix}1\\ 1\end{pmatrix},\ g_1=\nabla f(X^{(1)})=\begin{pmatrix}1\\ 1\end{pmatrix},\ d^{(1)}=-\nabla f(X^{(1)})=\begin{pmatrix}-1\\ -1\end{pmatrix},$$

步长为 λ_1

$$\lambda_1=\frac{-g_1^T\cdot d^{(1)}}{(d^{(1)})^T\cdot A\cdot d^{(1)}}=\frac{-(1,\ 1)\times\begin{pmatrix}-1\\ -1\end{pmatrix}}{(-1,\ -1)\times\begin{pmatrix}1 & 1\\ 1 & 2\end{pmatrix}\times\begin{pmatrix}-1\\ -1\end{pmatrix}}=\frac{2}{5}$$

因为 $X^{(2)}=X^{(1)}+\lambda_1 d^{(1)}=\begin{pmatrix}1\\0\end{pmatrix}+\frac{2}{5}\begin{pmatrix}-1\\-1\end{pmatrix}=\begin{pmatrix}\frac{3}{5}\\-\frac{2}{5}\end{pmatrix}$,

在 $X^{(2)}$ 处

$$\nabla f(X^{(2)})=\begin{pmatrix}\frac{1}{5}\\-\frac{1}{5}\end{pmatrix},\ g_2=\nabla f(X^{(2)})=\begin{pmatrix}\frac{1}{5}\\-\frac{1}{5}\end{pmatrix},\ \beta_1=\frac{\|g_1\|}{\|g_2\|}=\frac{1}{25}$$

因为 $d^{(2)}=-g_2+\beta_1\cdot d^{(1)}=-\begin{pmatrix}\frac{1}{5}\\-\frac{1}{5}\end{pmatrix}+\frac{1}{25}\cdot\begin{pmatrix}-1\\-1\end{pmatrix}=\begin{pmatrix}\frac{-6}{25}\\\frac{4}{25}\end{pmatrix}$

步长 λ_2

$$\lambda_2=\frac{g_2^T\cdot d^{(2)}}{(d^{(2)})^TAd^{(2)}}=\frac{\left(\frac{1}{5},\ -\frac{1}{5}\right)\times\begin{pmatrix}\frac{-6}{25}\\\frac{4}{25}\end{pmatrix}}{\left(\frac{-6}{25},\ \frac{4}{25}\right)\times\begin{pmatrix}1&1\\1&2\end{pmatrix}\times\begin{pmatrix}\frac{-6}{25}\\\frac{4}{25}\end{pmatrix}}=\frac{5}{2}$$

则 $X^{(3)}=X^{(2)}+\lambda_2 d^{(2)}=\begin{pmatrix}\frac{3}{5}\\-\frac{2}{5}\end{pmatrix}+\frac{5}{2}\begin{pmatrix}\frac{-6}{25}\\\frac{4}{25}\end{pmatrix}=\begin{pmatrix}0\\0\end{pmatrix}$

因为$\nabla f(X^{(3)})=0$，所以 $X^{(3)}=\begin{pmatrix}0\\0\end{pmatrix}$为$f(x)$ 极小值点。

20. 解：

$$f(x)=(x_1-2)^3+(x_1-2x_2)^2$$

$X^{(1)}=(0,\ 3)^T$，取 $H_1=\begin{pmatrix}1&0\\0&1\end{pmatrix}$，则$\nabla f(x)=\begin{pmatrix}3(x_1-2)^2+2(x_1-2x_2)\\-4(x_1-2x_2)\end{pmatrix}$

$$\nabla f(x^{(1)})=\begin{pmatrix}0\\24\end{pmatrix},\ g_1=\nabla f(x^{(1)})=\begin{pmatrix}0\\24\end{pmatrix}$$

变尺度搜索方向，$d^{(1)}=-H_1g_1=-\begin{pmatrix}1&0\\0&1\end{pmatrix}\times\begin{pmatrix}0\\24\end{pmatrix}=\begin{pmatrix}0\\-24\end{pmatrix}$

$$X^{(2)}=X^{(1)}+\lambda d^{(1)}=\begin{pmatrix}0\\3\end{pmatrix}+\lambda\begin{pmatrix}0\\24\end{pmatrix}=\begin{pmatrix}0\\3-24\lambda\end{pmatrix}$$

$$f(X^{(2)})=-\delta+(-3+24\lambda)^2=\phi(\lambda)$$

令 $\phi'(\lambda)=0$，即 $\phi'(\lambda)=2\times(-3+24\lambda)\times 24=0$，$\lambda=\frac{1}{8}$，

所以 $X^{(2)}=\begin{pmatrix}0\\0\end{pmatrix}$，$g_2=f\ (X^{(2)})\ =\begin{pmatrix}12\\0\end{pmatrix}$

$$p^{(1)}=X^{(2)}-X^{(1)}=\begin{pmatrix}0\\3\end{pmatrix},\ q^{(1)}=g_2-g_1=\begin{pmatrix}12\\-24\end{pmatrix}$$

$$H_2=H_1+\frac{p^{(1)}\cdot p^{T(1)}}{p^{T(1)}\cdot q^{(1)}}-\frac{H_1\cdot q^{(1)}\cdot q^{T(1)}\cdot H_1}{q^{T(1)}\cdot H_1\cdot q^{(1)}}$$

$$=\begin{pmatrix}1&0\\0&1\end{pmatrix}+\frac{\begin{pmatrix}0\\-3\end{pmatrix}\times(0\quad -3)}{(0\quad -3)\times\begin{pmatrix}12\\-24\end{pmatrix}}-\frac{\begin{pmatrix}1&0\\0&1\end{pmatrix}\times\begin{pmatrix}12\\-24\end{pmatrix}\times(12\quad -24)\times\begin{pmatrix}1&0\\0&1\end{pmatrix}}{(12\quad -24)\times\begin{pmatrix}1&0\\0&1\end{pmatrix}\times\begin{pmatrix}12\\-24\end{pmatrix}}$$

$$=\begin{pmatrix}1&0\\0&1\end{pmatrix}+\begin{pmatrix}0&0\\0&\frac{1}{8}\end{pmatrix}-\begin{pmatrix}\frac{1}{5}&-\frac{2}{5}\\-\frac{2}{5}&\frac{4}{5}\end{pmatrix}=\begin{pmatrix}\frac{4}{5}&\frac{2}{5}\\\frac{2}{5}&\frac{13}{40}\end{pmatrix}$$

$$d^{(2)}=-H_2\cdot g_2=-\begin{pmatrix}\frac{4}{5}&\frac{2}{5}\\\frac{2}{5}&\frac{13}{40}\end{pmatrix}\cdot\begin{pmatrix}12\\0\end{pmatrix}=\begin{pmatrix}-\frac{48}{5}\\-\frac{24}{5}\end{pmatrix}$$

$$X^{(3)}=X^{(2)}+\lambda d^{(2)}=\begin{pmatrix}0\\0\end{pmatrix}+\lambda\begin{pmatrix}-\frac{48}{5}\\-\frac{24}{5}\end{pmatrix}=\begin{pmatrix}-\frac{48}{5}\lambda\\-\frac{24}{5}\lambda\end{pmatrix}$$

$$f(X^{(3)})=\left(-\frac{48}{5}\lambda-2\right)^3=\theta(\lambda)$$

令 $\theta'(\lambda)=3\left(-\frac{48}{5}\lambda-2\right)^2\times\left(-\frac{48}{5}\right)=0$，$\lambda=-\frac{5}{24}$

$$X^{(3)}=\begin{pmatrix}2\\1\end{pmatrix},\ \nabla f(x^{(3)})=\begin{pmatrix}0\\0\end{pmatrix}$$

因为 $\nabla f(x^{(3)})=0$，所以 $X^{(3)}$ 为 $f(x)$ 的极值点，极小值为 $\min f(x)=0$

第 7 章　约束极值问题

1. 解：

设直线为 $y=a_0+ax$，则有

$$\min z=(a_0+2a-1)^2+(a_0+4a-3)^2+(a_0+6a-5)^2+(a_0+8a-6)^2$$

$$\begin{cases}\dfrac{\partial z}{\partial a_0}=0\\ \dfrac{\partial z}{\partial a}=0\end{cases}$$

2. 解：

（1）建立数学模型

$$\min f(X)=(x_1-2x_2+3x_3-2)^2+(3x_1-2x_2+x_3-7)^2+(x_1+x_2-x_3-1)^2$$

（2）计算原理

1）梯度法（最速下降法）

①给定初始近似点 $X^{(0)}$ 不妨为（0，0，0），精度 $\varepsilon>0$，不妨为 $\varepsilon=0.01$，若

$$\|\nabla f(X^{(0)})\|^2\leqslant\varepsilon$$

则 $X^{(0)}$ 即为近似极小点。

②若 $\|\nabla f(X^{(0)})\|^2>\varepsilon$，求步长 λ。并计算

$$X^{(1)}=X^{(0)}-\lambda_0\nabla f(X^{(0)})$$

步长求法用近似最佳步长。

③一般地，若 $\|\nabla f(X^{(0)})^2\leqslant\varepsilon$，则 $X^{(k)}$ 即为所求的近似解；若

$$\|\nabla f(X^{(0)})\|^2>\varepsilon$$

则求步长 λ，并确定下一个近似点

$$X^{(k+1)}=X^{(k)}-\lambda_k\nabla f(X^{(k)})$$

如此继续，直至达到要求的精度为止。

2）近似最佳步长求法

$$f(\lambda)=f(X^{(k)}-\lambda\nabla f(X^{(k)}))$$

$$=f(X^{(k)})-\nabla f(X^{(k)})^T\lambda\nabla f(X^{(k)})+\frac{1}{2}\lambda\nabla f(X^{(k)})^T H(X^{(k)})\lambda\nabla f(X^{(k)})$$

由 $\dfrac{df}{d\lambda}=0$，求出步长 λ。

3. 解：

(1) $\begin{cases}\min f(X)=x_1^2+x_2^2+8\\ g_1(X)=x_1^2-x_2\geqslant 0\\ g_2(X)=-x_1-x_2^2+2=0\\ x_1,\ x_2\geqslant 0\end{cases}$

$f(X)$，$g_1(X)$，$g_2(X)$ 的海赛矩阵为

$$\nabla f(X)=\begin{bmatrix}\dfrac{\partial^2 f(X)}{\partial x_1^2} & \dfrac{\partial^2 f(X)}{\partial x_1\partial x_2}\\ \dfrac{\partial^2 f(X)}{\partial x_2\partial x_1} & \dfrac{\partial^2 f(X)}{\partial x_2^2}\end{bmatrix}=\begin{bmatrix}2 & 0\\ 0 & 2\end{bmatrix}$$

$$\nabla g_1(X)=\begin{bmatrix}2 & 0\\ 0 & 0\end{bmatrix}$$

$$\nabla g_2(X)=\begin{bmatrix}0 & 0\\ 0 & -2\end{bmatrix}$$

知 $f(X)$ 为严格凸函数，$g_1(X)$ 为凸函数，$g_2(X)$ 为凹函数，所以不是一个凸规划问题。

(2) $\begin{cases}\min f(X)=2x_1^2+x_2^2+x_3^2-x_1x_2\\ g_1'(X)=x_1^2+x_2^2\leqslant 4\Leftrightarrow g_1(X)=-(x_1^2+x_2^2)+4\geqslant 0\\ g_2(X)=5x_1^2+x_3=10\\ x_1,\ x_2,\ x_3\geqslant 0\end{cases}$

$f(X)$，$g_1(X)$，$g_2(X)$ 的海赛矩阵为

$$\nabla^2 f(X)=\begin{bmatrix}\dfrac{\partial^2 f(X)}{\partial x_1^2} & \dfrac{\partial^2 f(X)}{\partial x_1\partial x_2} & \dfrac{\partial^2 f(X)}{\partial x_1\partial x_3}\\ \dfrac{\partial^2 f(X)}{\partial x_2\partial x_1} & \dfrac{\partial^2 f(X)}{\partial x_2^2} & \dfrac{\partial^2 f(X)}{\partial x_2\partial x_3}\\ \dfrac{\partial^2 f(X)}{\partial x_3\partial x_1} & \dfrac{\partial^2 f(X)}{\partial x_3\partial x_2} & \dfrac{\partial^2 f(X)}{\partial x_3^2}\end{bmatrix}=\begin{bmatrix}4 & -1 & 0\\ -1 & 2 & 0\\ 0 & 0 & 2\end{bmatrix}$$

$$\nabla^2 g_1(X)=\begin{bmatrix}-2 & 0 & 0\\ 0 & -2 & 0\\ 0 & 0 & 0\end{bmatrix}$$

$$\nabla^2 g_2(X)=\begin{bmatrix}10 & 0 & 0\\ 0 & 0 & 0\\ 0 & 0 & 0\end{bmatrix}$$

则 $f(X)$ 为严格凸函数，$g_1(X)$ 为凹函数，$g_2(X)$ 为凸函数，故上述非线性规划不是凸规划。

4. 解：
函数求值次数 $n=8$；最终区间为：

$$[a_7,\ b_7]=[2.942,\ 3.236]$$

近似极小点为 $t=2.947$
近似极小值为 $f(2.947)=2.947^2-6\times2.947+2=-6.997$
由 $\frac{df}{dx}=2x-6=0$
所以 $x=3$
故精确解为

$$t^*=3,\ f(t^*)=3^2-6\times3+2=-7$$

5. 解：
函数求值次数 $n=9$，最终区间为：

$$[a_8,\ b_8]=[2.918,\ 3.131]$$

近似极小点为 $t=3.05$
近似极小值 $f(3.05)=3.05^2-6\times3.05+2=-6.998$

6. 解：
计算结果如下表所示。

迭代次数 k	λ_k	$X^{(k)}$	$\Delta f(X^{(k)})$
0	$\frac{3}{8}$	$(2,\ -2,\ 1)$	$(4,\ -4,\ 4)$
1	$\frac{3}{10}$	$\left(\frac{1}{2},\ -\frac{1}{2},\ -\frac{1}{2}\right)$	$(1,\ -1,\ -2)$
2	$\frac{3}{8}$	$\left(\frac{2}{10},\ -\frac{2}{10},\ -\frac{1}{10}\right)$	$\left(\frac{4}{10},\ -\frac{4}{10},\ \frac{4}{10}\right)$
3		$\left(\frac{1}{20},\ -\frac{1}{20},\ -\frac{1}{20}\right)$	$\left(\frac{1}{10},\ -\frac{1}{10},\ -\frac{2}{10}\right)$

由 $(4,\ -4,\ 4)$，$(1,\ -1,\ -2)$，$\left(\frac{4}{10},\ -\frac{4}{10},\ \frac{4}{10}\right)$，$\left(\frac{1}{10},\ -\frac{1}{10},\ -\frac{2}{10}\right)$ 可知相邻两步的搜索方向正交。

7. 解：
求 $f(X)=-(x_1-2)^2-2x_2^2$ 的极大点，即求 $g(X)=(x_1-2)^2+2x_2^2$ 的极小点。

(1) 取初始点 $X^{(0)}=(0,\ 0)^T$，取精度 $\varepsilon=0.1$

$$\nabla g(X)=[2(x_1-2),\ 4x_2]^T,\ \nabla g(X^{(0)})=(-4,\ 0)^T$$

$$\|\nabla g(X^{(0)})\|^2=(\sqrt{(-4)^2+0^2})^2=16>\varepsilon$$

$$H(X)=\begin{pmatrix}2&0\\0&4\end{pmatrix}$$

$$\lambda_0=\frac{\nabla g(X^{(0)})^T\nabla g(X^{(0)})}{\nabla g(X^{(0)})^T H(X^{(0)})\nabla g(X^{(0)})}=\frac{1}{2}$$

$$X^{(1)}=X^{(0)}-\lambda_0\nabla g(X^{(0)})=\begin{pmatrix}2\\0\end{pmatrix}$$

$$\nabla g(X^{(1)})=(0,\ 0)^T$$

即 $X^{(1)}$ 为极小点。

所以$\begin{pmatrix}2\\0\end{pmatrix}$为 $f(X)$ 的极大点。

(2) 去初始点 $X^{(0)}=(0,\ 1)^T$，取精度 $\varepsilon=0.1$，同上方法进行两次迭代，有

两次步长 $\lambda_0=\frac{1}{3}$，$\lambda_1=\frac{1}{3}$

两次迭代结果 $X^{(1)}=\left(\frac{4}{3},\ -\frac{1}{3}\right)^T$，$X^{(2)}=\left(\frac{16}{9},\ \frac{1}{9}\right)^T$

比较：对于目标函数的等值线为椭圆的问题来说，椭圆的圆心即为最小值，负梯度方向指向圆心，但初始点与圆心在同一水平直线上时，收敛很快，即尽量使搜索路径呈现较少的直角锯齿状。

8. 解：

$$\min f(X)=x_1^2+x_2^2+x_3^2$$

$$X^{(0)}=(2,\ -2,\ 1)^T$$

$$\nabla f(X)=(2x_1,\ 2x_2,\ 2x_3)^T$$

$$\nabla f(X^{(0)})=(4,\ -4,\ 2)^T$$

因为 $H(X^{(0)})=\begin{pmatrix}2&0&0\\0&2&0\\0&0&2\end{pmatrix}$

$$H(X^{(0)})^{-1}=\begin{pmatrix}\frac{1}{2}&0&0\\0&\frac{1}{2}&0\\0&0&\frac{1}{2}\end{pmatrix}$$

所以 $$X=X^{(0)}-H(X^{(0)})^{-1}\nabla f(X^{(0)})=\begin{pmatrix}0\\0\\0\end{pmatrix}$$

9. 解：

取固定步长 $\lambda=1$ 时不收敛。

取最佳步长时收敛，极大点为

$$X^*=(0,\ 0)^T,\ f(X^*)=\frac{1}{2}$$

10. 解：

$$A=\begin{pmatrix}1 & 1\\ 1 & 2\end{pmatrix}$$

因为 $$f(X)=\frac{1}{2}X^TAX=\frac{1}{2}(x_1^2+2x_1x_2+2x_2^2)$$

$$\nabla f(x)=\left[\frac{\partial f}{\partial x_1},\ \frac{\partial f}{\partial x_2}\right]^T=[x_1+x_2,\ x_1+2x_2]^T$$

现从 $X^{(0)}=(1,\ 1)^T$，开始

$$\nabla f(X^{(0)})=(2,\ 3)^T$$

$$P^{(0)}=-\nabla f(X^{(0)})=(-2,\ -3)^T$$

$$\lambda_0=\frac{\nabla f(X^{(0)})^TP^{(0)}}{(P^{(0)})^TAP^0}=\frac{13}{34}$$

于是

$$X^{(1)}=X^{(0)}+\lambda_0P^{(0)}=\left(\frac{8}{34},\ -\frac{5}{34}\right)^T$$

$$\nabla f(X^{(1)})=\left(\frac{8}{34}-\frac{5}{34},\ \frac{8}{34}-\frac{10}{34}\right)^T=\left(\frac{3}{34},\ -\frac{2}{34}\right)^T$$

$$\beta_0=\frac{\nabla f(X^{(1)})^T\ \nabla f(X^{(1)})}{\nabla f(X^{(0)})^T\ \nabla f(X^{(0)})}=\frac{1}{34^2}$$

$$P^{(1)}=-\nabla f(X^{(1)})+\beta_0P^{(0)}=\frac{1}{34^2}(-104,\ 65)^T$$

$$\lambda_1=-\frac{\nabla f(X^{(1)})^TP^{(1)}}{(P^{(1)})^TAP^{(1)}}=\frac{34}{13}$$

故 $X^{(2)}=X^{(1)}+\lambda_1P^{(1)}=\begin{pmatrix}0\\ 0\end{pmatrix}$

故得到极小值点 $X^{(2)}=(0,\ 0)^T$

11. 证明：

由于 $X^{(i)}(i=1,\ 2,\ \cdots,\ n)$ 为 A 共轭阵，故它们线性独立。设 Y 为 E^n 中的任一向量，则存在 $a_i(i=1,\ 2,\ \cdots,\ n)$，使

$$Y=\sum_{i=1}^{n}a_iX^{(i)}$$

用 A 左乘上式，得

$$AY=\sum_{i=1}^{n} a_i AX^{(i)}=a_1AX^{(1)}+a_2AX^{(2)}+\cdots+a_nAX^{(n)}$$

分别用 $X^{(i)}(i=1,\ 2,\ \cdots,\ n)$ 左乘上式，并考虑到共轭关系，则有

$$(X^{(i)})^TAY=a_i(X^{(i)})^TAX^{(i)}(i=1,\ 2,\ \cdots,\ n)$$

从而 $a_i=\dfrac{(X^{(i)})^TAY}{(X^{(i)})^TAX^{(i)}}$ $(i=1,\ 2,\ \cdots,\ n)$

令 $B=\sum_{i=1}^{n}\dfrac{X^{(i)}(X^{(i)})^T}{(X^{(i)})^TAX^{(i)}}$

用 AY 右乘上式，得

$$BAY=\left[\sum_{i=1}^{n}\frac{X^{(i)}(X^{(i)})^T}{(X^{(i)})^TAX^{(i)}}\right]AY=\sum_{i=1}^{n}\frac{X^{(i)T}AY}{(X^{(i)})^TAX^{(i)}}X^{(i)}=\sum_{i=1}^{n}a_iX^{(i)}=Y$$

故 $BA=E$（单位矩阵）

即 $A^{-1}=B=\sum_{i=1}^{n}\dfrac{X^{(i)}(X^{(i)})^T}{(X^{(i)})^TAX^{(i)}}$

12. 解：

$$\min f(X)=(x_1-2)^3+(x_1-2x_2)^2$$

取

$$\overline{H}^{(0)}=\begin{pmatrix}1 & 0\\ 0 & 1\end{pmatrix},\ X^{(0)}=\begin{pmatrix}0.00\\ 3.00\end{pmatrix}$$

$$\nabla f(X)=[3(x_1-2)^2+2(x_1-2x_2),\ -4(x_1-2x_2)]^T,\ \nabla f(X^{(0)})=(0,\ 24)^T$$

由于 $\|\nabla f(X^{(0)})\|^2=0^2+24^2>0.5$，所以

$$X^{(1)}=X^{(0)}+\lambda_0P^{(0)}=X^{(0)}+\lambda_0[-\overline{H}^{(0)}\nabla f(X^{(0)})]=\begin{bmatrix}0.00\\ 3.00-24\lambda_0\end{bmatrix}$$

$$f(X^{(1)})=(-2)^3+(-2)^2\times(3.00-24\lambda_0)^2$$

由 $\dfrac{df(X^{(1)})}{d\lambda_0}=(-2)^2\times2\times(-24)\times(3.00-24\lambda_0)=0$

得 $\lambda_0=\dfrac{1}{8}$

故 $X^{(1)}=\begin{bmatrix}0.00\\ 3.00-24\times\dfrac{1}{8}\end{bmatrix}=\begin{bmatrix}0.00\\ 0.00\end{bmatrix}$

由于 $\|\nabla f(X^{(1)})\|=0<0.5$

故 $(0.0)^T$ 为近似极小点。

13. 解：

（1）用最速下降法

$$X^{(0)}=(0,\ 0)^T,\ \lambda_0=1$$

$$X^{(1)}=(-1,\ 0)^T,\ \lambda_1=\frac{1}{5}$$

$$X^{(2)}=(-0.8,\ 1.2)^T,\ \lambda_2=1$$

$$X^{(3)}=(-1,\ 1.4)^T,\ \lambda_3=\frac{1}{5}$$

$$X^{(4)}=(-0.96,\ 1.44)^T$$

(2) 牛顿法

$$X^{(0)}=(0,\ 0)^T,\ H^{-1}=\begin{pmatrix}\frac{1}{2} & -\frac{1}{2}\\ -\frac{1}{2} & 1\end{pmatrix}$$

得极小点

$$X^{(1)}=\left(-1,\ \frac{3}{2}\right)^T$$

(3) 变尺度法

$$X^{(0)}=(0,\ 0)^T,\ P^{(0)}=(-1,\ 1)^T,\ \lambda_0=1$$

$$X^{(1)}=(-1,\ 1)^T,\ \beta_0=1,\ P^{(1)}=(0,\ 2)^T,\ \lambda_1=\frac{1}{4}$$

得极小点

$$X^{(2)}=\left(-1,\ \frac{3}{2}\right)^T$$

14. 解:

第一步:

$$f(X^{(0)})=-7$$

$$f(X^{(0)}+\Delta_1)=f[(3.5,\ 1)^T]=-6.75>f(X^{(0)})$$

$$f(X^{(0)}-\Delta_1)=f[(2.5,\ 1)^T]=-6.75>f(X^{(0)})$$

所以

$$T_{11}=X^{(0)}=(3,\ 1)^T$$

$$f(T_{11}+\Delta_2)=f[(3,\ 1.5)^T]=-7.5<f(X^{(0)})$$

所以 $T_{12}=(3,\ 1.5)^T=X^{(1)}$

且 $f(X^{(1)})=-7.5$

第二步:

$$T_{20}=X^{(0)}+2(X^{(1)}-X^{(0)})=(3,\ 2)^T$$

且 $f(T_{20})=-7$

$f(T_{20}+\Delta_1)=f[(3.5,\ 2)^T]=-7.75<f(T_{20})$

所以 $T_{21}=(3.5,\ 2)^T$

$f(T_{21}+\Delta_2)=f[(3.5,\ 2.5)^T]=-6.75>f(T_{20})$

$f(T_{21}-\Delta_2)=f[(3.5,\ 1.5)^T]=-7.75<f(T_{20})$

所以 $T_{22}=(3.5, 1.5)^T=X^{(2)}$

且 $f(X^{(2)})=-7.75$

同理第三步求得 $T_{31}=(3.5, 1.5)^T$

$$T_{32}=(3.5, 2)^T=X^{(3)}$$

且 $f(X^{(3)})=-7.75$

第四步求得 $T_{41}=(4.2, 5)^T$

$$T_{42}=(4, 2)^T=X^{(4)}$$

且 $f(X^{(4)})=-8$

第五步求得 $T_{51}=(4, 2)^T$

$$T_{52}=(4, 2)^T=X^{(5)}$$

此时应在（4，2）附近搜索，缩小步长以求得符合精度要求的结果。

由题意知，此时最优解为 $X^*=(4, 2)^T$。

15. 解：

原非线性规划等同于

$$\begin{cases}\min f(X)=(x_1-2)^2+(x_2-3)^2\\ g_1(X)=x_1^2+(x_2-2)^2-4\geqslant 0\\ g_2(X)=-x^2+2\geqslant 0\end{cases}$$

$$\nabla g_1(X)^T=(2x_1, 2(x_2-2))^T$$

$$\nabla g_2(X)^T=(0, -1)^T$$

$$\nabla f(X)^T=((2x_1-2), 2(x_2-3))^T$$

(1) $X^{(1)}=(0, 0)^T$

起作用约束的是 $g_1(X)$

所以

$$\nabla g_1(X^{(1)})^T D=(0, -4)D>0$$

$$\nabla f(X^{(1)})^T D=(-4, -6)D<0$$

得 $D=(a, b)^T$ 则有

$$\begin{cases}-4b>0\\ -4a-6b<0\end{cases}\Rightarrow\begin{cases}b<0\\ a>-\dfrac{3}{2}b\end{cases}$$

存在可行下降方向。

(2) $X^{(2)}=(2, 2)^T$

起作用约束的是 $g_1(X)$，$g_2(X)$

$$\nabla g_1(X^{(2)})^T D=(4, 0)D>0$$

所以 $\nabla g_2(X^{(2)})^T D=(0, -1)D>0$

$$\nabla f(X^{(2)})^T D=(0, -2)D<0$$

即

$$\begin{cases}4a>0\\-b>0\\-2b<0\end{cases}\Rightarrow\begin{cases}a>0\\b<0\\b>0\end{cases}\text{（无可行解）}$$

不存在可行下降方向。

(3) $X^{(3)}=(3,\ 2)^T$

起作用约束的为 $g_2(X)$

所以 $\begin{array}{l}\nabla g_2(X^{(3)})^T D=(0,\ -1)D>0\\ \nabla f(X^{(3)})^T D=(2,\ -2)D<0\end{array}$

所以 $\begin{cases}-b>0\\2a-2b<0\end{cases}\Rightarrow\begin{cases}b<0\\a<b\end{cases}$

存在可行下降方向。

16. 解：

二次规划等同于

$$\begin{cases}\min f(X)=-C^TX-X^THX\\g_1(x)=-AX+b\geqslant 0\\g_2(x)=X\geqslant 0\end{cases}$$

设 X^* 为极小点，且与 X^* 点起作用约束的各梯度线性无关，这里假设 $g_1(X)$，$g_2(X)$ 都为起作用约束，则存在向量 $\Gamma^*=(\gamma_1^*,\ \cdots,\ \gamma_l^*)^T$

$$\begin{cases}\nabla f(X^*)-\sum_{j=1}^{l}\gamma_j^*\nabla g_j(X^*)=0\\\gamma_j^*g_j(X^*)=0,\ (j=1,\ 2,\ \cdots,\ l)\\\gamma_j^*\geqslant 0\end{cases}$$

$$\Rightarrow\begin{cases}-C^T\nabla X|_{X=X^*}-\nabla(X^THX)|_{X=X^*}-\sum_{j=1}^{l}\gamma_j^*\nabla g_j(X^*)\\\gamma_j^*g_j(X^*)=0,\ (j=1,\ 2,\ \cdots,\ l)\\\gamma_j^*\geqslant 0\end{cases}$$

$$\Rightarrow\begin{cases}-C^T\nabla X|_{X=X^*}-\nabla(X^THX)|_{X=X^*}+\gamma_1^*A\nabla X|_{X=X^*}-\gamma_2^*\nabla X|_{X=X^*}=0\\\gamma_1^*(-AX^*+b)=0\\\gamma_2^*X^*=0\\\gamma_1^*,\ \gamma_2^*,\ \cdots,\ \gamma_l^*\geqslant 0\end{cases}$$

17. 解：

（1）原式等同于

$$\begin{cases}\min f(x) = -(x-3)^2 \\ g_1(x) = x-1 \geqslant 0 \\ g_2(x) = -x+5 \geqslant 0\end{cases}$$

写出目标函数和约束函数的梯度

$$\nabla f(x) = -2(x-3),\ \nabla g_1(x) = 1,\ \nabla g_2(x) = -1$$

对第一个和第二个约束条件分别引入广义拉格朗日乘子 γ_1^*，γ_2^*，得 K－T 点为 x^*，则有

$$\begin{cases}-2(x^*-3) - \gamma_1^* + \gamma_2^* = 0 \\ \gamma_1^*(x^*-1) = 0 \\ \gamma_2^*(5-x^*) = 0 \\ \gamma_1^*,\ \gamma_2^* \geqslant 0\end{cases}$$

①令 $\gamma_1^* \neq 0$，$\gamma_2^* \neq 0$，无解；

②令 $\gamma_1^* \neq 0$，$\gamma_2^* = 0$，解之得 $x^* = 1$，$\gamma_1^* = 4$ 是 K－T 点，目标函数值 $f(X^*) = -4$；

③令 $\gamma_1^* = 0$，$\gamma_2^* \neq 0$，解之得 $x^* = 5$，$\gamma_2^* = 4$ 是 K－T 点，目标函数值 $f(X^*) = -4$；

④令 $\gamma_1^* = \gamma_2^* = 0$，则 $x^* = 3$，是 K－T 点，$f(X^*) = 0$，但不最优。

此问题不为凸规划，故极小点 1 和 5 是最优点。

（2）原式等同于
$$\begin{cases}\min f(x) = (x-3)^2 \\ g_1(x) = x-1 \geqslant 0 \\ g_2(x) = 5-x \geqslant 0\end{cases}$$

$$\nabla f(x) = 2(x-3),\ \nabla g_1(x) = 1,\ \nabla g_2(x) = -1$$

引入广义拉格朗日乘子 γ_1^*，γ_2^*，设 K－T 点为 x^*，则有

$$\begin{cases}2(x^*-3) - \gamma_1^* + \gamma_2^* = 0 \\ \gamma_1^*(x^*-1) = 0 \\ \gamma_2^*(5-x^*) = 0\end{cases}$$

①令 $\gamma_1^* \neq 0$，$\gamma_2^* \neq 0$，无解；

②令 $\gamma_1^* \neq 0$，$\gamma_2^* = 0$，则 $x^* = 1$，$\gamma_1^* = -4$ 不是 K－T 点；

③令 $\gamma_1^* = 0$，$\gamma_2^* \neq 0$，则 $x^* = 5$，$\gamma_2^* = -4$ 不是 K－T 点；

④令 $\gamma_1^* = \gamma_2^* = 0$，则 $x^* = 3$，为 K－T 点，目标函数值 $f(X^*) = 0$。

由于该非线性规划问题为凸规划，故 $x^* = 3$ 是全局极小点。

18. 解：

这个非线性规划的 Kuhn－Tucker 条件为

$$\begin{cases}-1+3\gamma_1^*(x_1^*-1)^2+3\gamma_2^*(x_1^*-1)^2-\gamma_3^*=0\\ \gamma_1^*-\gamma_2^*-\gamma_4^*=0\\ \gamma_1^*[(x_2^*-2)-(x_1^*-2)^3]=0\\ \gamma_2^*[(x_2^*-2)-(x_1^*-2)^3]=0\\ \gamma_3^*x_1^*=0\\ \gamma_4^*x_2^*=0\\ \gamma_1^*,\ \gamma_2^*,\ \gamma_3^*,\ \gamma_4^*\geqslant 0\end{cases}$$

极大点是 $X=(1,\ 2)^T$，但它不是约束条件的正则点。

19. 解：

将上述二次规划改写为

$$\begin{cases}\min f(X)=\frac{1}{2}(4x_1^2-8x_1x_2+8_2^2)-6x_1-3x_2\\ 3-x_1-x_2\geqslant 0\\ 9-4x_1-x_2\geqslant 0\\ x_1,\ x_2\geqslant 0\end{cases}$$

可知目标函数为严格凸函数，此外

$$c_1=-6,\ c_2=-3,\ c_{11}=4,\ c_{22}=2$$
$$c_{12}=4,\ c_{21}=-4,\ b_1=3,\ a_{11}=-1,\ a_{12}=-1$$
$$b_2=9,\ a_{21}=-4,\ a_{22}=-1$$

由于 c_1 和 c_2 小于零，故引入人工变量 z_1 和 z_2 前面取负号，得到线性规划问题

$$\begin{cases}\min g(z)=z_1+z_2\\ -y_3-4y_4+y_1-4x_1+4x_2-z_1=-6\\ -y_3-y_4+y_2+4x_1-4x_2-z_2=-3\\ -x_1-x_2-x_3+3=0\\ -4x_1-x_2-x_4+9=0\\ x_1,\ x_2,\ x_3,\ x_4,\ y_1,\ y_2,\ y_3,\ y_4,\ z_1,\ z_2\geqslant 0\end{cases}$$

解此线性规划问题得

$$x_1^*=\frac{39}{20},\ x_2^*=\frac{21}{20},\ x_3^*=0,\ x_4^*=\frac{3}{20}$$

$$z_1^*=0,\ z_2^*=0,\ y_3^*=\frac{21}{5},\ y_4^*=0$$

$$f(X^*)=-\frac{441}{40}$$

20. 解：

原式等同于$\begin{cases}\min f(X)=2x_1^2+2x_2^2-2x_1x_2-4x_1-6x_2\\ g_1(X)=-(x_1+x_2)+2\geqslant 0\\ g_2(X)=-(x_1+5x_2)+5\geqslant 0\\ x_1,\ x_2\geqslant 0\end{cases}$

取初始可行点 $X^{(0)}=(0,\ 0)^T$，$f(X^{(0)})=0$，$\varepsilon=0.1$

$$\nabla f(X)=\begin{pmatrix}\dfrac{\partial f}{\partial x_1}\\ \dfrac{\partial f}{\partial x_2}\end{pmatrix}=\begin{pmatrix}4x_1-2x_2-4\\ 4x_2-2x_1-6\end{pmatrix}$$

$$\nabla f(X^{(0)})=\begin{pmatrix}-4\\ -6\end{pmatrix}$$

$$\nabla g_1(X)=(-1,\ -1)^T,\ \nabla g_2(X)=(-1,\ -5)^T$$

$$g_1(X^{(0)})=2>0,\ g_2(X^{(0)})=5>0$$

从而 $J(X^{(0)})$ 为空集。

因$\|\nabla f(X^{(0)})\|=16+36=52>\varepsilon$

故 $X^{(0)}$ 不是极小点，现取搜索方向

$$D^{(0)}=-\nabla f(X^{(0)})=(4,\ 6)^T$$

则 $X^{(1)}=X^{(0)}+\lambda D^{(0)}=(4\lambda,\ 6\lambda)^T$

将其代入约束条件，令 $g_1(X^{(1)})=0$

得 $\lambda=0.2$

令 $g(X^{(2)})=0$

得 $\lambda=\dfrac{5}{34}<0.2$

$$f(X^{(1)})=56\lambda^2-52\lambda$$

由$\dfrac{df(X^{(1)})}{d\lambda}=0$，即 $56\times 2\lambda-52=0$

得 $\lambda=\dfrac{13}{28}$

因$\dfrac{5}{34}<\dfrac{13}{28}$

故取 $\lambda_0=\lambda=\dfrac{5}{34}$，$X^{(1)}=\left(\dfrac{10}{17},\ \dfrac{15}{17}\right)^T$

$$f(X^{(1)})=-\frac{-1\ 860}{289},\ \nabla f(X^{(1)})=\left(-\frac{58}{17},\ -\frac{62}{17}\right)^T$$

$$g_1(X^{(1)})=\frac{9}{17}>0,\ g_2(X^{(1)})=0$$

现构成下述线性规划问题

$$\begin{cases}\min \eta \\ -\frac{58}{17}d_1-\frac{62}{17}d_2\leqslant\eta \\ d_1+5d_2\leqslant\eta \\ -1\leqslant d_1\leqslant 1,\ -1\leqslant d_2\leqslant 1\end{cases}$$

为便于用单纯形法求解，令 $y_1=d_1+1$，$y_2=d_2+1$，$y_3=-\eta$

从而有

$$\begin{cases}\min(-y_3) \\ \frac{58}{17}y_1+\frac{62}{17}y_2-y_3\geqslant\frac{120}{17} \\ y_1+5y_2+y_3\leqslant 6 \\ y_1\leqslant 2 \\ y_2\leqslant 2 \\ y_1,\ y_2,\ y_3\geqslant 0\end{cases}$$

引入剩余变量 y_4，松弛变量 y_5，y_6 和 y_7 及人工变量 y_8，得线性规划问题

$$\begin{cases}\min(-y_3+My_8) \\ \frac{58}{17}y_1+\frac{62}{17}y_2-y_3-y_4+y_8=\frac{120}{17} \\ y_1+5y_2+y_3+y_5=6 \\ y_1+y_6=2 \\ y_2+y_7=2 \\ y_i\geqslant 0,\ (i=1,\ 2,\ \cdots,\ 8)\end{cases}$$

其中 M 为任意大的数。

得最优解 $D^{(1)}=\begin{pmatrix}d_1\\ d_2\end{pmatrix}=\begin{pmatrix}y_1-1\\ y_2-1\end{pmatrix}=\begin{pmatrix}\frac{11}{14}\\ \frac{30}{7}\end{pmatrix}$

由此 $X^{(2)}=X^{(1)}+\lambda D^{(1)}$

令 $\frac{df(X^{(2)})}{d\lambda}=0$

得 $\lambda=\frac{3}{71}$

$$X^{(2)}=(0.769,\ 0.957)^T$$

21. 解：

构造惩罚函数

$$P(X,\ M)=x_1^2+x_2^2+M\{\min(0,\ x_2-1)\}^2$$

$$\frac{\partial P}{\partial x_1}=2x_1$$

$$\frac{\partial P}{\partial x_2}=2x_2+2M\{\min(0,\ x_2-1)\}$$

由$\frac{\partial P}{\partial x_1}=\frac{\partial P}{\partial x_2}=0$

则 $\min P(X,\ M)$ 的解为 $X(M)=\left(0,\ \frac{M}{M+1}\right)$

当 $M=1$ 时，$X=\left(0,\ \frac{1}{2}\right)^T$；当 $M=10$ 时，$X=\left(0,\ \frac{10}{11}\right)^T$。

当 $M\to+\infty$ 时，$X(M)$ 趋于原问题的极小解。$X_{\min}=(0,\ 1)^T$

22. 解：

构造惩罚函数

$$P(X,\ M)=x_1+M\{[\min(0,\ (x_2-2)+(x_1-1)^3)]^2+[\min(0,\ (x_1-1)^3+(x_2-2))]^2\}$$

$\frac{\partial P}{\partial x_1}=0$

$\frac{\partial P}{\partial x_2}=0$

解得最优解为 $X^*=(1,\ 2)^T$

23. 解：

构造障碍函数

$$\overline{P}(x,\ \gamma)=(x+1)^2+\frac{\gamma}{x}$$

由$\frac{\partial \overline{P}}{\partial x}=2(x+1)-\frac{\gamma}{x^2}=0$

即 $2x^2(x+1)=\gamma$

当 $\gamma\to0$ 时，则 $x\to0$ 或 $x\to-1$（舍去）

故最优解为 $x^*=0$，$f(x^*)=(0+1)^2=1$

24. 解：

构造障碍函数

$$\overline{P}(x,\ \gamma)=x+\frac{\gamma}{x}+\frac{\gamma}{1-x}$$

$$\frac{\partial \overline{P}(x,\ \gamma)}{\partial x}=0$$

得最优解 $x^*=0$，$f(x^*)=0$

第8章　动态规划的基本方法

1. 解：

（1）基本方程

$$\begin{cases} f_{n+1}(S_{n+1}) = 0 \\ f_k(S_k) = \max\limits_{x_k \in D_k(S_k)} \{g_k(x_k) + f_{k+1}(S_{k+1})\} \end{cases} k = n,\ n-1,\ \cdots,\ 1$$

允许决策集合 $D_k(S_k) = \left\{x_k \mid 0 \leqslant x_k \leqslant \min\left(c_k,\ \dfrac{S_k}{a_k}\right)\right\}$

可达状态集合 $S_k = \{S_k \mid 0 \leqslant S_k \leqslant b\},\ 1 < k \leqslant n$；$S_1 = b$

状态转移函数 $S_{k+1} = S_k - a_k x_k$

（2）由于对每一个约束条件，都有一个状态变量 S_{ik}，故在 m 维空间里，共有 m 个状态变量分量。于是有

$$f_k(S_{1k},\ S_{2k},\ \cdots,\ S_{nk}) = \max_{x_k \in D_k(\cdot)} \{g_k(x_k) + f_{k+1}(S_{1,k+1},\ S_{2,k+2},\ \cdots,\ S_{m,k+1})\}$$

$$D_k(\cdot) = D_k(S_{1k},\ S_{2k},\ \cdots,\ S_{mk}) = \left\{x_k \mid 0 \leqslant x_k \leqslant \min\left(c_k,\ \frac{S_{1k}}{a_{1k}},\ \cdots,\ \frac{S_{mk}}{a_{mk}}\right)\right\}$$

2. 解：

（1）最优解为：$x_1 = 2$，$x_2 = 1$，$x_3 = 3$；$z_{\max} = 108$

（2）最优解为：$x_1 = 5/2$，$x_2 = 9/4$；$z_{\max} = 131/8$

（3）最优解为：$x_1 = 1.82$，$x_2 = 1.574$，$x_3 = 3.147$；$z_{\max} = 29.751$

（4）最优解为：$x_1 = 9.6$，$x_2 = 0.2$；$z_{\max} = 702.92$

（5）当 $b > 4\,000$ 时，$x_1 = 0$，$x_2 = 0$，$x_3 = b/10$；$z_{\max} = b^3/10^3$

当 $0 < b < 4\,000$ 时，$x_1 = 0$，$x_2 = b$，$x_3 = 0$；$z_{\max} = 4b^2$

（6）当 $a > 1/4$ 时，$x_1 = 0$，$x_2 = 0$，$x_3 = 0$；$z_{\max} = 100a$

当 $-1/4 < a < 1/4$ 最优决策有两个：

即 $x_1 = 0$，$x_2 = 5$，$x_3 = 5$，$x_4 = 0$

或 $x_1 = 0$，$x_2 = 5$，$x_3 = 0$，$x_4 = 5$；$z_{\max} = 25$

当 $a < -\dfrac{1}{4}$ 时，最优决策有两个：

即 $x_1 = \dfrac{10}{4a+1}$，$x_2 = \dfrac{20a}{4a+1}$，$x_3 = \dfrac{20a}{4a+1}$，$x_4 = 0$

或 $x_1 = \frac{10}{4a+1}$，$x_2 = \frac{20a}{4a+1}$，$x_3 = 0$，$x_4 = \frac{20a}{4a+1}$，$z_{\max} = \frac{100}{4a+1}a$

3. 解：

（1）提示：先将该不等式转化为与它等价的数学规划问题：

$$\max(x_1 x_2 \cdots x_n)$$
$$st.\begin{cases} x_1 + x_2 + \cdots + x_n = a,\ (a>0) \\ x_i > 0,\ i=1,\ 2,\ \cdots,\ k \end{cases}$$

然后利用动态规化来求解，令最优值函数为

$$f_k(y) = \max_{x_1+\cdots+x=y_k} (x_1 x_2 \cdots x_k)$$
$$x_i > 0,\ i=1,\ \cdots,\ k$$

其中 $y>0$。因而，证明该不等式成立，只需证明 $f_n(a) = \left(\frac{a}{n}\right)^n$，再用归纳法证明之。

（2）思想方法类似（a），以右端不等式为例，它可转化为等价的数学规划问题为

$$\min\left\{\max_{1\leqslant i\leqslant n}\left(\frac{x_i}{y_i}\right)\right\}$$
$$\begin{cases} \sum_{i=1}^{n} x_i = a,\ (a>0) \\ \sum_{i=1}^{n} y_i = b,\ (b>0) \\ x_i > 0,\ y_i > 0,\ i=1,\ 2,\ \cdots,\ n \end{cases}$$

然后利用动态规划来求解，类似（a）设最优值函数，从而只需证明 $f_n(a,\ b) = \frac{a}{b}$ 即可。

4. 解：

逆推解法：设状态变量 s_i 表示第 i 年初拥有的资金数，则有逆推关系式

$$\begin{cases} f_n(s_n) = \max_{y_n = s_n}\{g_i(y_n)\} \\ f_i(s_i) = \max_{0\leqslant y_i\leqslant s_i}\{g_i(y_i) + f_{i+1}[a(s_i - y_i)]\} \end{cases}$$

顺推解法：设状态变量 s 表示第 $i+1$ 年初所拥有的资金数，则有顺推关系式

$$\begin{cases} f_1(s_1) = \max_{0\leqslant y_i\leqslant a^i c - s_1}\{g_1(y_1)\} \\ f_i(s_i) = \max_{0\leqslant y_i\leqslant a^i c - s_i}\left\{g_i(y_i) + f_{i+1}\left[\frac{y_i + s_i}{\alpha}\right]\right\} \end{cases}$$
$$i=2,\ \cdots,\ n$$

5. 解：

（1）任务的指派分 4 个阶段完成，用状态变量 s_k 表第 k 阶段初未指派的工作的合，决策变量为 u_{kj}

$$u_{kj}=\begin{cases}1, & k \text{ 阶段被指派完成第 } j \text{ 项工作}\\ 0, & \text{否则}\end{cases}$$

状态转移 $s_{k+1}=\{D_k(s_k)\setminus j$，当 $u_{kj}=1\}$. 本问题的逆推关系式为

$$\begin{cases}f_4(s_4)=\min\limits_{u_{4j}\in D_4(S_4)}\{a_{4j}\}\\ f_k(s_k)=\min\limits_{u_{kj}\in D_k(S_k)}\{a_{ij}+f_{k+1}(s_{k+1})\}\end{cases}$$

（2）当 $k=4$，3，2，1 时，其计算表式分别见表 1、表 2、表 3 和表 4。

表 1

s_4	1	2	3	4
a_{4j}	19	21	23	17
u_{4j}	$j=1$	$j=2$	$J=3$	$J=4$
$f_4(s_4)$	19	21	23	17

表 2

u_{3j} / s_2	$a_{3j}+f_4(s_4)$				$f_3(s_3)$	u_{3j}^*
	$u_{33}=1$	$u_{34}=1$	$u_{33}=1$	$u_{34}=1$		
(1，2)	26+21	18+19			37	$u_{32}=1$
(1，3)	26+23		16+19		35	$u_{33}=1$
(1，4)	26+17			19+19	38	$u_{34}=1$
(2，3)		18+23	16+21		37	$u_{33}=1$
(2，4)		18+17		19+21	35	$u_{32}=1$
(3，4)			16+17	19+23	33	$u_{33}=1$

表 3

u_{2j} / s_2	$a_{2j}+f_3(s_3)$				$f_2(s_2)$	u_{2j}^*
	$u_{21}=1$	$u_{22}=1$	$u_{23}=1$	$u_{24}=1$		
(1，2，3)	19+37	23+35	22+37		56	$u_{21}=1$
(1，2，4)	19+35	23+38		18+37	54	$u_{21}=1$
(1，3，4)	19+33		22+38	18+35	52	$u_{21}=1$
(2，3，4)		23+33	22+35	18+37	55	$u_{24}=1$

表 4

s_2 \ u_{3j}	$a_{1j}+f_2(s_2)$				$f_1(s_1)$	u_{1j}^*
	$u_{11}=1$	$u_{12}=1$	$u_{13}=1$	$u_{14}=1$		
(1, 2, 3, 4)	15 +55	18 +52	21 +54	24 +56	70	$u_{11}=1$ 或 $u_{12}=1$

本题有两组最优解：$u_{11}=u_{24}=u_{33}=u_{42}=1$ 或 $u_{12}=u_{21}=u_{33}=u_{44}=1$

6. 解：用 x_i^k 表示从产地 $i(i^-=1, \cdots, m)$ 分配给销地 $k, k+l, \cdots, n$ 的物资的总数，则采用逆推算法时，动态规划的基本方程可写为：

$$f_k(x_1^k, \cdots, x_m^k)=\min_{x_{ik}}\{\sum_{i=1}^{m} h_{ik}(x_{ik})+f_{k+1}(x_1^k-x_{1k}, \cdots, x_m^k-x_{mk})\}$$

式中 $$0\leqslant x_{ik}\leqslant x_i^k$$

$$\sum_{i=1}^{m} x_{ik}=b_k, \ (k=1, \cdots, n)$$

$$f_{n+1}=0$$

并且有 $$x_i^1=a_i, \ (i=1, \cdots, m)$$

7. 解：

用 k 表示阶段，$k=1, 2, 3.$

状态变量 s_k，$s_k=\begin{cases}1, & k\text{ 阶段尚需面试录用}\\ 0, & \text{否则}\end{cases}$

决策变量 x_k，$x_k=\begin{cases}1, & \text{对 } k\text{ 阶段面试者决定录用}\\ 0, & \text{否则}\end{cases}$

状态转移方程 $$s_{k+1}=s_k-x_k$$

动态规划基本方程

$$f_k(s_k)=\max_{x_k\in\{0,1\}}\{c_k(x_k)\cdot f_{k+1}(s_{k+1})\}$$

$c_k(x_k)$ 为 k 阶段期望的记分值。

边界条件 $$f_4(0)=1$$

边界条件

当 $k=3$ 时

$f_3(1)=\max\{(0.2\times3+0.5\times2)f_3(0)+0.3f_3(1)\}$

$$f_2(1)=\max\begin{Bmatrix}(0.2\times3+0.5\times2)f_3(0)+0.3f_3(1)\\(0.2\times3)f_3(0)+(0.5+0.3)f_3(1)\end{Bmatrix}=2.19$$

$$f_1(1)=\max\begin{Bmatrix}(0.2\times3+0.5\times2)f_2(0)+0.3f_2(1)\\(0.2\times3)f_2(0)+(0.5+0.3)f_2(1)\end{Bmatrix}=2.336$$

结论：对第一人面试时对较满意者不录用，对第二人面试时，对较满意者应录用，使录用人员的总期望分为 2. 336 分。

8. 解：

最优决策为：第一年将 100 台机器全部生产产品 P_2，第二年把余下的机器继续生产产品 P_2，第三年把余下的所有机器全部生产产品 P_1。三年的总收入为 7 676. 25 万元。

9. 解：

最优决策为：$x_1=0$，$y_1=0$；$x_2=2$，$y_2=0$；$x_3=0$，$y_3=3$。最大利润为 $r_1(1, 0)+r_2(2, 0)+r_3(0, 3)=4+4+8=16=f_1(3, 3)$。

10. 解：

最优方案有 3 个。即

$$(m_{1j}, m_{2j}, m_{3j})=(3, 2, 2)\text{或}(2, 3, 2)\text{或}(2, 4, 1)$$

总收益都是 17 千万元。

11. 解：

各月份生产货物数量的最优决策为：

月份	1	2	3	4	5	6
生产货物量	4	0	4	3	3	0

12. 解：

月份订购与销售的最优决策为：

月	期前存货	售出量	购进量
1	500	500	0
2	0	0	1 000
3	1 000	1 000	1 000
4	1 000	1 000	0

利润最大值为 $f_1(500)=12\times500+10\times1\ 000=16\ 000$

13. 解：

最佳生产量为，$x_1=110$，$x_2=110$，$x_3=109\frac{1}{2}$；总的最低费用为 36 321 元。

14. 解：

热销季节每月最佳订货方案为：

月购	10	11	12	1	2	3
订购数	40	50	0	40	50	0

订购与贮存的最小费用为 606 元。

15. 解：

最优决策为：上半年进货 $26\frac{2}{3}$个单位，若上半年销售后剩下 s_2 个单位的货。则下半年再进货 $26\frac{2}{3}-s_2$ 个单位的货。这时将获得期望利润 $93\frac{1}{3}$。

16. 解：

最优解有两个：

（1）$x_1=3$，$x_2=0$，$x_3=1$

（2）$x_1=2$，$x_2=2$，$x_3=0$

总利润为 480 元。

17. 解：

最优解有三个：

（1）$x_1=1$，$x_2=3$，$x_3=1$，$x_4=0$

（2）$x_1=2$，$x_2=1$，$x_3=2$，$x_4=0$

（3）$x_1=0$，$x_2=5$，$x_3=0$，$x_4=0$

最大价值为 20 千元。

18. 解：

最优决策为：产品 A 生产 3 件，产品 B 生产 2 件，最大利润为 27。

19. 解：

（1）$x_1=11$，$x_2=0$，$x_3=0$，$x_4=0$，$z_{\max}=55$

（2）$x_1=1$，$x_2=1$，$z_{\max}=3$

（3）最优解有6个，

①$x_1=2$，$x_2=3$，$x_3=3$，$x_4=2$

②$x_1=3$，$x_2=2$，$x_3=3$，$x_4=2$

③$x_1=3$，$x_2=3$，$x_3=2$，$x_4=2$

④$x_1=2$，$x_2=2$，$x_3=3$，$x_4=3$

⑤$x_1=2$，$x_2=3$，$x_3=2$，$x_4=3$

⑥$x_1=3$，$x_2=2$，$x_3=2$，$x_4=3$

最优值均为$z_{\min}=26$

第 9 章　动态规划应用举例

1. 解：

由题设，可将问题分为四阶段；s_k 表示分配给第 k 至第 4 个零售店的货物数；x_k 表示分配给第 4 个零售店的箱数；状态转移方程为：$s_{k+1}=s_k-x_k$；$p_k(x_k)$ 表示 x_k 箱货物分配到第 k 个店的赢利；$f_k(s_k)$ 表示 s_k 箱货物给第 k 至第 n 个零售店的最大赢利值。得递推关系为

$$\begin{cases} f_k(x_k)=\max\limits_{0\leqslant x_k\leqslant s_k}[p_k(s_k)+f_{k+1}(s_k-x_k)],\ (k=4,\ 3,\ 2,\ 1) \\ f_5(s_5)=0 \end{cases}$$

当 $k=4$ 时，设将 s_4 箱货物（$s_4=0$，1，…，6）全部卸下给零售店 4 时，则最大赢利值为 $f_4(s_4)=\max\limits_{x_4}[p_4(x_4)]$，其中 $x_4=s_4=0$，1，2，3，4，5，6。数值计算如下表所示。

s_4 \ x_4	$p_4(x_4)$							$f_4(s_4)$	x_4^*
	0	1	2	3	4	5	6		
0	0							0	0
1		4						4	1
2			5					5	2
3				6				6	3
4					6			6	4
5						6		6	5
6							6	6	6

表中 x_4^* 表示使 $f_4(s_4)$ 为最大值时的最优决策。

当 $k=3$ 时，设把 s_3 箱货物（$s_3=0$，1，2，3，4，5，6）卸下给零售店 3，则对每个 s_3 值，有一种最优分配方案，使最大赢利值 $f_3(s_3)=\max\limits_{x_3}[p_3(x_3)+f_4(s_3-x_3)]$，其中 $x_3=0$，1，2，3，4，5，6。

因为给零售店 3 为 s_3 箱，其赢利 $p_3(x_3)$，余下的 s_3-x_3 箱就给零售店则赢利最大值为 $f_4(s_3-x_3)$，现要选择 x_3 的值，使 $p_3(x_3)+f_4(s_3-x_3)$ 取最大值，其数值计算如下表所示。

x_3 \ s_3	$p_3(x_3)+f_4(s_3-x_3)$							$f_3(s_3)$	x_3^*
	0	1	2	3	4	5	6		
0	0							0	0
1	4	3						4	0
2	5	7	5					7	1 或 3
3	6	8	9	7				9	2
4	6	9	10	11	8			11	3
5	6	9	11	12	12	8		12	3
6	6	9	11	13	13	12	8	13	3

当 $k=2$ 时，设把 s_2 箱货物（$s_2=0$，1，2，3，4，5，6）分配给零售店 2，3，4 时，则对每个 s_2

$$f_2(s_2)=\max_{x_2}[p_2(x_2)+f_3(s_2-x_2)]$$

其中 $x_2=0$，1，2，3，4，5，6。

因为零售店 2 分给 x_2 箱货物，其赢利为 $p_2(x_2)$，余下的 s_2-x_2 台就给零售店 3，4，则它的赢利值为 $f_3(s_2-x_2)$，现要选择 x_2 的值，使 $p_2(x_2)+f_3(s_2-x_2)$ 取最大值，其数值计算如下表所示。

x_4 \ s_4	$p_2(x_2)+f_3(s_2-x_2)$							$f_2(s_2)$	x_2^*
	0	1	2	3	4	5	6		
0	0								
1	4	2						4	0
2	7	6	4					7	0
3	9	9	8	6				9	0，1
4	11	11	11	10	8			11	0，1，2
5	12	13	13	13	12	9		13	1，2，3
6	13	15	15	15	15	13	10	15	2，3，4

当 $k=1$ 时，设把 s_1 箱货物（$s_1=6$）分配给零售店 1，2，3，4 时则最大赢利为：$f_1(6)=\max_{x_1}[p_1(x_1)+f_2(6-x_1)]$，其中 $x_1=0$，1，2，3，4，5，6。

因为零售店 1 分 x_1 箱货物，其赢利为 $p_1(x_1)$，剩下的 $6-x_1$ 箱就给零售店 2，3，4，则它的赢利最大值为 $f_2(6-x_1)$，现要选择 x_1 值，使 $p_1(x_1)+f_2(6-x_1)$ 取最大值，它就是所求的总赢利最大值，其数值计算如下表所示。

x_4 \ s_4	$p_1(x_1)+f_2(s_1-x_1)$							$f_1(6)$	x_1^*
	0	1	2	3	4	5	6		
6	15	17	17	16	14	11	7	17	1，2

故知总利润最大值为17；最优配方案有6种，依次卸箱数为：①（1，1，3，1），②（1，2，2，1），③（1，5，1，1），④（2，0，3，1），⑤（2，1，2，1），⑥（2，2，1，1）。

2. 解：

由题设，问题可划分为4个阶段；s_k 表示分配给第 k 至第4块田的肥料重量；x_k 表示分给第 k 块田的肥料重量；状态方程为：$s_{k+1}=s_k-x_k$；$p_k(x_k)$ 为 x_k 的肥料用于第 k 块地的增产数；$f_k(s_k)$ 表示为 s_k 的肥料分配给第 k 块田的最大值。递推公式为：

$$\begin{cases} f_k(s_k)=\max\limits_{0\leqslant x_k\leqslant s_k}[p_k(x_k)+f_{k+1}(s_k-x_k)],\ (k=1,\ 2,\ 3,\ 4) \\ f_5(s_5)=0 \end{cases}$$

当 $k=4$ 时，设将 s_4 个单位（$s_4=0$，1，…，6）全部分配给第4块田地时，则最大的赢利值为 $f_4(s_4)=\max[p_4(x_4)]$，其中 $x_4=s_4=0$，1，2，…，6。

以为此时只有一块田地，全部分配给第4块田地，故它的赢利值就是最大赢利值，其数值计算如下表所示。

s_3 \ x_3	$p_4(x_4)$							$f_4(s_4)$	x_4^*
	0	1	2	3	4	5	6		
0	0							0	0
1		28						28	1
2			47					47	2
3				65				65	3
4					74			74	4
5						80		80	5
6							85	85	2，3，4

当 $k=3$ 时，设把 s_3 个单位重量（$s_3=0$，1，2，3，4，5，6）分配给第3，4块田地时，则对每个 s_3 值，有一种最优分配方案，求最大赢利值 $f_3(s_3)=\max\limits_{x_3}[p_3(x_3)+f_4(s_3-x_3)]$，其中 $x_3=0$，1，2，3，4，5，6。

给第3块田分 x_3 个单位重量，其赢利 $p_3(x_3)$，余下的 s_3-x_3 个单位重量就给第4块田地，则赢利最大值为 $f_4(s_3-x_3)$，现要选择 x_3 的值，使 $p_3(x_3)+f_4(s_3-x_3)$ 取最大值，其数值计算如下表所示。

s_3 \ x_3	$p_3(x_3)+f_4(s_3-x_3)$							$f_3(s_3)$	x_4^*
	0	1	2	3	4	5	6		
0	0							0	0
1	28	18						28	0

续表

s_3 \ x_3	$p_3(x_3)+f_4(s_3-x_3)$							$f_3(s_3)$	x_4^*
	0	1	2	3	4	5	6		
2	47	46	39					47	0
3	65	65	67	61				67	2
4	74	83	86	89	78			89	3
5	80	92	104	108	106	90		108	3
6	85	98	113	126	125	118	95	126	3

当$k=2$时，把s_2个单位重量（$s_2=0$，1，2，3，4，5，6）分配给第2，3，4时，则对每个s_2有一种最优分配方案，使最大赢利值为$f_2(s_2)=\max\limits_{x_2}[p_2(x_2)+f_3(s_2-x_2)]$，其中$x_2=0$，1，2，3，4，5，6。

分给第2块田地x_2个单位重量，其赢利$p_2(x_2)$，余下的s_2-x_2个单位重量就给第3，4块田地，则赢利最大值为$f_3(s_2-x_2)$，现要选择x_2的值，使$p_2(x_2)+f_3(s_2-x_2)$取最大值，其数值计算如下表所示。

s_2 \ x_2	$p_2(x_2)+f_3(s_2-x_2)$							$f_2(s_2)$	x_2^*
	0	1	2	3	4	5	6		
0	0							0	0
1	28	25						28	0
2	47	53	45					53	1
3	67	72	73	57				73	2
4	89	92	92	85	65			92	1，2
5	108	114	112	104	93	70		114	1
6	126	133	134	133	128	113	90	134	0，1，2

当$k=1$时，把s_1个单位重量（$s_1=6$）分配给1，2，3，4块田地，则最大赢利为$f_1(6)=\max\limits_{x_1}[p_1(x_1)+f_2(6-x_1)]$，其中$x_1=0$，1，2，3，4，5，6。

给第1块田地x_1个单位重量，其赢利为$p_1(x_1)$，剩下的$6-x_1$箱就分给第2，3，4块田地，则它的赢利最大值为$f_2(6-x_1)$，现要选择x_1值，使$p_1(x_1)+f_2(6-x_1)$取最大值，它就是所求的总赢利最大值，其数值计算如下表所示。

s_1 \ x_1	$p_1(x_1)+f_2(s_1-x_1)$							$f_1(s_1)$	x_1^*
	0	1	2	3	4	5	6		
6	134	134	134	133	128	113	90	134	0，1，2

综合上述得最大产量为134，最优方案（x_1^*，x_2^*，x_3^*，x_4^*）如下：

① (0，2，3，1)　② (1，1，3，1)　③ (2，1，3，1)　④ (2，2，0，2)

3. 解：

按营业区分为三个阶段，$k=1，2，3$；s_k 为 k 至第3个区增设的店数；x_k 为第 k 个区增设的店，并根据题意有 $x_k \geqslant 1$；$p_k(s_k)$ 为 k 区增设 x_k 店所取得的利润；$f_k(s_k)$ 为从第 k 至第3个区分配 s_k 的设置的最大利润；状态转移方程为 $s_{k+1}=s_k-x_k$，则有逆序递推关系为：

$$\begin{cases} f_k(s_k)=\max\limits_{1\leqslant x_k\leqslant s_k}\{p_k(x_k)+f_{k+1}(s_{k+1})\},\ (k=3,\ 2,\ 1) \\ f_4(s_4)=0 \end{cases}$$

当 $k=3$ 时，设将 s_3 个销售店（$s_3=1，2，3，4$）全部分配给 C 区时，则最大赢利值为 $f_3(s_3)=\max\limits_{x_3}[p_3(x_3)]$，其中 $x_3=s_3=1，2，3，4$。

此时只有 C 区增设，增设多个销售店就全部分配给 C 区，故它的赢利就是该段的最大赢利值，其数值计算为下表。

s_3 \ x_3	$p_3(x_3)$				$f_3(s_3)$	x_3^*
	1	2	3	4		
1	160				160	1
2		170			170	2
3			180		180	3
4				200	200	4

当 $k=2$ 时，设把增设 s_2 个销售店（$s_2=2，3，4，5$）分配给 B，C 区时，则对每个 s_2 值有一种最优分配方案，使最大赢利值为 $f_2(s_2)=\max\limits_{x_2}[p_2(x_2)+f_2(s_2-x_2)]$，其中 $x_2=1，2，3，4$。

给 B 区增设 x_2 个销售店，其赢利为 $p_2(x_2)$，剩下的（s_2-x_2）个销售店就给 C 区，则它的赢利最大值为 $f_3(s_2-x_2)$，现要选择 x_2 的值，使 $p_2(x_2)+f_3(s_2-x_3)$ 取最大值，其数值计算如下表所示。

s_2 \ x_2	$p_2(x_2)+f_3(s_3)$				$f_2(s_2)$	x_2^*
	1	2	3	4		
1	370				370	1
2	380	380			380	1，2
3	390	390	385		390	1，2
4	410	400	395	390	410	1

当 $k=1$ 时，设 s_1 个销售店（$s_1=6$）分配给 A，B，C 三个区时，则最大赢利值为 $f_1(6)=\max\limits_{x_1}[p_1(x_1)+f_2(6-x_1)]$，其中 $x_1=1$，2，3，4。

因为给 A 区增设 x_1 个销售店，其赢利为 p_1（x_1），剩下的（$6-x_1$）个零售店，给 B 和 C 区两区则它的赢利最大值为 $f_1(6-x_1)$，现要选择 x_1 值，使 $p_1(x_1)+f_2(6-x_1)$ 取最大值，它就是要求的总赢利最大值，其数值计算如下表所示。

s_1 \ x_1	$p_1(x_1)+f_2(s_1-x_1)$				$f_1(s_1)$	x_1^*
	1	2	3	4		
6	610	670	710	710	710	3，4

故总利润最大为 710 万元，增设方案（A，B，C）有三个分别为：

①（3，1，2）　②（3，2，1）　③（4，1，1）

4. 解：

按周期划分为 4 个阶段，$k=1$，2，3，4；状态变量 s_k 表示第 k 年初的完好机器数；决策变量 u_k 表示第 k 年度用于第一种任务的机器数，则 s_k-u_k 表示该年度第二种任务所用机器台数；状态转移方程为：$s_{k+1}=\left(1-\frac{1}{3}\right)u_k+\left(1-\frac{1}{10}\right)(s_k-u_k)=\frac{2}{3}u_k+\frac{9}{10}(s_k-u_k)$；设 $u_k(s_k,\ u_k)$ 为第 k 周期的收益，则 $u_k=10u_k+7(s_k-u_k)$；指标函数为：$u_{1,4}=\sum\limits_{k=1}^{4}u_k(s_k,\ u_k)$；最优值函数 $f_k(s_k)$ 为由资源是 s_k 出发，从第 k 至第 4 周期的总收益最大值，递推关系式为：

$$f_k(s_k)=\max_{0\leqslant u_k\leqslant f_k(s_k)}\begin{Bmatrix}u_k=f_{k+1}(s_{k+1})\\ f_5(s_5)=0\end{Bmatrix}$$

$$\begin{aligned}f_4(s_4)&=\max_{0\leqslant u_4\leqslant s_4}[10u_4+7(s_4-u_4)]\\&=\max_{0\leqslant u_4\leqslant s_4}(7s_4+3u_4)=7s_4+3s_4=10s_4\end{aligned}$$

最优解为：$u_4^*=s_4$

依次类推。解得最优决策为：$u_1=0$，$u_2=0$，$u_3=81$，$u_4=54$；总收益为：$f_1(s_1)=134\times\frac{100}{5}=2\ 680$

5. 解：

数学模型为：$\max z=\sum\limits_{i=1}^{n}r_i(x_i,\ y_i,\ z_i)$

$$s.t.\begin{cases}a\sum\limits_{i=1}^{n}x_i+b\sum\limits_{i=1}^{n}y_i+c\sum\limits_{i=1}^{n}z_i\leqslant W\\ x_i,\ y_i,\ z_i\geqslant 0\text{ 且为整数}\end{cases}$$

则按 n 个行业划分 n 个阶段；状态变量 s_k 表示第 1 至 k 阶段的总资金数；决策变量 w_k 表示第 k 阶段所用资金。状态转移方程为：$s_k = s_{k+1} - w_{k-1}$；最优值函数 $f_k(s_k) = \max z = \sum_{i=1}^{n} r_1(w_1)$，则，动态规划的一维递推公式为：

$$f_1(s_1) = \max r_1(x_1, y_1, z_1) = \max r_1(w_1)$$
$$f_k(s_k) = \max\{r_i(w_i) + f_{k-1}(s_k - w_k)\}, \ 2 \leqslant k \leqslant n$$

6. 解：

（1）生产成本函数

$$c_k(x_k) = \begin{cases} 0, & (x_k = 0) \\ 5 + 1 \cdot x_k, & (x_k = 1, 2, \cdots, n) \end{cases} \qquad \text{（单位：百元）}$$

第 k 时期末库存量为 $h_k(v_k) = v_k$。

可视为凸函数，用生产点性质解此题，故第 k 时期内总成本为 $c_k(x_k) + h_k(v_k)$

$c(1, 1) = c(3) + h(0) = 8 + 0 = 8$

$c(1, 2) = c(8) + h(5) = 15 + 5 = 18$

$c(1, 3) = c(11) + h(8) + h(3) = 27$

$c(1, 4) = c(13) + h(10) + h(5) + h(2) = 35$

$c(2, 2) = c(5) + h(0) = 10 + 0 = 10$

$c(2, 3) = c(8) + h(3) = 13 + 3 = 16$

$c(2, 4) = c(10) + h(5) + h(2) = 22$

$c(3, 3) = c(3) + h(10) = 8 + 10 = 18$

$c(3, 4) = c(15) + h(2) = 20 + 2 = 22$

$c(4, 4) = c(2) + h(0) = 7 + 0 = 7$

（2）

$f_0 = 0$

$f_1 = f_0 + c(1, 1) = 8$

$j(1) = 1$

$f_2 = \min[f_0 + c(1, 2), f_1 + c(2, 2)] = \min[10 + 8, 8 + 10]$
$= \min[18, 18] = 18$

$j(2) = 1, 2$

$f_3 = \min[f_0 + c(1, 3), f_1 + c(2, 3), + f_2 + c(3, 3)]$
$= \min[0 + 27, 8 + 16, 18 + 8] = \min[27, 24, 26] = 24$

$j(3) = 2$

$f_4 = \min[f_0 + c(1, 4), f_1 + c(2, 4), f_2 + c(3, 4), f_3 + c(4, 4)]$
$= \min[0 + 35, 8 + 22, 18 + 22] = \min[35, 30, 30, 40] = 30$

$j(4) = 2, 3$

（3）1 月初原有库存货 100 件外，总成本最低为 3 千元，最优生产计划有以下 3 种。

Ⅰ：$j(4) = 2$ 时，$x_2 = d_2 + d_3 + d_4 = 10$，$x_3 + x_4 = 0$

$m=j(4)-1=1$，$j(m)=j(1)=1$

$x_1=4-1=3$

即 $x_1^*=3$，$x_2^*=10$，$x_3^*=x_4^*=0$

Ⅱ：$j(4)=3$ 时，$x_3=d_3+d_4=5$，$x_3+x_4=0$

$m=j(4)-1=2$

$j(m)=j(2)=1$ 时，$x_1=8$，$x_2=0$

即 $x_1^*=8$，$x_2^*=0$，$x_3^*=5$，$x_4^*=0$

Ⅲ：$j(4)=3$ 时，$x_3=5$，$x_4=0$

$j(m)=2$ 时，$x_2=5$，$x_1=3$

即 $x_1^*=3$，$x_2^*=5$，$x_3^*=5$，$x_4^*=0$

综上所述，最优生产计划为（3，10，0），（8，0，5，0）或（3，5，5，0）。（单位：百件）

即最优生产计划为（300，1 000，0，0），（800，0，500，0）或（300，500，0）。

7. 解：

$$c_i(x_i)=\begin{cases}0,\ (x_1=0)\\ 2+x_i,\ (x_i=1,\ 2,\ 3,\ 4,\ \cdots,\ n)\end{cases} \text{和 } h_i(v_i)=0.2v_i$$

第 k 时期末库存量为 $c_k(x_k)+h_k(v_k)$。

（1）$c(1,\ 1)=c(3)+h(0)=5+3=8$

$c(1,\ 2)=c(5)+h(2)=7+0.4=7.4$

$c(1,\ 3)=c(8)+h(5)+h(3)=11.6$

$c(1,\ 4)=c(10)+h(7)+h(5)+h(2)=14.8$

$c(2,\ 2)=c(2)+h(0)=4+0=4$

$c(2,\ 3)=c(5)+h(3)=7+0.6=7.6$

$c(2,\ 4)=c(7)+h(5)+h(2)=10.4$

$c(3,\ 3)=c(3)+h(0)=5+0=5$

$c(3,\ 4)=c(5)+h(2)=7+0.4=7.4$

$c(4,\ 4)=c(2)+h(0)=4+0=4$

（2）$f_0=0$

$f_1=f_0+c(1,\ 1)=5$

$j(1)=1$

$f_2=\min[f_0+c(1,\ 2),\ f_1+c(2,\ 2)]=\min[0+7.4,\ 5+4]$

$\quad=\min[7.4,\ 9]=7.4$

$j(2)=1$

$f_3=\min[f_0+c(1,\ 3),\ f_1+c(2,\ 3),\ +f_2+c(3,\ 3)]$

$\quad=\min[0+11.6,\ 5+7.6,\ 7.4+5]=11.6$

$j(3)=1$

$f_4=\min[f_0+c(1,\ 4),\ f_1+c(2,\ 4),\ f_2+c(3,\ 4),\ f_3+c(4,\ 4)]$

$=\min[0+14.8, 5+10.4, 7.4+7.4, 11.6+4]=14.8$

$j(4)=1.3$

最小费用为14.8万元。

(3) 最优生产决策

Ⅰ：$j(4)=1$ 时，d_k 为第 k 阶段的需求量

$x_1^*=d_1+d_2+d_3+d_4=10$，$x_2^*=x_3^*=x_4^*=0$

Ⅱ：$j(4)=3$ 时，$x_3^*=d_3+d_4=5$，$x_4^*=0$

由 $m=j(4)-1=2$

有 $j(m)=j(2)$，

$x_1^*=d_1+d_2=5$，$x_2^*=0$

综上所述，最优生产决策为（10，0，0，0）或（5，0，5，0）。(单位：万只)

8. 解：

按月份问题划分为6阶段，$k=1, 2, 3, \cdots, 6$；将态变量 s_k 为第 k 阶段开始时产品的存储量；决策变量 u_k 为第 k 阶段订货量；d_k 为 k 阶段需求量；状态转移方程为：$s_{k+1}=s_k+u_k-d_k$；允许决策方程为：$D_k(s_k)=\{u_k;u_k\geqslant 0, d_k\leqslant u_k+s_k\leqslant\sum_{i=k}^{n}d_i\}$；最优值函数 $f_k(s_k)$ 表示在第 k 阶段开始的存储为 s_k 时，从第1至第 k 阶段（$k=1, 2, \cdots, 6$）的最小存储费用；$c(j, i)(j\leqslant i)$ 为阶段 j 至阶段 i 的总成本。

(1) 由 $c(j, i)=c_j(\sum_{s=j}^{i}d_s)+\sum_{s=j}^{i-1}h_s(\sum_{i=s+1}^{i}d_i)$ 得：$c(j, i)$，$1\leqslant j\leqslant i$，$(i=1, 2, 3, 4, 5, 6)$。

$c(1, 1)=50\times 825=41\ 250$

$c(1, 2)=(50+55)\times 825+40\times 55=88\ 825$

$c(1, 3)=825\times(50+55+50)+40\times(55+50)+30\times 50=133\ 575$

$c(1, 4)=825\times(50+55+50+45)+40\times(55+50+45)+30\times(50+45)+35\times 45=17\ 545$

$c(1, 5)=825\times(50+55+50+45+40)+40\times(55+50+45+40)+30\times(50+45+40)+35\times(45+40)+20\times 45=213\ 425$

$c(1, 6)=825\times(50+55+50+45+40+30)+40\times(55+50+45+30)+30\times(50+45+40+30)+35\times(45+40+30)+20\times(40+30)+40\times 30=2\ 413\ 125$

$c(2, 2)=775\times 65=42\ 625$

$c(2, 3)=775\times(50+55)+30\times 50=82\ 875$

$c(2, 4)=775\times(55+50+45)+30\times(50+45)+35\times 45=120\ 675$

$c(2, 5)=775\times(55+50+45+40)+30\times(50+45+40)+35\times(45+40)+20\times 40=155\ 075$

$c(2, 6)=775\times(55+50+45+40+30)+30\times(50+45+40+30)+35\times(45+40+30)+20\times(40+30)+40\times 30=182\ 075$

$c(3, 3)=850\times 50=42\ 500$

$c(3, 4)=850\times(50+45)+35\times 45=82\ 325$

$c(3, 5)=850\times(50+45+40)+35\times(45+40)+20\times 40=118\ 525$

$c(3, 6)=850\times(50+45+40+30)+35\times(45+40+30)+20\times(40+30)+40\times 30=146\ 875$

$c(4, 4)=850\times 45=38\ 250$

$c(4, 5)=850\times(45+40)+20\times 40=73\ 050$

$c(4, 6)=850\times(45+40+30)+20\times(40+30)+40\times 50=101\ 150$

$c(5, 5)=775\times 40=31\ 000$

$c(5, 6)=775\times(40+30)+40\times 30=55\ 450$

$c(6, 6)=825\times 30=24\ 750$

(2)递推关系式有：

$$\begin{cases} f_i=\min\limits_{1\leqslant j\leqslant i}[f_{j-1}+c(j, i)], (i=1, 2, \cdots, 6) \\ \text{边界条件为：} f_0=0 \end{cases}$$

$f_0=0$

$f_1=f_0+c(1, 1)=41\ 250$

$f_2=\min\{f_0+c(1, 2), f_1+c(2, 2)\}$
$=\min\{0+88\ 825, 41\ 250+42\ 625\}=83\ 875$

$f_3=\min\{f_0+c(1, 3), f_1+c(2, 3), f_2+c(3, 3)\}$
$=\min\{133\ 575, 41\ 250+8\ 287\ 583\ 875+42\ 500\}=124\ 125$

$f_4=\min\{f_0c(1, 4), f_1(2, 4), f_2+c(3, 4), f_4+c(4, 4)\}$
$=\min\{175\ 425, 41\ 250+120\ 675, 83\ 875+82\ 325, 124\ 125+38\ 250\}=161\ 925$

$f_5=\min\{f_0+c(1, 5), f_1+c(2, 5), f_2+c(3, 5), f_3+c(4, 5), f_4+c(5, 5)\}$
$=\min\{213\ 425, 41\ 250+155\ 075, 83\ 875+118\ 525, 124\ 125+73\ 050, 161\ 925+31\ 000\}=192\ 925$

$f_6=\min\{f_0+c(1, 6), f_1+c(2, 6), f_2+c(3, 6), f_3+c(4, 6), f_4+c(5, 6), f_5+c(6, 6)\}$
$=\min\{243\ 125, 41\ 250+182\ 075, 83\ 875+146\ 875, 124\ 125+101\ 150, 161\ 925+55\ 450, 192\ 925+24\ 705\}=217\ 375$

则最优决策方案为第1个月初订货量为50，第2个月初订货量为150，第5个月订货量为70。

9. 解：

按采购期限5周分5个阶段；将每周的价格看作该阶段的状态，即 y_k 为状态变量，表示第 k 周的实际价格；x_k 为决策变量，当 $x_k=1$，表示第 k 周决定采购，当 $x_k=0$，表示第 k 周决定等待；y_{kE} 表示第 k 周决定等待，而在以后采取最优决策时采购价格的期望值；$f_k(x_k)$ 表示第 k 周实际价格为 y_k 时，从第 k 周至第5周采取最优决策所得的最小期望值，逆序递推关系式为：

$$f_k(y_k)=\min(y_k, y_{kE}), \ y_k\in s_k$$
$$f_5(y_k)=y_5, \ y_5\in s_5$$

其中 $s_k=\{9, 8, 7\}$，$k=1, 2, 3, 4, 5$

由 y_{kE} 和 $f_k(y_k)$ 的定义可知：$y_{kE}=0.4f_{k+1}(9)+0.3f_{k+1}(8)+0.3f_{k+1}(7)$，并且得出最优决策为：

$$x_k=\begin{cases}1, & f_k(y_k)=y_k\\0, & f_k(y_k)=y_{kE}\end{cases}$$

从最后1周开始，逐步向前递推计算，具体计算过程如下：

当 $k=5$ 时，因 $f_5(y_5)=y_5$，$y_5\in s_5$

故有 $f_5(9)=9$；$f_5(8)=8$；$f_5(7)=7$

即在第5周时，若所需的原料尚未买入，则无论市场价格如何，都必须采购，不能再等。

当 $k=4$ 时，由 $y_{kE}=0.4f_{k+1}(9)+0.3f_{k+1}(8)+0.5f_{k+1}(8)+0.5f_{k+1}(7)$

知 $y_{kE}=0.4\times 9+0.3\times 8+0.5\times 7=8.1$

于是，第4周的最优决策为

$$x_k=\begin{cases}1, & y_4=8\text{ 或 }7\\0, & y_4=9\end{cases}$$

同理求得：

$$\begin{aligned}y_{3E}&=0.4f_{4E}(8.1)+0.3f_{4E}(8)+0.3f_E(7)\\&=0.4\times 8.1+0.3\times 8+0.3\times 7=7.74\end{aligned}$$

$$f_3(g_3)=\min_{y_3\in s_3}\{y_3, y_{3E}\}=\min_{y_3\in s_3}\{y_3, 7.74\}=\begin{cases}7.74, & y_3=9\text{ 或 }8\\7, & y_3=7\end{cases}$$

$$\text{则 }x_3=\begin{cases}1, & y_3=7\\0, & y_3=9\text{ 或 }8\end{cases}$$

$$y_{2E}=(0.4+0.7)\times 7.74+0.3\times 7=7.518$$

$$f_2(y_2)=\min_{y_2\in s_2}\{y_2, y_{2E}\}=\min_{y_2\in s_2}\{y_2, 7.518\}=\begin{cases}7, & y_2=7\\7.518, & y_2=9\text{ 或 }8\end{cases}$$

$$\text{则 }x_2=\begin{cases}1, & y_2=7\\0, & y_2=9\text{ 或 }8\end{cases}$$

$$f_{1E}=(0.4+0.3)\times 7.518+0.3\times 7=7.3626$$

$$\text{则 }x_1=\begin{cases}1, & y_1=7\\0, & y_1=9\text{ 或 }8\end{cases}$$

则最优策略为：在第1，2，3周时，若价格为7，则选择等待；在第4周时，价格为8或7应采购，否则选择等待，在第五周时，无论市场价格如何，都必须采购。

依照上述最优策略进行采购时，单价的数学期望为

$0.7\times 7.3626+0.3\times 7\approx 7.25$

10. 解：

(1) $f_3(20)=\max\limits_{\substack{2x_1+4x_2+3x_3\leqslant 20\\ x_i\geqslant 0}}\{10x_1+22x_2+17x_3\}$

$=\max\limits_{\substack{20-3x_3\geqslant 0\\ x_3\geqslant 0}}\{17x_3+\max\limits_{\substack{2x_1+4x_2\leqslant 20-3x_3\\ x_1\geqslant 0,x_2\geqslant 0}}(10x_1+22x_2)\}$

$=\max\limits_{x_2=0,1,2,3,4,5,6,}\{17x_3+f_2(20-3x_3)\}$

$=\max\{0+f_2(20),\ 17+f_2(17),\ 34+f_2(14),\ 51+f_2(11),\ 68+f_2(8),\ 85+f_2(5),\ 102+f_2(2)\}$

逐步迭代得最优方案有两个，分别为

Ⅰ：$x_1^*=0$，$x_2^*=3$，$x_3^*=4$ 和Ⅱ：$x_1^*=1$，$x_2^*=0$，$x_3^*=6$

(2) 用动态规划方法来求解，即要求$f_4(11)$，

$f_4(11)=\max\limits_{\substack{2x_1+3x_2+x_3+2x_4\leqslant 11\\ x_i\geqslant 0,i=1,2,3}}\{x_1x_2x_3x_4\}$

$=\max\limits_{\substack{2x_1+3x_2+x_3+2x_4\leqslant 11\\ x_i\geqslant 0,i=1,2,3}}\{x_1x_2x_3(x_4)\}$

$=\max\limits_{\substack{11-2x_4\geqslant 0\\ x_4\geqslant 0}}\{x_4\max\limits_{2x_1+3x_2+x_3\leqslant 11+2x_4}(x_1x_2x_3)\}$

$=\max\limits_{x_4=0,1,2,3,4,5}\{x_4\max\limits_{2x_1+3x_2+x_3\leqslant 11+2x_4}[x_1x_2x_3]\}$

$=\max\{0f_3(11),\ f_2(9),\ 2f_3(7),\ 3f_3(5),\ 4f_3(3),\ 5f_3(1)\}$

逐步迭代得：故最优解有3个，即

$X^*=(1,\ 1,\ 4,\ 1)^T$，$X^*=(2,\ 1,\ 2,\ 1)^T$ 或 $X^*=(1,\ 1,\ 2,\ 2)^T$

最优值均为 $Z_{\max}=4$。

(3) 用动态规划方法求解，其思想方法与一维背包问题完全类似，只是这时的状态变量是两个，而决策变量仍是一个，问题变为求$f_3(10,\ 13)$。

$f_3(10,\ 13)=\max\limits_{\substack{x_1+x_2+x_3\leqslant 10\\ x_1+3x_2+6x_3\leqslant 13\\ x_i\geqslant 0,i=1,2,3}}\{4x_1+5x_2+8x_3\}$

$=\max\limits_{\substack{x_1+x_2\leqslant 10-x_3\\ x_1+3x_2\leqslant 13-6x_3\\ x_i\geqslant 0}}\{4x_1+5x_2+(8x_3)\}$

$=\max\limits_{\substack{10-x_3\geqslant 0\\ 13-6x_3\geqslant 0\\ x_3\geqslant 0}}\{8x_3+\max\limits_{\substack{x_1+x_2\leqslant 10-x_3\\ x_1+3x_2\leqslant 13-6x_3\\ x_i\geqslant 0,x_2\geqslant 0}}[4x_1+5x_2]\}$

$=\max\limits_{0\leqslant x_3\leqslant \min([\frac{10}{1}],[\frac{13}{6}])}\{8x_3+\max\limits_{\substack{x_1+x_2\leqslant 10-x_3\\ x_1+3x_2\leqslant 13-6x_3\\ x_1\geqslant 0,x_2\geqslant 0}}[4x_1+5x_2]\}$

$=\max\{8x_0+f_2(10,\ 13),\ 8\times 1+f_2(9,\ 7),\ 8\times 2+f_2(8,\ 1)\}$

$=\max\{f_2(10,\ 13),\ 8+f_2(9,\ 7),\ 16+f_2(8,\ 1)\}$

要算$f_3(10, 13)$，必先算$f_2(10, 13)$，$f_2(9, 7)$，$f_2(8, 1)$。

逐步计算，则最优方案为$x_3^* = 0$，$x_2^* = 1$，$x_1^* = 9$。

最优值$\max z = 4 \times 9 + 5 \times 1 - 8 \times 0 = 41$。

（4）用动态方法解即要求$f_3(20)$

$$f_3(20) = \max_{\substack{x_1^2 + x_2^2 + x_3^2 \leqslant 20 \\ x_i \geqslant 0, i = 1,2,3}} \{g_1(x_1) + g_2(x_2) + g_3(x_3)\}$$

$$= \max_{\substack{x_1^2 + x_2^2 \leqslant 20 - x_3^2 \\ x_i \geqslant 0, i = 1,2,3}} \{g_3(x_3) + g_1(x_1) + g_2(x_2)\}$$

$$= \max_{\substack{20 - x_3^2 \geqslant 0 \\ x_3 \geqslant 0}} \{g_3(x_3) + \max_{\substack{x_1^2 + x_2^2 - x_3^2 \\ x_i \geqslant 0, i = 1,2}} [g_1(x_1) + g_2(x_2)]\}$$

$$= \max_{x_3 = 0,1,2,3,4} \{g_3(x_3) + \max_{\substack{x_1^2 + x_2^2 \leqslant 20 - x_3^2 \\ x_i \geqslant 0, i = 1,2}} [g_1(x_1) + g_2(x_2)]\}$$

$$= \max\{g_3(0) + f_2(20),\ g_3(1) + f_2(19),\ g_3(2) + f_2(16),\ g_3(3) + f_2(11),\ g_3(4) + f_2(4)\}$$

$$= \max\{8 + f_2(20),\ 12 + f_2(19),\ 17 + f_2(16),\ 22 + f_2(11),\ 19 + f_2(4)\}$$

要算$f_3(20)$，必先算$f_2(20)$，$f_2(19)$，$f_2(16)$，$f_2(11)$，$f_2(4)$。

逐步计算得最优方案为$x_1^* = 2$，$x_2^* = 3$，$x_3^* = 2$。最优值$\max z = f_3(20) = 46$。

11. 解：

设3种产品其运输重量分别为x_1，x_2，x_3，由题意得模型为

$$\max z = 80x_1 + 130x_2 + 180x_3$$

$$\begin{cases} 2x_1 + 3x_2 + x_3 \leqslant 6 \\ x_1,\ x_2,\ x_3 \geqslant 0,\ x_1,\ x_2,\ x_3 \text{ 为整数} \end{cases}$$

用动态规划方法来解，此问题为求$f_3(6)$，其中$f_k(s_k)$表示当载重量为s_k时，采取最优决策装载第k种至第n种货物所得的最大利润。

$$f_3(6) = \max_{\substack{2x_1 + 3x_2 + x_3 \leqslant 6 \\ x_1, x_2, x_3 \geqslant 0}} \{180x_3 + \max_{\substack{2x_1 + 3x_2 \leqslant 6 - 4x_3 \\ x_1, x_2 \geqslant 0}} (80x_1 + 130x_2)\}$$

$$= \max\{180x_3 + f_2(6 - 4x_3)\}$$

$$= \max\{f_2(6),\ 180 + f_2(2)\}$$

要计算$f_3(6)$，必须先计算$f_2(6)$和$f_2(2)$。

$$f_2(2) = \max_{\substack{2x_1 + 3x_2 \leqslant 6 \\ x_1, x_2 \geqslant 0}} \{80x_1 + 130x_2\}$$

$$= \max_{\substack{2x_1 \leqslant 6 - 3x_2 \\ x_1, x_2 \geqslant 0}} \{80x_1 + (130x_2)\}$$

$$= \max_{x_2 = 0,1,2} \{130x_2 + f_1(6 - 3x_2)\}$$

$$= \max\{f_1(6),\ 130 + f_1(3),\ 260 + f_1(0)\}$$

$$f_2(2) = \max_{\substack{2x_1+3x_2\leqslant 2\\ x_1,x_2\geqslant 0}} \{80x_1+130x_2\}$$

$$= \max_{\substack{2x_1\leqslant 2-3x_2\\ x_1,x_2\geqslant 0}} \{80x_1+130x_2\}$$

$$= \max\{130x_2+f_1(2-3x_2)\} = f_1(2)$$

为了计算出 $f_2(6)$ 和 $f_2(2)$，必须先计算出 $f_1(0)$，$f_1(2)$，$f_1(3)$，$f_1(6)$

$$f_1(\omega) = \max_{\substack{2x_1\leqslant\omega\\ x_1\geqslant 0}}(80x_1) = 80\left[\frac{\omega}{2}\right]$$

$f_1(6) = 80\times 3 = 240(x_1=3)$

$f_1(3) = 80\times 1 = 80(x_1=1)$

$f_1(2) = 80\times 1 = 80(x_1=1)$

$f_1(0) = 80\times 0 = 0(x_1=0)$

故；$f_2(6) = \max\{240, 210, 260\} = 260(x_1=0, x_2=2)$

$f_2(2) = 80(x_1=1, x_2=0)$

$f_2(6) = \max\{260, 260\} = 260$

运输方案有两个：Ⅰ，(0，2，0)；Ⅱ (1，0，1)。

总利润最大为260。

12. 解：

分为三个阶段，状态变量 s_k 表示第 k 种产品至第 n 种产品的研发费用，x_k 表示第 k 种产品研制费用，$P_k(x_k)$ 表示给 k 种产品补加研制费 x_k 后的不成功概率。模型为：

$$\min z = \prod_{i=1}^{3} P_i(x_i)$$

$$x_1+x_2+x_3=2,\ x_i\geqslant 0 \text{ 为整数}$$

$$\begin{cases} f_k(s_k) = \min\limits_{0\leqslant x_k\leqslant s_k}[p_k(x_k)\cdot f_{k+1}(s_k-x_k)],\ k=3,2,1 \\ f_4(s_4)=1 \end{cases}$$

当 $k=3$ 时，设 s_2 万元（$s_2=0$，1，2）全部分配给新产品 C，则不成功概率为

$$f_3(s_3) = \min_{x_3=s_3}[p_3(x_3)\times 0.4\times 0.6]$$

计算结果如下表所示。

s_3 \ x_3	$p_3(x_3)$			$f_3(s_3)$	x_3^*
	0	1	2		
0	0.8			0.8	0
1		0.5		0.5	1
2			0.3	0.3	2

当 $k=2$ 时，设 s_2 万元（$s_2=1, 2$）全部分配给新产品 B，C，则不成功的概率为 $f_2(s_2)=\min\limits_{0\leqslant x_2\leqslant s_2}[p_2(x_2)\cdot f_2(s_2-x_2)]$

计算结果如下表所示。

s_2 \ x_2	$p_2(x_2)\cdot f_2(s_2-x_2)$			$f_2(s_2)$	x_2^*
	0	1	2		
0	0.6×0.8			0.48	0
1	0.6×0.5	0.4×0.8		0.30	0
2	0.6×0.3	0.4×0.5	0.2×0.8	0.16	2

当 $k=1$ 时，设 $s_1=2$ 万元，全部分配给新产品 A，B，C，则不成功的概率为

$$f_1(2)=\min_{0\leqslant x_2\leqslant 2}[p_1(x_1)\cdot f_2(2-x_1)]$$

计算结果如下表所示。

s_1 \ x_1	0	1	2	$f_1(2)$	x_1^*
2	0.4×0.016	0.2×0.3	0.15×0.48	0.06	1

故 $x_1^*=1$，$x_2^*=0$，$x_3^*=1$，$f_1(2)=0.06$。A 产品分配 1 万元，B 产品不分配，C 产品分配一万元。这三种产品都研究不成功的概率最小为 $0.2\times0.6\times0.5=0.06$。

13. 解：

工件的加工工时矩阵为

$$M=\begin{pmatrix} 3 & 10 & 5 & 2 & 9 & 11\\ 8 & 12 & 9 & 6 & 5 & 2\end{pmatrix}\xrightarrow{\text{最优排序规则排序后}}\begin{pmatrix} 2 & 3 & 5 & 10 & 9 & 11\\ 6 & 8 & 9 & 12 & 5 & 2\end{pmatrix}$$

（左矩阵列依次为 $J_1\ J_2\ J_3\ J_4\ J_5\ J_6$，右矩阵列依次为 $J_4\ J_1\ J_3\ J_2\ J_5\ J_6$）

则最优加工顺序为

$$J_4\rightarrow J_1\rightarrow J_3\rightarrow J_2\rightarrow J_5\rightarrow J_6$$

总加工时间为 44 天。

14. 解：

由题意：$a=1$，$T=2$，$n=5$

$I_j(t)$ 为在 j 年机器役龄为 t 年的一台机器运行所得收入；

$O_j(t)$ 为在 j 年机器役龄为 t 年的一台机器运行所需费用；

$C_j(t)$ 为在 j 年机器役龄为 t 年的一台机器更新所需的更新净费用；

$g_j(t)$ 为在 j 年机器开始使用役龄为 t 年机器时，从第 j 至第 5 年的最佳收入；

$x_j(t)$ 表示给出 $g_j(t)$ 时，在第 j 年开始时的决策。

得递推关系式为

$$g_j(t)=\max\begin{bmatrix}R：I_j(0)-O_j(0)-C_j(t)+g_{j+1}(1)\\K：I_j(t)-O_j(t)+g_{j+1}(t+1)\end{bmatrix}$$

其中"K"是 *keep* 的缩写，表示保留使用，"R"是 *Replacement* 的缩写，表示更新机器。

其中 $g_6(t)=0$，$(j=1, 2, \cdots, 5)$；$(t=1, 2, \cdots, j-1)$

当 $j=5$ 时，

$$g_5(t)=\max\begin{bmatrix}R：I_5(0)-O_5(0)-C_5(t)+g_6(1)\\K：I_5(t)-O_5(t)+g_6(t+1)\end{bmatrix}$$

$$g_5(1)=\max\begin{bmatrix}R：30-2-31=-3\\K：26-3=23\end{bmatrix}=23，\text{则 } x_5(1)=K$$

$$g_5(2)=\max\begin{bmatrix}R：30-2-31=-3\\K：22-4=18\end{bmatrix}=18，\text{则 } x_5(2)=K$$

$$g_5(3)=\max\begin{bmatrix}R：30-2-34=-6\\K：20-7=13\end{bmatrix}=13，\text{则 } x_5(3)=K$$

$$g_5(4)=\max\begin{bmatrix}R：30-2-35=-7\\K：14-8=6\end{bmatrix}=6，\text{则 } x_5(4)=K$$

$$g_5(6)=\max\begin{bmatrix}R：30-2-36=-8\\K：12-8=4\end{bmatrix}=4，\text{则 } x_5(6)=K$$

当 $j=4$ 时，

$$g_4(t)=\max\begin{bmatrix}R：I_4(0)-O_4(0)-C_4(t)+g_5(1)\\K：I_4(t)-O_4(t)+g_5(t+1)\end{bmatrix}$$

$$g_4(1)=\max\begin{bmatrix}R：28-2-30+23=19\\K：24-3+18=39\end{bmatrix}=39，\text{则 } x_4(1)=K$$

$$g_4(2)=\max\begin{bmatrix}R：28-2-32+23=17\\K：22-6+13=29\end{bmatrix}=29，\text{则 } x_4(2)=K$$

$$g_4(3)=\max\begin{bmatrix}R：28-2-32+23=17\\K：16-6+6=16\end{bmatrix}=17，\text{则 } x_4(3)=K$$

$$g_4(5)=\max\begin{bmatrix}R：28-2-34+23=15\\K：24-7+4=9\end{bmatrix}=15$$

当 $j=3$ 时，

$$g_3(t)=\max\begin{bmatrix}R：I_3(0)-O_3(0)-C_3(t)+g_4(1)\\K：I_3(t)-O_3(t)+g_4(t+1)\end{bmatrix}$$

$$g_3(1)=\max\begin{bmatrix}R：27-3-29+39=19\\K：23-4+29=48\end{bmatrix}=48，\text{则 } x_3(1)=K$$

$$g_3(2)=\max\begin{bmatrix}R：27-3-30+39=33\\K：18-6+17=29\end{bmatrix}=33，\text{则 } x_3(2)=R$$

$$g_3(4)=\max\begin{bmatrix}R：27-3-34+39=29\\K：14-7+15=32\end{bmatrix}=29，\text{则 } x_3(4)=R$$

当 $j=2$ 时，

$$g_2(t)=\max\begin{bmatrix}R:\ I_2(0)-O_2(0)-C_2(t)+g_3(1)\\K:\ I_2(t)-O_2(t)+g_3(t+1)\end{bmatrix}$$

$$g_3(1)=\max\begin{bmatrix}R:\ 27-3-29+39=19\\K:\ 23-4+29=48\end{bmatrix}=48,\text{ 则 } x_3(1)=K$$

$$g_3(3)=\max\begin{bmatrix}R:\ 25-3-32+48=38\\K:\ 14-6+29=37\end{bmatrix}=38$$

当 $j=1$ 时，

$$g_1(t)=\max\begin{bmatrix}R:\ I_1(0)-O_1(0)-C_1(t)+g_2(1)\\K:\ I_1(t)-O_1(t)+g_2(t+1)\end{bmatrix}$$

$$g_1(2)=\max\begin{bmatrix}R:\ 20-4-30+48=34\\K:\ 16-6+38=48\end{bmatrix}=48,\text{ 则 } x_1(2)=K$$

由 $g_1(2)=48$，得最大总收入为 48，根据上面计算过程反推之，可求得最佳策略见表9－25

15. 解：

动态规划的递推关系为：$f_k(i,\ S)=\min\limits_{j\in s}[S_{k-1}(j,\ S/\{j\})+d_{ji}]$，

$$k=1,\ 2,\ \cdots,\ 5,\ i=2,\ 3,\ \cdots 6,\ S\subseteq N_i$$

边界条件为 $f_0(i,\ \Phi)=d_{1i}$，$p_k(i,\ S)$ 为最优决策函数，它表示从 1 城开始经 k 个中间城市到 S 集到 i 城的最短路线上紧挨着 i 城前面的那个城市。

由边界条件可知

$f_0(2,\ \Phi)=d_{12}=10$

$f_0(3,\ \Phi)=d_{13}=20$

$f_0(4,\ \Phi)=d_{14}=30$

$f_0(5,\ \Phi)=d_{15}=40$

$f_0(6,\ \Phi)=d_{16}=50$

当 $k=1$ 时，即从 1 城开始，中间经过一个城市到达 i 城的最短距离为

$f_1(2,\ \{3\})=f_0(3,\ \Phi)+d_{32}=20+9=19$

$f_1(2,\ \{4\})=f_0(4,\ \Phi)+d_{42}=30+32=62$

$f_1(2,\ \{5\})=f_0(5,\ \Phi)+d_{52}=40+27=67$

$f_1(2,\ \{6\})=f_0(6,\ \Phi)+d_{62}=50+22=72$

$f_1(3,\ \{2\})=f_0(2,\ \Phi)+d_{23}=10+18=28$

$f_1(3,\ \{4\})=f_0(4,\ \Phi)+d_{43}=30+4=34$

$f_1(3,\ \{5\})=f_0(5,\ \Phi)+d_{53}=40+11=51$

$f_1(3,\ \{6\})=f_0(6,\ \Phi)+d_{63}=50+16=66$

$f_1(4,\ \{2\})=f_0(2,\ \Phi)+d_{24}=10+30=40$

$f_1(4,\ \{3\})=f_0(3,\ \Phi)+d_{34}=20+5=25$

$f_1(4,\ \{5\})=f_0(5,\ \Phi)+d_{54}=40+10=50$

$f_1(4, \{6\}) = f_0(6, \Phi) + d_{64} = 50 + 20 = 70$

$f_1(5, \{2\}) = f_0(2, \Phi) + d_{25} = 10 + 25 = 35$

$f_1(5, \{3\}) = f_0(3, \Phi) + d_{35} = 20 + 10 = 30$

$f_1(5, \{4\}) = f_0(4, \Phi) + d_{45} = 30 + 8 = 38$

$f_1(5, \{6\}) = f_0(6, \Phi) + d_{65} = 50 + 12 = 62$

$f_1(6, \{2\}) = f_0(2, \Phi) + d_{26} = 10 + 21 = 31$

$f_1(6, \{3\}) = f_0(3, \Phi) + d_{36} = 20 + 15 = 35$

$f_1(6, \{4\}) = f_0(4, \Phi) + d_{46} = 30 + 16 = 46$

$f_1(6, \{5\}) = f_0(5, \Phi) + d_{56} = 40 + 18 = 58$

当 $k=2$ 时，即从1城开始，中间经过两个城市（他们的顺序任意）到达 i 城的最短距离为 $f_2(2, \{3, 4\}) = \min\{f_1(3, \{4\}) + d_{32}, f_1(4, \{3\}) + d_{42}\}$

$= \min\{34+9, 25+32\} = \min\{43, 57\} = 43$

则 $p_2(2, \{3, 4\}) = 3$

$k=2$ 的其余部分，$k=3$，$k=4$ 的情况依此类推。当 $k=5$ 时，即从1城开始，中间经过5个城市，回到1城的最短距离是：

$f_5(1, \{2, 3, 4, 5, 6\}) = \min\{f_4(2, \{3, 4, 5, 6\}) + d_{21}, f_4(3, \{2, 4, 5, 6\}) + d_{31}, f_4(4, \{2, 3, 5, 6\}) + d_{41}, f_4(5, \{2, 3, 4, 6\}) + d_{51}, f_4(6, \{2, 3, 4, 5\}) + d_{61}\} = 80$

则 $p_5(1, \{2, 3, 4, 5, 6\}) = 3$

综合前面的递推过程

$P_4(3, \{2, 4, 5, 6\}) = 4$　　$P_3(4, \{2, 5, 6\}) = 5$

$P_2(5, \{2, 6\}) = 6$　　$P_1(6, \{2\}) = 2$

由此可知推销员最短路线为：1→2→6→5→4→3→1

最短总距离为80（单位）。

第 10 章　图与网络优化

1. 证明：

（1）由图的性质定理知，任一个图中，奇点的个数为偶数。7，6，5，4，3，2 中存在 3 个奇数，所以不可能是某个图的次的序列，更不是某个简单图的次的序列。

（或者）假设 7，6，5，4，3，2 为某个简单图的次的序列，则图中有 6 个点，作为简单图点的最大次数为 $n-1$，即最大次数为 5，显然与存在点的次数为 7 矛盾。所以，7，6，5，4，3，2 又是简单图的次的序列。

（2）由定理知，任一个图 $G=(V,\ E)$ 中，所有点的次数之和是边数的两倍，即图中点次的和为偶数。序列 6，6，5，4，3，2，1 的和为 27，所以它不可能是一个图的次的序列，更不可能是某个简单图的次的序列。

（或者）假设 6，6，5，4，3，2，1 为某个简单图的次的序列，则图中存在 7 个点，不妨设为 V_1，V_2，V_3，V_4，V_5，V_6，V_7，其中 V_1，V_2 次为 6，表明 V_1，V_2 与除自身外的剩余 6 个点均相连。即 V_3，V_4，V_5，V_6，V_7 的次不少于 2，与 V_7 的次为 1 矛盾。所以，6，6，5，4，3，2，1 不是某个简单图的次的序列。

（3）假设 6，5，4，3，2，1 为某个简单图的次的序列，则图中存在 7 个点，不妨设为 V_1，V_2，V_3，V_4，V_5，V_6，V_7，因为 $d(V_1)=6$，$d(V_7)=1$，所以 V_1 与其他 6 个点相连，而 V_7 仅与 V_1 相连，又因为 $d(V_2)=d(V_3)=5$，则 V_2，V_3 与除 V_7 和自身之外的所有点相连，则 V_6 必须与 V_2，V_3 相连，所以 V_6 与 V_1，V_2，V_3 相连，与 $d(V_6)=2$ 矛盾，所以 6，6，5，4，3，2，1 不是某个简单图的次的序列。

2. 解：

设 9 个人 V_1，V_2，…，V_9 为 9 个点，两人握手设为两点之间存在相连边，握手问题转化为一个简单图，其中，V_1，V_2，…，V_9 次的序列为 2，4，4，5，5，5，5，6，6。这 9 个人中一定可以找到 3 个互相握过手，转化为在图中一定存在 3 个点彼此相连。

因为，$d(V_4)=d(V_5)=d(V_6)=d(V_7)=5$，$V_4$，$V_5$，$V_6$，$V_7$ 之间一定存在两点相连。假如，V_4，V_5，V_6，V_7 互相均不相连，因为次均为 5，所以 V_4，V_5，V_6，V_7 均与剩余的 4 个点 V_1，V_2，V_3，V_8，V_9 相连，这与 $d(V_1)=2$ 矛盾。

不妨设 V_4，V_5，V_6，V_7 中存在 V_4，V_5 之间相连。必可以找到第三点均与 V_4，V_5 相连。假设不存在第 3 点均与 V_4，V_5 相连，V_4，V_5 分别与定义不同的 4 个点相连，即存在 8 个不同的点分别与 V_4 或 V_5 相连，加上 V_4，V_5 共计 10 个点，这与图中 9 个点矛盾。

所以在图中，必存在 3 个点彼此相连。

3. 解：

将 8 种化学药品 A，B，C，D，P，R，S，T 设定为 8 个点，两种药品不能储存同一室内状态，设定为两点之间存在一边相连，画出药品关系图如下图（a）所示。

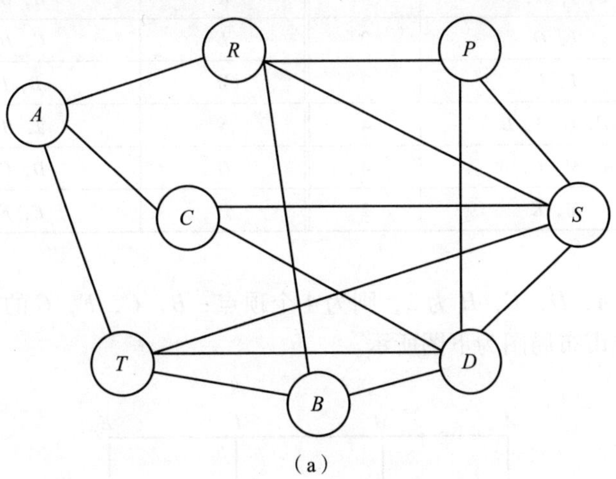

（a）

在图（a）中，两点之间相连的药品均不能存储在一起。对于由点 A，B，C，D，P，R，S，T 的完全图，求图（a）的补图，得图（b），在图（b）中，彼此相连的药品均可以为存储点，因为 $d(S)=d(D)=2$，从 S，D 开始搜索，（S，A，B）彼此相连，（D，R）相连，（T，C，P）彼此相连。

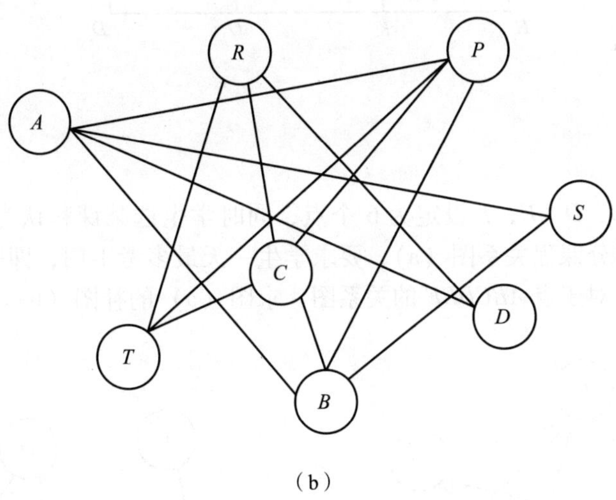

（b）

所以至少需要 3 间储存室，存效组合为（S，A，B），（T，C，P），（D，R）。

4. 解：

依据旅行者的路线统计城市间的相互关系。

点（城市）	相邻城市（相邻点）	次	点	相邻点	次
A	J, M	2	I	M, E, F	3
B	G, M, F, J	4	J	A, N, B	3
C	F, I, O, G	4	K	H, G, O	3
D	L, O	2	L	C, D, P	3
E	L, P	2	M	B, I, A	3
F	P, C, I, B	4	N	J, H, G	3
G	K, M, C, N	4	O	D, C, K	3
H	M, K	2	P	E, F, L	3

由点的次可知，A，D，E，H为2，则为4个顶点；B，C，F，G的次为4，则为4个顶点；某系为边点，城市布局图为下图所示。

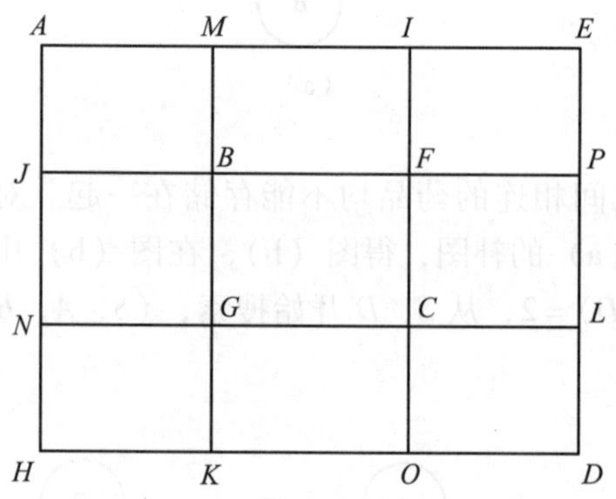

5. 解：

将课程A，B，C，D，E，F设定为6个点，同时学生选某课程认为存在相邻边。依据学生1~10的选课划分课程关系图（a），要求学生一天最多考1门，即图（a）中相连的课程不能排在同一天。对于点$ABCDEF$的关系图，求图（a）的补图（b）。

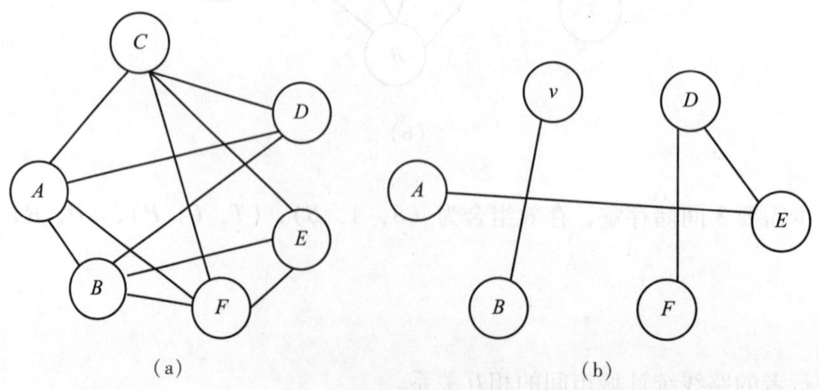

（a）　　（b）

那么，图（b）中相邻的课程可以安排在同一天，可保证学生一天最多考一门，所以 (A, E)，(F, D)，(C, B) 分别各为一天，安排如下：

天	上午	下午
1	A	E
2	C	B
3	D	F

6. 解：
（1）破圈法。
寻找图中的圈，去掉圈中的一边。
①圈（$v_1e_1v_2e_3v_3e_2v_1$）去掉 e_1；圈（$v_2e_4v_4e_8v_5e_6v_2$）去掉 e_4；圈（$v_8v_{13}v_9e_{14}v_{10}e_{15}v_8$）去掉 v_{13}。
②圈（$v_1e_2v_3e_3v_2e_5v_5e_7v_1$）去掉 e_5；圈（$v_4e_8v_5e_{10}v_6e_9v_4$）去掉 e_9，得到支撑树（c）。

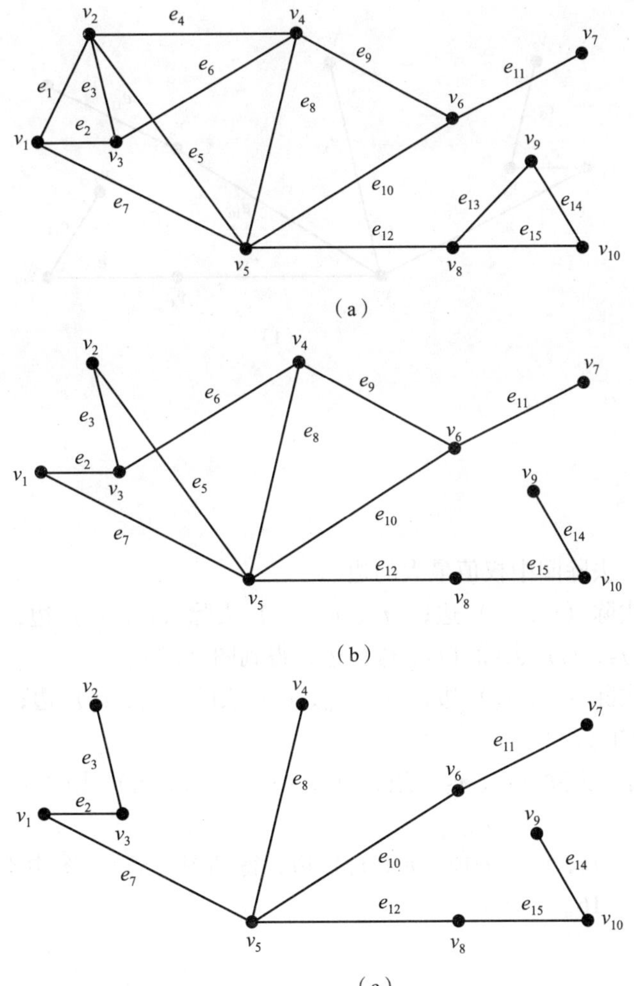

（a）

（b）

（c）

(2) 避圈法。

①从 v_1 点出发，边相邻边增加边和点，保证不构成回路。v_1 出发，增加 e_1，v_2；e_2，v_3；e_7，v_5。

②v_3 相邻边 e_6，增加 v_4，v_5 相邻边 e_{10}，e_{12}，增加点 v_6，v_8。

③v_6 相邻边 e_{11}，增加 v_7，v_8 相邻边 e_{13}，e_{15}，增加点 v_9，v_{10}。

将 $v_1v_2\cdots v_{10}$点均包含在图中，且不存在回路，构成一个支撑树 (f)。

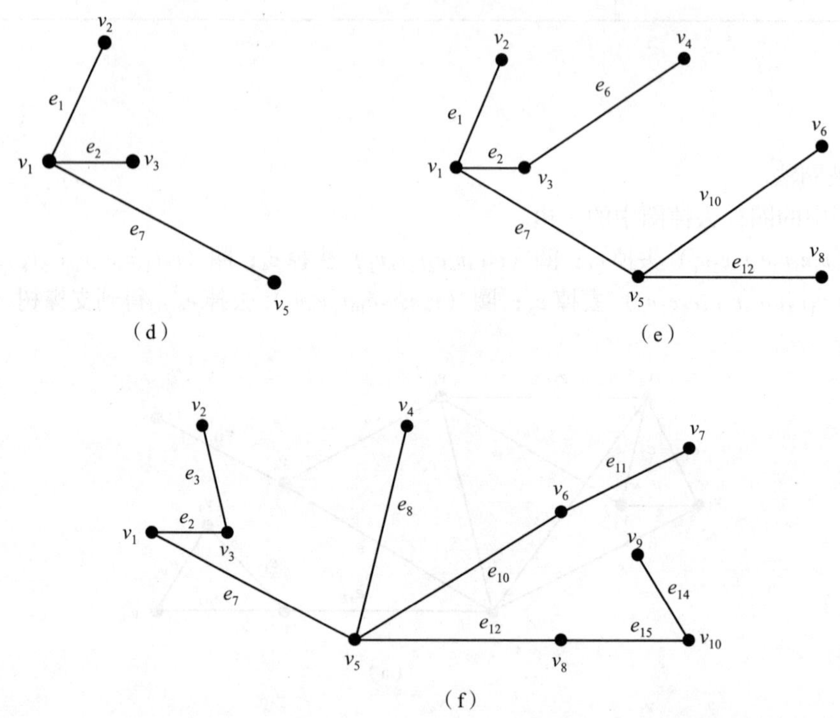

(f)

7. 解：

(1) 破圈法。

在图中寻找圈，去除圈中权值最大的边

(v_1，v_2，v_3) 去除 (v_1，v_3) 边；(v_1，v_4，v_7) 去除 (v_4，v_7) 边；(v_2，v_5，v_8) 去除 (v_2，v_8) 边；(v_6，v_7，v_8) 去除 (v_7，v_8) 边，得到图 (a2)

(v_2，v_5，v_3) 去除 (v_2，v_5) 边；(v_3，v_6，v_4) 去除 (v_3，v_6) 边；(v_5，v_6，v_8) 去除 (v_5，v_6) 边，得到图 (a3)

(v_1，v_2，v_3，v_4) 去除 (v_1，v_2) 边，(v_3，v_4，v_6，v_8，v_5) 去除 (v_4，v_6) 边，得到图 (a4)。

(v_1，v_4，v_3，v_5，v_8，v_7) 去掉 (v_3，v_4) 边，得到图 (a5)，图中不再有回路，则为最小树，其权值和为 $s=16$。

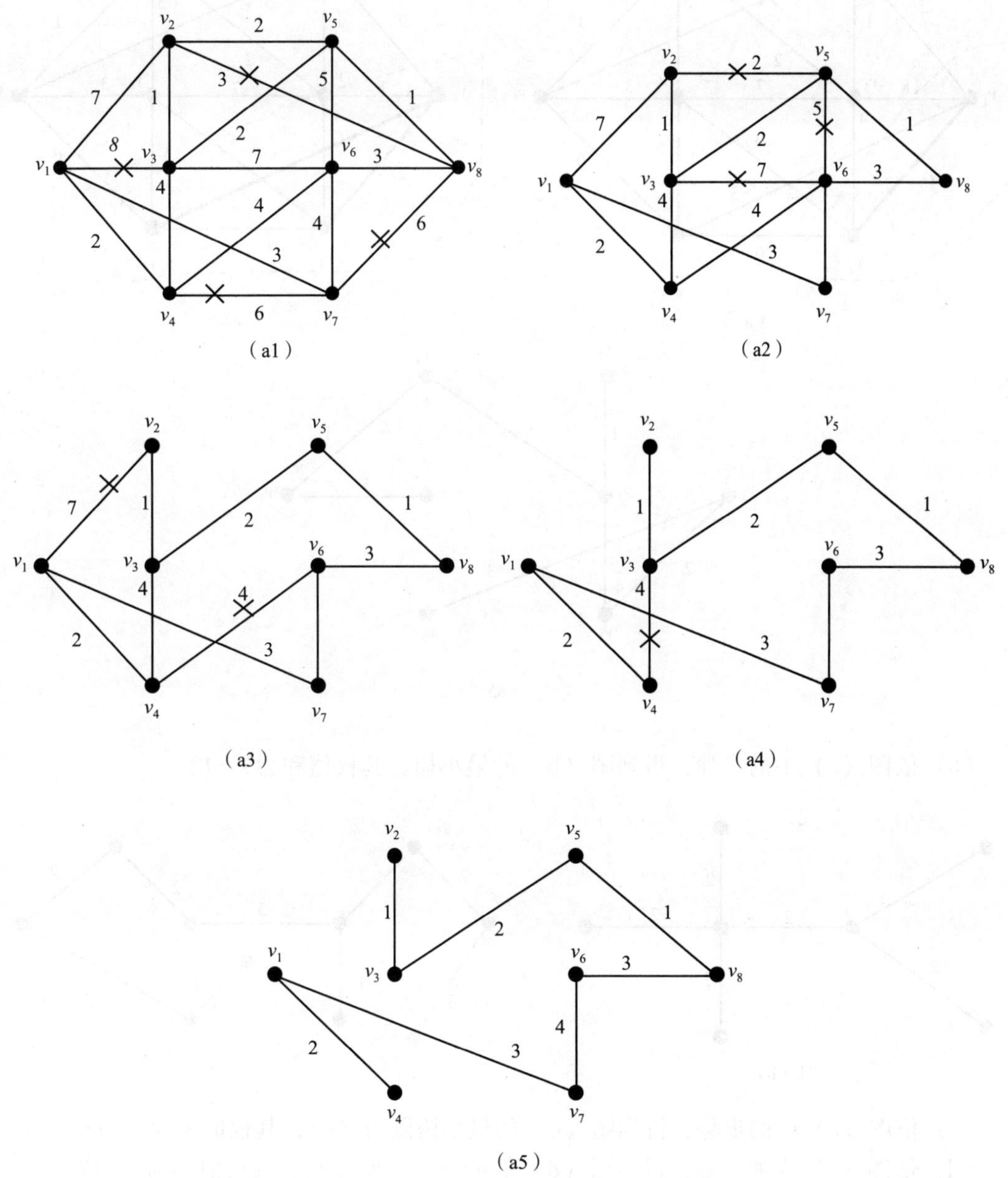

（a1）　（a2）

（a3）　（a4）

（a5）

（2）避圈法。

从 v_1 出发，即 $v=\{v_1\}$ 其余点为$\bar{v}$，v 与$\bar{v}$间有边（v_1，v_2），（v_1，v_3），（v_1，v_7），（v_1，v_4），权值分别为 7，8，3，2，权值最短边为（v_1，v_4）。则加粗边（v_1，v_4），令 $\{v_4\}\cup v\Rightarrow v$。$v$ 与$\bar{v}$间最短边为（v_1，v_7），加粗边（v_1，v_7），令 $\{v_7\}\cup v\Rightarrow v$。

依次按照上述规则操作，直到$\bar{v}=\varnothing$。则得到最小树为图（a3），其权值和为 16。

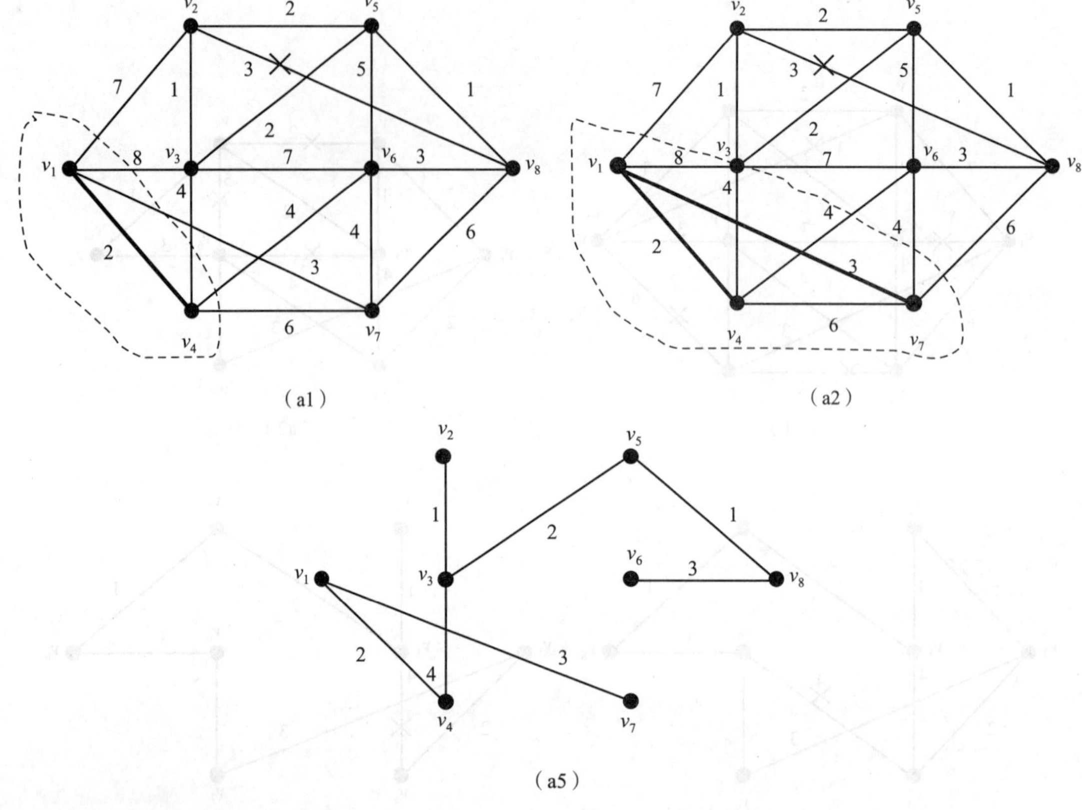

(a1)　　(a2)

(a5)

(b) 依图 (a) 中的步骤，得到图 (b) 的最小树，其权值和为 $s=12$

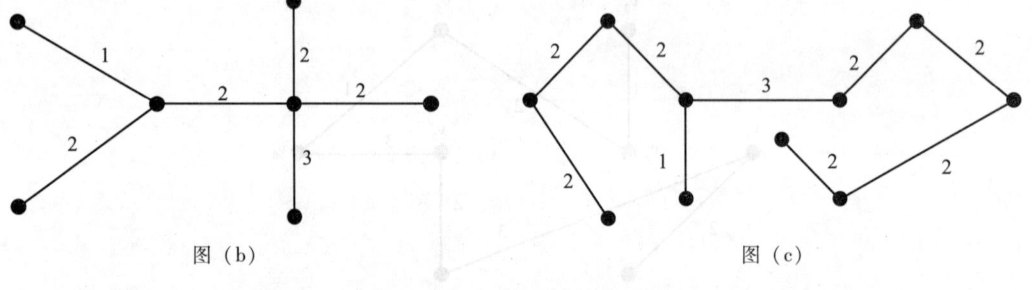
图 (b)　　图 (c)

(c) 依图 (a) 中的步骤，得到图 (c) 的最小树图为 (c)，其权值和为 $s=18$

(d) 依图 (a) 中的步骤，得到图 (d) 的最小树图为 (d)，其权值和为 $s=17$

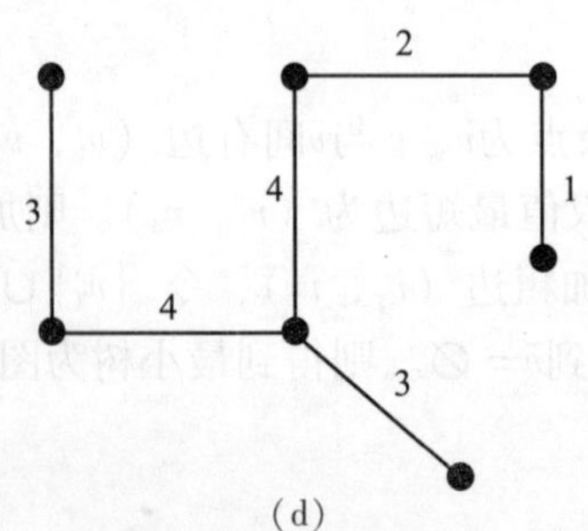
(d)

8. 解：

六城市（Pe），（N），（Pa），（L），（T），（M）对应6个点，依表中数据得到交通网络图为：

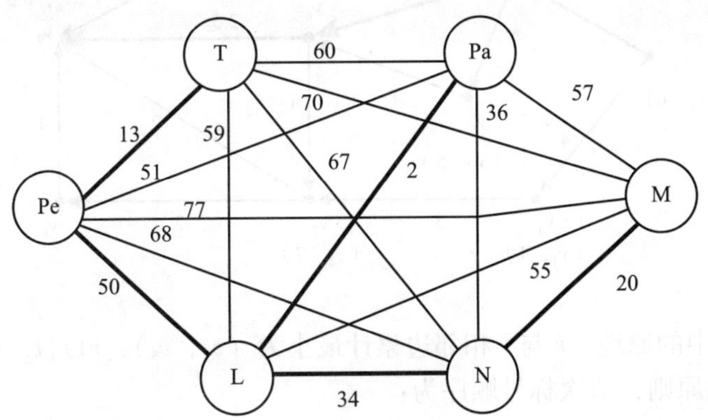

按照避圈法，$v=\{Pe\}$，$\bar{v}=\{T, L, Pa, M, N\}$，$v$ 与$\bar{v}$的最短边为（Pe，T），加粗（Pe，T）边，$\{T\}\cup v \Rightarrow v$，即 $v=\{Pe, T\}$，$\bar{v}=\{L, Pa, M, N\}$，依次推导。

逐次加入边（Pe，L），（L，Pa），（L，N），（N，M），得到最小树图：

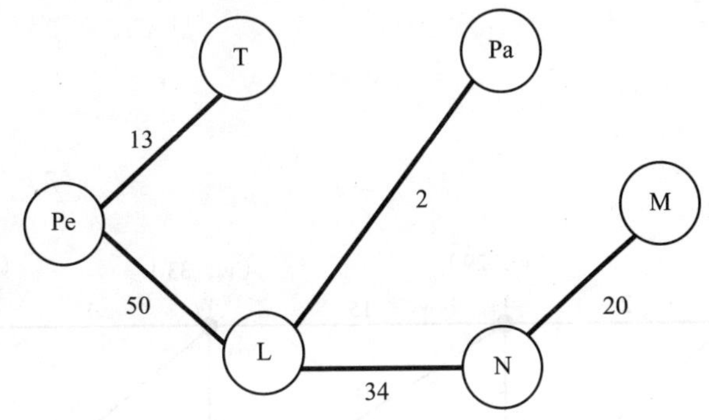

9. 解：

利用双标号法，求 $v_1 \rightarrow v_9$ 的最短路线。

（1）从 v_1 出发，v_1 标号为（v_1，0），$v=\{v_1\}$，其余点为$\bar{v}$。

（2）v 中点 v_1 相邻的未标号的点有 v_2，v_4，$L_{1r}=\min\{d_{1-2}, d_{1-4}\}=\min\{3, 4\}=3=d_{1-2}$

则对 v_2 进行标号 v_2（v_1，3），令 $v\cup\{v_2\}\Rightarrow v$，$v/\{v_2\}\Rightarrow\bar{v}$。

（3）v 中点 v_1，v_2 与未标号的 v_3，v_6，v_5，v_4，

$L_{1p}=\min\{L_{12}+d_{23}, L_{12}+d_{26}, L_{12}+d_{25}, L_{11}+d_{14}\}=\min\{3+3, 3+3, 3+2, 0+4\}=4=L_{14}$，给 v_4 标号 v_4（v_1，v_4），令 $v\cup\{v_4\}\Rightarrow v$，$\bar{v}/\{v_4\}\Rightarrow\bar{v}$

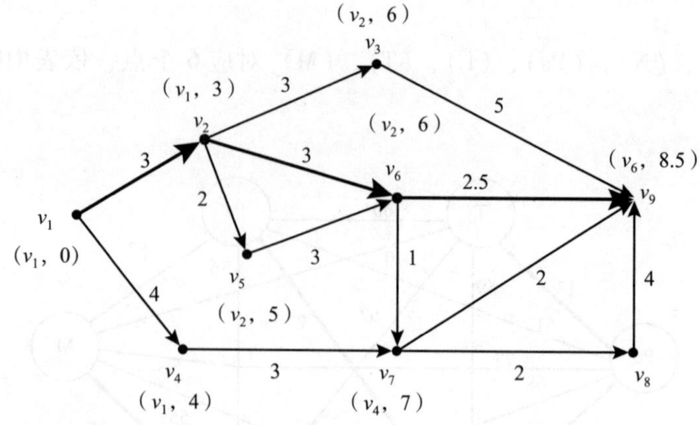

（4）依（3）中的原理，v 与 $\bar{v}$ 相邻边累计最小为（v_2，v_5），$v \cup \{v_5\} \Rightarrow v$，$\bar{v}/\{v_5\} \Rightarrow \bar{v}$

（5）按照上述原则，依次标号顺序为：

给 v_3 标号 $v_3(v_2, 6)$，$v = \{v_1, v_2, v_4, v_3\}$；

给 v_6 标号 $v_6(v_2, 6)$，$v = \{v_1, v_2, v_4, v_3, v_6\}$；

给 v_7 标号 $v_7(v_4, 7)$，$v = \{v_1, v_2, v_4, v_3, v_6, v_7\}$；

给 v_9 标号 $v_9(v_6, 8.5)$，$v = \{v_1, v_2, v_4, v_3, v_6, v_7, v_9\}$；

v_9 已标号，因此，$v_1 \sim v_9$ 的最短路线为 $v_1 \to v_2 \to v_6 \to v_9$，最短路长为 8.5。

10. 解：

(a)

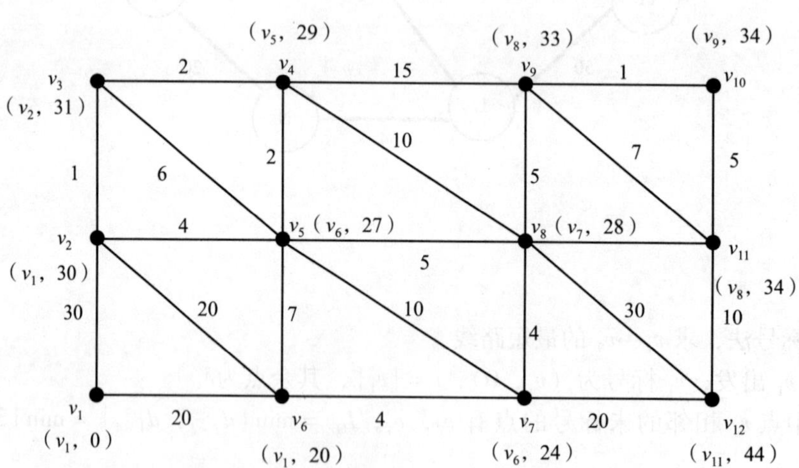

（1）从 v_1 出发，令 $v = \{v_1\}$，其余点为 $\bar{v}$，给 v_1 标号为（v_1，0）。

（2）v 与 $\bar{v}$ 相邻边有 $\{(v_1, v_2), (v_1, v_6)\}$，$L_{1r} = \min\{L_{11} + d_{12}, L_{11} + d_{16}\} = \min\{30 + 0, 20 + 0\} = L_{11} + d_{16}$，给 v_6 标号 v_6（v_1，20），令 $v \cup \{v_6\} \Rightarrow v$

（3）v 与 $\bar{v}$ 相邻边有 $\{(v_1, v_2), (v_6, v_7), (v_6, v_5), (v_6, v_2)\}$

$L_{1p} = \min\{L_{11} + d_{12},\ L_{16} + d_{67},\ L_{16} + d_{65},\ L_{16} + d_{62}\} = \min\{0 + 30,\ 20 + 4,\ 20 + 7,\ 20 + 20\}$
$= L_{16} + d_{67}$，给 v_7 标号 v_7（v_6，v_4），令 $v \cup \{v_7\} \Rightarrow v$。

(4) 依次标号：$v_5(v_6, 27)$，$v \cup \{v_5\} \Rightarrow v$

$v_8(v_7, 28)$，$v \cup \{v_8\} \Rightarrow v$；$v_4(v_5, 29)$，$v \cup \{v_4\} \Rightarrow v$

$v_2(v_1, 30)$，$v \cup \{v_2\} \Rightarrow v$；$v_3$（$v_2$，31），$v \cup \{v_3\} \Rightarrow v$

$v_9(v_8, 33)$，$v \cup \{v_9\} \Rightarrow v$；

v_{10}（v_9，34），v_{11}（v_8，34），v_{12}（v_{11}，44），至此，全部点都已标注。

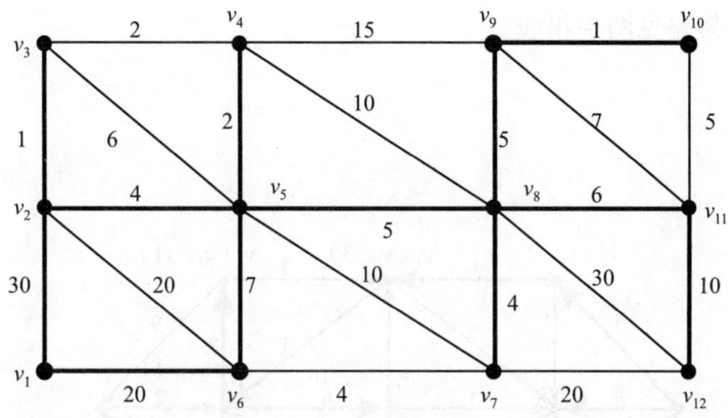

v_1 到各点的最短路只需从该点出发，逆向搜索标号就可得到，且该标号中第 2 组数字就是 v_1 到该点的最短距离。

$v_1 \to v_2$：$v_1 \to v_2$，$S = 30$

$v_1 \to v_3$：$v_1 \to v_2 \to v_3$，$S = 31$

$v_1 \to v_4$：$v_1 \to v_6 \to v_5 \to v_4$，$S = 29$

$v_1 \to v_5$：$v_1 \to v_6 \to v_5$，$S = 27$

$v_1 \to v_6$：$v_1 \to v_6$，$S = 20$

$v_1 \to v_7$：$v_1 \to v_6 \to v_7$，$S = 24$

$v_1 \to v_8$：$v_1 \to v_6 \to v_7 \to v_8$，$S = 28$

$v_1 \to v_9$：$v_1 \to v_6 \to v_7 \to v_8 \to v_9$，$S = 33$

$v_1 \to v_{10}$：$v_1 \to v_6 \to v_7 \to v_8 \to v_9 \to v_{10}$，$S = 34$

$v_1 \to v_{11}$：$v_1 \to v_6 \to v_7 \to v_8 \to v_{11}$，$S = 34$

$v_1 \to v_{12}$：$v_1 \to v_6 \to v_7 \to v_8 \to v_{11} \to v_{12}$，$S = 44$

(b)

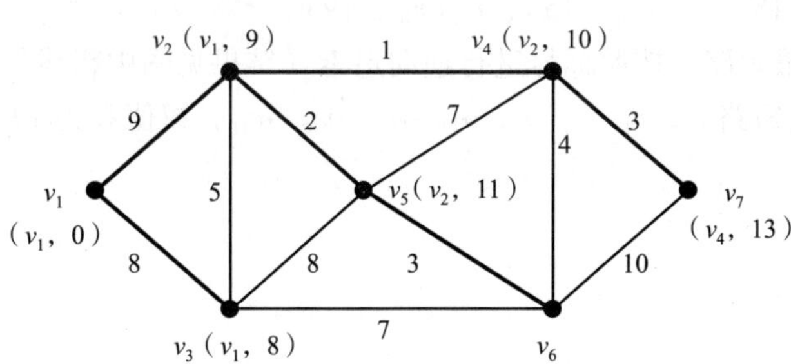

（1）从 v_1 出发，令 $v=\{v_1\}$，其余点为 $\overline{v}$，给 v_1 标号为（v_1，0）

（2）v 与 $\overline{v}$ 相邻边有 $\{(v_1, v_2), (v_1, v_3)\}$，

累计距离 $L_{1r}=\min\{L_{11}+d_{12}, L_{11}+d_{13}\}=\min\{0+9, 0+8\}=L_{11}+d_{13}=L_{13}$，给 v_3 标号 $v_3(v_1, 8)$，令 $v\cup\{v_3\}\Rightarrow v$

（3）按照以上规则，依次标号，直至所有的点均标号为止，v_1 到某点的最短距离为沿该点标号逆向追溯。

标号顺序为：$v_3(v_1, 8)$，$v_2(v_1, 9)$，$v_4(v_2, 10)$，$v_1(v_7, 13)$，$v_5(v_2, 11)$，$v_6(v_5, 14)$。

v_1 到各点的最短路见图中粗线。

11. 解：

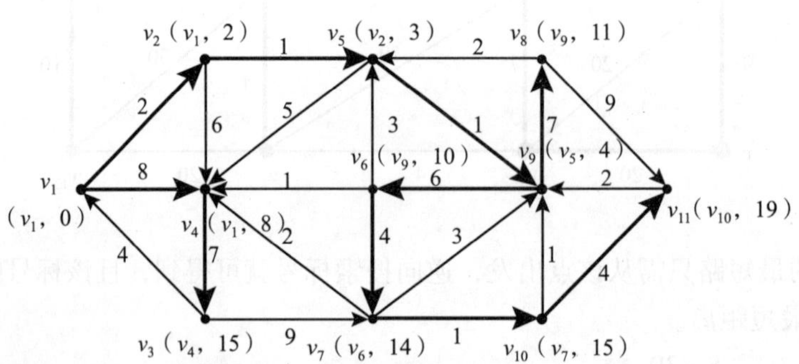

（1）从 v_1 出发，令 $v=\{v_1\}$，其余各点集合为 $\overline{v}$。给 v_1 标号为（v_1，0），$v\to\overline{v}$ 的所有边为 $\{(v_1, v_2), (v_1, v_4)\}$，累计距离最小为

$L_{1p}=\min\{L_{11}+f_{12}, L_{11}+f_{14}\}=\min\{0+2, 0+8\}=2=L_{11}+f_{12}$，给 v_2 标号为（v_1，2），令 $v\cup\{v_2\}\Rightarrow\overline{v}\overline{v}/\{v_2\}\Rightarrow\overline{v}$

（2）$v\to\overline{v}$ 的所有边为 $\{(v_2, v_5), (v_2, v_4), (v_1, v_4)\}$，累计距离最小为

$L_{1p}=\min\{L_{12}+f_{25}, L_{12}+f_{24}, L_{11}+f_{14}\}=\min\{2+1, 2+6, 0+8\}=3=L_{12}+f_{25}$，令 $v\cup\{v_5\}\Rightarrow v$，$\overline{v}/\{v_5\}\Rightarrow\overline{v}$

（3）按照标号规则，依次给未标号点标号，直到所有点均已标号，或者 $v\to\overline{v}$ 不存在有向边为止。

标号顺序为：$v_5(v_2, 8)$，$v_9(v_5, 9)$，$v_4(v_1, 8)$，$v_4(v_1, 8)$，$v_6(v_9, 10)$，$v_8(v_9, 11)$，$v_7(v_6, 14)$，$v_3(v_4, 15)$，$v_{10}(v_1, 15)$，$v_{11}(v_{10}, 19)$。

则 v_1 到各点的最短路线按照标号进行逆向追索（结果见图中粗线）。

例如，$v_1\to v_{11}$ 最短路为，$v_1\to v_2\to v_5\to v_9\to v_7\to v_{10}\to v_{11}$，权值和为 19。

12. 解:

求解 v_1 到各点的最短路。

(1) 从 v_1 出发, v_1 标号为 $(v_1, 0)$, 令 $v=\{v_1\}$, 其余各点集合为 $\bar{v}$。

(2) $v \to \bar{v}$ 的有向弧有 $\{(v_1, v_2), (v_1, v_4)\}$, 最小累计权值

$L_{1p}=\min\{L_{11}+f_{12}, L_{11}+f_{14}\}=\min\{0+1, 0+2\}=1=L_{11}+f_{12}$, 给 v_2 标号为 $(v_1, 1)$, 令 $v \cup \{v_2\} \Rightarrow v$, 即 $v_1=\{v_1, v_2\}$

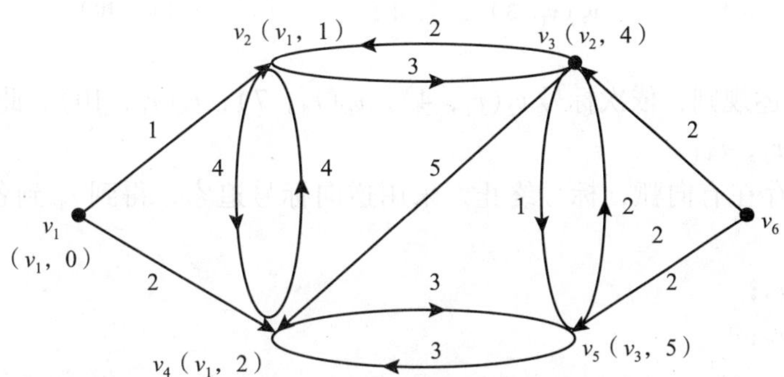

(3) $v \to \bar{v}$ 的有向弧有 $\{(v_2, v_3), (v_2, v_4), (v_1, v_4)\}$

$L_{1p}=\min\{L_{12}+f_{23}, L_{12}+f_{24}, L_{11}+f_{14}\}=\min\{1+3, 1+4, 0+2\}=2=L_{12}+f_{14}$, 给 v_4 标号v_4 $(v_1, 2)$, $v \cup \{v_4\} \Rightarrow v$。

(4) $v \to \bar{v}$ 的有向弧有 $\{(v_2, v_3), (v_4, v_5)\}$,

$L_{1p}=\min\{L_{12}+f_{23}, L_{14}+f_{45}\}=\min\{1+3, 2+3\}=4=L_{12}+f_{23}=L_{13}$, 给 v_3 标号 v_3 $(v_2, 4)$, $v \cup \{v_3\} \Rightarrow v$。

(5) $v \to \bar{v}$ 的有向弧有 $\{(v_3, v_5), (v_4, v_5)\}$,

$L_{1p}=\min\{L_{13}+f_{35}, L_{14}+f_{45}\}=\min\{4+1, 2+3\}=5$, 给 v_5 标号 $v_5(v_3, 4)$, $v \cup \{v_5\} \Rightarrow v$。

(6) $v \to \bar{v}$ 不存在有向弧, 而 v_6 还未标号, 表明 v_1 不能到达 v_6, v_1 到 v_2, v_3, v_4, v_5 的最短路按标号逆向追索可得。

13. 解:

(1) (i) 从 v_1 出发, v_1 标号为 $(v_1, 0)$, 令 $v=\{v_1\}$, 其余各点集合为 $\bar{v}$。

(ii) $v \to \bar{v}$ 的有向弧有 $\{(v_1, v_2), (v_1, v_5), (v_1, v_7)\}$

$L_{1p}=\min\{L_{11}+f_{12}, L_{11}+f_{15}, L_{11}+f_{17}\}=\min\{0+4, 0+1, 0+3\}=1=L_{11}+f_{15}=L_{15}$, 给 v_5 标号 $v_5(v_1, 1)$, 令 $v \cup \{v_5\} \Rightarrow v$。

(iii) $v \to \bar{v}$ 的有向弧有 $\{(v_1, v_2), (v_1, v_7), (v_5, v_6)\}$

$L_{1p}=\min\{L_{11}+f_{12}, L_{11}+f_{17}, L_{15}+f_{56}\}=\min\{0+4, 0+3, 1+6\}=3=L_{11}+f_{17}=L_{17}$, 给 v_7 标号 v_7 $(v_1, 3)$, 令 $v \cup \{v_7\} \Rightarrow v$。

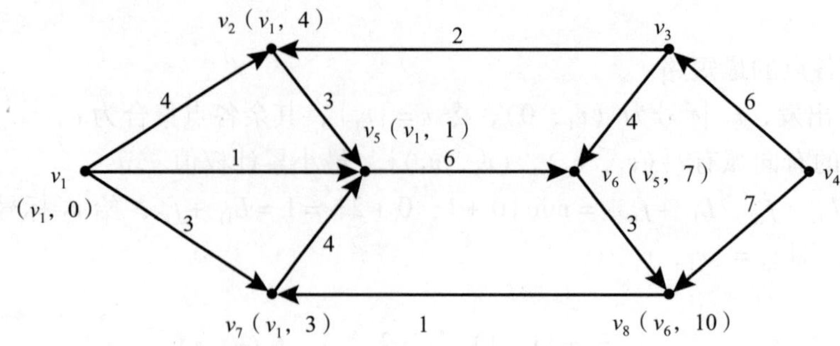

（iv）依据上述规则，依次标号 $v_2(v_1, 4)$，$v_6(v_5, 7)$，$v_8(v_6, 10)$。此时，$v=\{v_1, v_2, v_7, v_5, v_8\}$ $\bar{v}=\{v_3, v_4\}$。

（v）$v \to \bar{v}$ 不存在有向弧，标号终止，采用逆向标号追索，得到 v_1 到各点的最短路为：

$v_1 \to v_2$：$v_1 \to v_2$；

$v_1 \to v_5$：$v_1 \to v_5$；

$v_1 \to v_7$：$v_1 \to v_7$；

$v_1 \to v_6$：$v_1 \to v_5 \to v_6$；

$v_1 \to v_8$：$v_1 \to v_5 \to v_6 \to v_8$。

（2）依据（1）中的标号结果，标号终止时，v_3，v_4 依然没有标号，表明 v_1 出发，不能到达 v_3，v_4。

14. 解：

寻求铺油管线最短问题，可转化为含有 8 个点的赋权完全图的最小树求解问题。可采用破圈法和避圈法求解。以下采用避圈法求解。

（1）从 v_1 出发，令 $v=\{v_1\}$，其余各点集合为 $\bar{v}$，从表中划去第一列。

（2）寻求 $v \to \bar{v}$ 的最短边，从表中第一行寻找最小值，$d_{15}=0.7$ 最小，令 $v \cup \{v_5\} \Rightarrow v$，从表中划去第 5 列。

（3）寻找 $v \to \bar{v}$ 的最短边，从表中第一行，第五行寻找最小值，最小值为 $d_{54}=0.7$，令 $v \cup \{v_4\} \Rightarrow v$，划去表中第 4 列，$v=\{v_1, v_5, v_4\}$。

d_{ij}	v_1	v_2	v_3	v_4	v_5	v_6	v_7	v_8
v_1	X	1.3	2.1	0.9	0.7	1.8	2.0	1.5
v_2	1.3	X	0.9	1.8	1.2	2.6	2.3	1.1
v_3	2.1	0.9	X	2.6	1.7	2.5	1.9	1.0
v_4	0.9	1.8	2.6	X	0.7	1.6	1.5	0.9
v_5	0.7	1.2	1.7	0.7	X	0.9	1.1	0.8
v_6	1.8	2.6	2.5	1.6	0.9	X	0.6	1.0
v_7	2.0	2.3	1.9	1.5	1.1	0.6	X	0.5
v_8	1.5	1.1	1.0	0.9	0.8	1.0	0.5	X

（4）寻找 $v \to \bar{v}$ 的最短边，在表中 v 中元素各行中寻找最小值得到（即从第 1，4，5 行寻找），$d_{58}=0.8$，令 $v \cup \{v_8\} \Rightarrow v$，划去表中第 8 行。

（5）按照（4）依次进行操作，直到 $\bar{v}=\phi$ 为止，得到结果如下图：

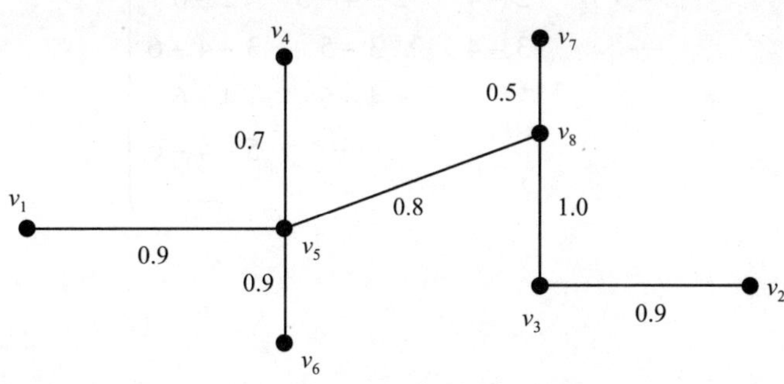

铺设输油管线全线长为：

$$S=d_{01}+d_{15}+d_{54}+d_{56}+d_{58}+d_{87}+d_{83}+d_{32}=5+0.9+0.7+0.9+0.8+0.5+1.0+0.9$$
$$=10.7(\mathrm{km})$$

15. 解：

$$D^{(0)}=\begin{pmatrix} 0 & 50 & \infty & 40 & 25 & 10 \\ 50 & 0 & 15 & 20 & \infty & 25 \\ \infty & 15 & 0 & 10 & 20 & \infty \\ 40 & 20 & 10 & 0 & 10 & 25 \\ 25 & \infty & 20 & 10 & 0 & 55 \\ 10 & 25 & \infty & 25 & 55 & 0 \end{pmatrix}=(d_{ij}^{(0)})$$

构造 $D^{(1)}=(d_{ij}^{(1)})$，其中 $d_{ij}^{(1)}=\min\limits_{r=1,,,6}\{d_{ir}^{(0)}+d_{rj}^{(0)}\}$

$$D^{(1)}=\begin{pmatrix} 0 & 35 & 45 & 35 & 25 & 10 \\ 35 & 0 & 15 & 20 & 30 & 25 \\ 45 & 15 & 0 & 10 & 20 & 35 \\ 35 & 20 & 10 & 0 & 10 & 25 \\ 25 & 30 & 20 & 10 & 0 & 35 \\ 10 & 25 & 35 & 25 & 35 & 0 \end{pmatrix}$$

$$=\begin{pmatrix} 0 & d_{16}^{(0)}+d_{62}^{(0)} & d_{15}^{(0)}+d_{53}^{(0)} & d_{15}^{(0)}+d_{54}^{(0)} & d_{15}^{(0)} & d_{16}^{(0)} \\ & 0 & d_{23}^{(0)} & d_{24}^{(0)} & d_{24}^{(0)}+d_{45}^{(0)} & d_{26}^{(0)} \\ & & 0 & d_{34}^{(0)} & d_{35}^{(0)} & d_{24}^{(0)}+d_{46}^{(0)} \\ & & & 0 & d_{45}^{(0)} & d_{46}^{(0)} \\ & & & & 0 & d_{54}^{(0)}+d_{46}^{(0)} \\ & & & & & 0 \end{pmatrix}$$

同理构造 $D^{(2)}=(d_{ij}^{(2)})$，$d_{ij}^{(2)}=\min\limits_{r=1,,,6}\{d_{ir}^{(1)}+d_{rj}^{(1)}\}$

得到 $D^{(2)}=D^{(1)}$，则 $D^{(1)}$ 矩阵为从 c_i 到 c_j 城市的最便宜原价为 $d_{ij}^{(1)}$，其路线为：

$$\begin{array}{c} c_1 \\ c_2 \\ c_3 \\ c_4 \\ c_5 \\ c_6 \end{array}\begin{pmatrix} & c_1 & c_2 & c_3 & c_4 & c_5 & c_6 \\ & — & 1-6-2 & 1-5-3 & 1-5-4 & 1-5 & 1-6 \\ & & — & 2-3 & 2-4 & 2-4-5 & 2-6 \\ & & & — & 3-4 & 3-5 & 3-4-6 \\ & & & & — & 4-5 & 4-6 \\ & & & & & — & 5-4-6 \\ & & & & & & — \end{pmatrix}$$

16. 解：

（1）所有的截集（割集）

$\{(v_s, v_1), (v_s, v_2)\}$；　$\{(v_s, v_2), (v_1, v_t)\}$；　$\{(v_s, v_1), (v_2, v_1), (v_2, v_3)\}$；$\{(v_1, v_t), (v_2, v_3)\}$；　$\{(v_1, v_t), (v_3, v_t)\}$

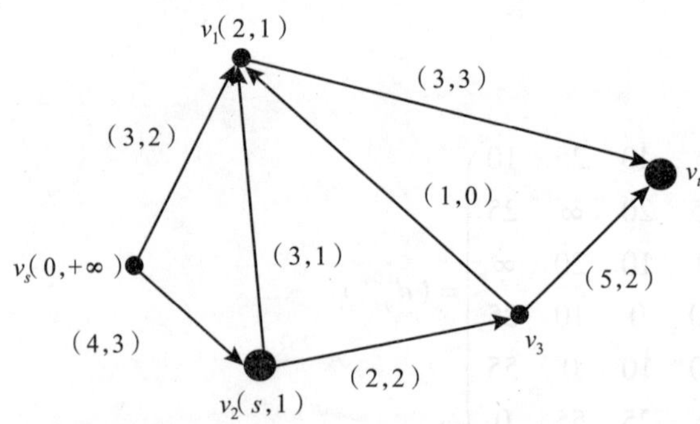

（2）对应（1）中所有截集的容量为：6，7，7，5，8，所以最小截集为 $\{(v_1, v_t), (v_2, v_3)\}$，$(v=\{v_s, v_1, v_2\}, \bar{v}=\{v_3, v_t\})$ 其容量为5。

（3）由定理最大流等于最小割容量可知当前流是最大流。

也可用标号法证明不存在增广链，而说明当前流是最大流。

（i）给 v_s 标号 $v_s(0, +\infty)$

（ii）检查 v_s 相邻的弧，弧 (v_s, v_1) 已达容量，$f_{s1}=c_{s1}=2$，不满足标号条件，弧 (v_s, v_2)，$f_{s2}=3<4=c_{s2}$，给 v_2 标号，$v_2(s, l(v_2))$，$l(v_2)=\min\{l(v_s), (c_{s2}-f_{s2})\}$，$=\min\{+\infty, 4-3\}=1$ 即 v_2 标号 $v_2(s, 1)$

（iii）检查 v_2，弧 (v_2, v_3) 不满足标号条件，弧 (v_2, v_1)，$f_{21}<c_{21}$，给 v_1 标号 $v_1(2, l(v_1))$，$l(v_1)=\min\{l(v_2), (c_{21}-f_{21})\}=\min\{1, 3-1\}=1$ 即 v_1 标号 $v_1(2, 1)$。

（iv）检查 v_1，弧 (v_1, v_t)，(v_3, v_1) 均不满足标号条件中，标号终止，因为 $v=\{v_3, v_1, v_2\}$，$\bar{v}=\{v_3, v_t\}$，$v_t\in\bar{v}$，所以不存在 $v_s\to v_t$ 的增广链，当前流为最大流。

17. 解:

(1) 给 v_s 标号 $v_s(s,\ +\infty)$。

(2) 检查 v_s，在弧 $(v_s,\ v_1)$ 上，$f_{s1}<c_{s1}$，给 v_1 标号 $(s,\ l(v_1))$，$l(v_1)=\min\{l(v_s),\ c_{s1}-f_{s1}\}=\min\{+\infty,\ 4-3\}=1$，即 v_1 标号 $(s,\ 1)$，弧 $(v_s,\ v_3)$，$f_{s3}<c_{s3}$，$l_1(v_3)=\min\{l(v_s),\ c_{s3}-f_{s3}\}=\min\{+\infty,\ 3-2\}=1$，给 v_3 标号 $v_3(s,\ 1)$。

弧 $(v_s,\ v_2)$，$f_{s2}<c_{s2}$，$l_1(v_2)=\min\{l(v_s),\ c_{s2}-f_{s2}\}=1$，给 v_2 标号 $v_2(s,\ 1)$

$\{f_{ij}^{(0)}\}$

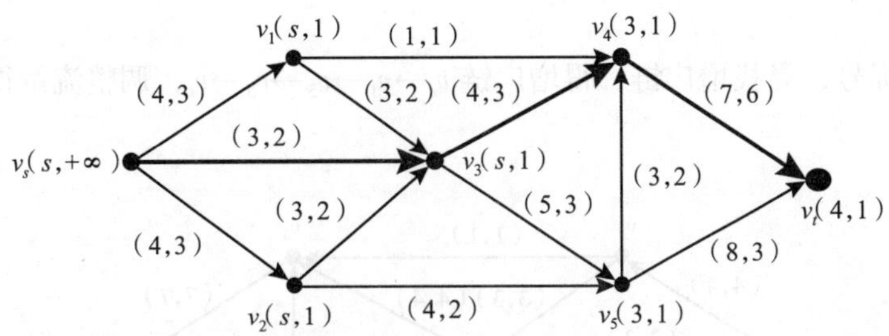

(3) 检查 v_1，弧 $(v_1,\ v_4)$，$f_{14}=c_{14}$；不符合标号条件。

检查 v_3，弧 $(v_3,\ v_4)$，$f_{34}<c_{34}$，$l(v_4)=\min\{1,\ 4-3\}=1$，给 v_4 标号 $v_4(3,\ 1)$；弧 $(v_3,\ v_4)$，$f_{35}<c_{35}$，$l(v_5)=\min\{1,\ 5-3\}=1$，给 v_5 标号 $v_5(3,\ 1)$。

检查 v_4，弧 $(v_4,\ v_t)$，$f_{4t}<c_{4t}$，$l(v_t)=\min\{1,\ 7-6\}=1$，给 v_t 标号 $v_t\ (4,\ 1)$。得到增广链 $v_s\to v_3\to v_4\to v_t$，修改调整原流量 $f_{ij}^{(0)}$，正向弧流量增加 1，反向弧减少 1，得到 $f_{ij}^{(1)}$

$\{f_{ij}^{(1)}\}$

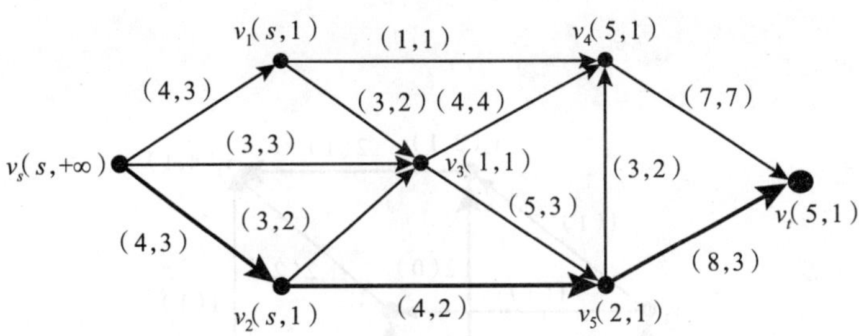

对流 $f_{ij}^{(1)}$ 进行标号检查，寻找增广链。

给 v_s 标号 $v_s(s,\ +\infty)$；检查 v_s，标记 $v_1(s,\ 1)$，标记 $v_2(s,\ 1)$；

检查 v_1，标记 $v_3(1,\ 1)$；检查 v_2，标记 $v_5(2,\ 1)$；检查 v_3，无满足条件弧。

检查 v_5，标记 $v_4(5,\ 1)$，$v_t(5,\ 1)$；得到增广链，$v_3\to v_2\to v_5\to v_t$，调整流量 $\theta=1$ 得到流量 $f_{ij}^{(2)}$。

$\{f_{ij}^{(2)}\}$

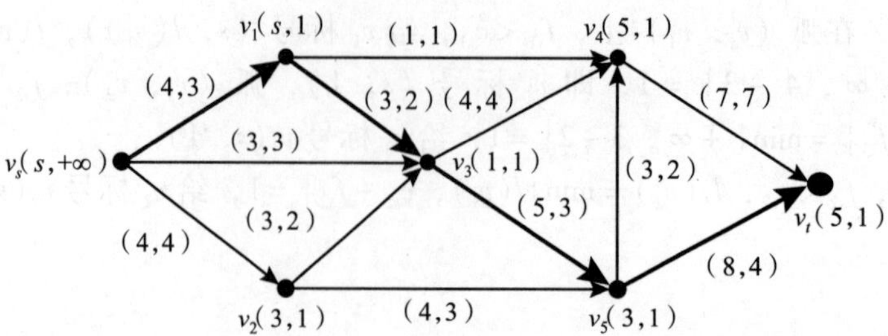

对$f_{ij}^{(2)}$进行标号，寻找增广链，得增广链$v_s \to v_1 \to v_3 \to v_5 \to v_t$，调整流量得$f_{ij}^{(3)}$。

$\{f_{ij}^{(3)}\}$

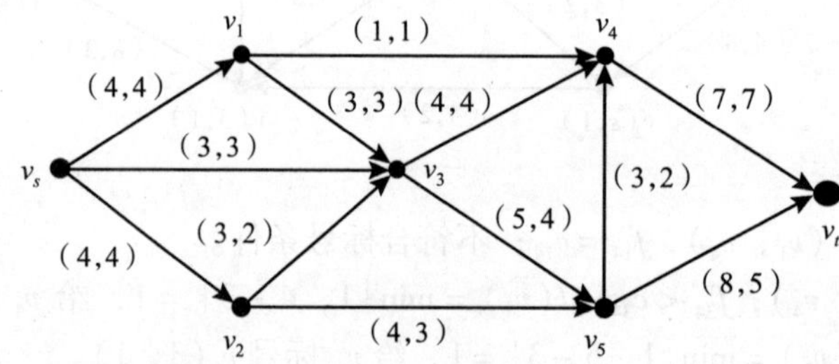

对$f_{ij}^{(3)}$检查，已不存在增广链，该网络的最大流$f=15$。

18. 解：

(a)

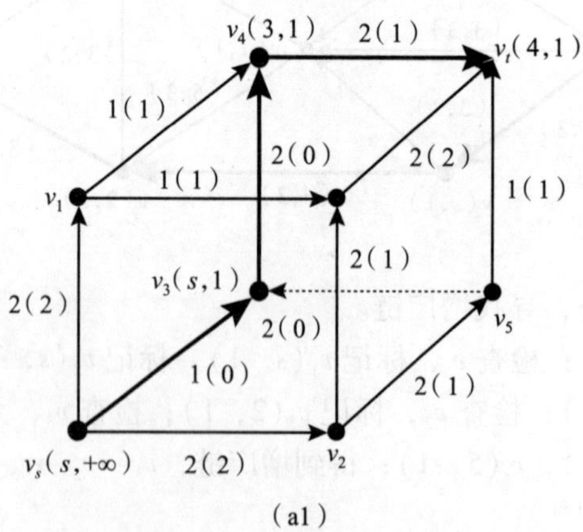

(a1)

(1) 给v_s标号$v_s(s, \infty)$。

(2) 检查v_s，弧(v_s, v_1)，(v_s, v_2)均已满容量，不符合标记条件，弧(v_s, v_3)，$f_{s3} = 0 < 1 = c_{s3}$，$l(v_3) = \min\{l(v_s), c_{s3} - f_{s3}\} = \min\{+\infty, 1-0\} = 1$，$v_3$标记$v_3(s, 1)$。

(3) 检查 v_3，弧 (v_3, v_4)，$f_{34} < c_{34}$，v_4 标记 $v_4(3, 1)$，弧 (v_5, v_3) 为逆向弧，$f_{53} = 0$ 不符合标记条件。

(4) 检查 v_4，弧 (v_4, v_t)，$f_{4t} < c_{4t}$，给 v_t 标号 $v_t(3, 1)$。

(5) v_t 已得到标号，反向追索得增广链，$v_s \to v_3 \to v_4 \to v_t$，修正调整流量，正向弧流量增加1，反向弧减少1。得新流 $f_{ij}^{(1)}$

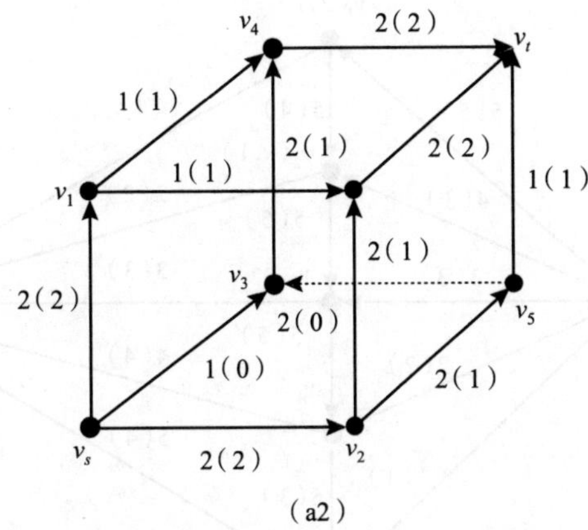

(a2)

对 v_s 标记 $v_s(s, +\infty)$，检查 v_s 点，已无符合标记条件的弧，表明不存在增广链，当前流为最大流，$v_s \to v_t$ 的最大流为5，最小割为 $(v, \bar{v}) = \{(v_s, v_1), (v_s, v_3, (v_s, v_2)\}$

(b)

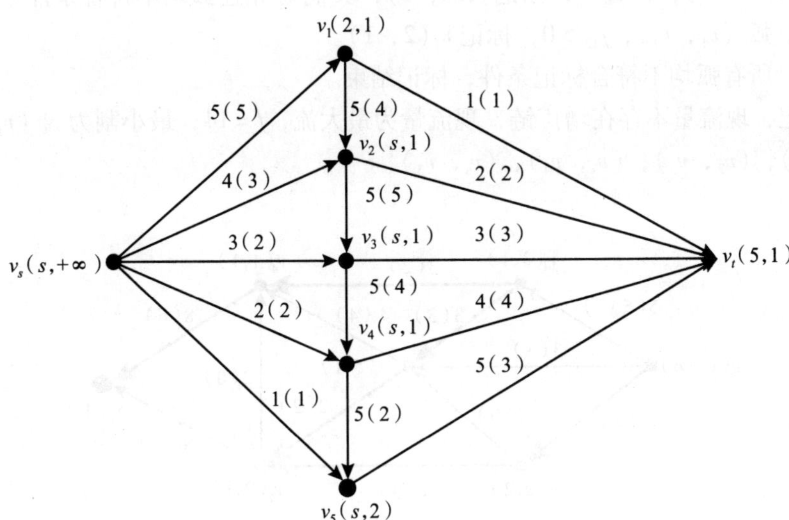

(1) 给 v_s 标号 $v_s(s, \infty)$。

(2) 检查 v_s，弧 (v_s, v_1)，(v_s, v_4)，(v_s, v_5) 均已满容量，不符合标记条件，弧 (v_s, v_2)，$f_{s2} < c_{s2}$，标记 $v_2(s, 1)$。

(3) 检查 v_2，弧 (v_1, v_2)，$f_{12} > 0$，标记 v_1 (2, 1)；弧 (v_2, v_t)，(v_2, v_3) 已达容量，不标记。

检查 v_3，弧 (v_3, v_t)，不标记，已达容量；弧 (v_3, v_4)，$f_{34}<c_{34}$，给 v_4 标号 $v_4(3, 1)$。

检查 v_4，弧 (v_4, v_t)，不满足标记条件；弧 (v_4, v_5)，$f_{45}<c_{45}$，给 v_5 标号 $v_5(4, 1)$。

检查 v_5，弧 (v_5, v_t)，$f_{5t}<c_{5t}$，给 v_t 标号 $v_t(5, 1)$。

(4) v_t 已得到标号，反向追索得增广链，$v_s \to v_3 \to v_4 \to v_5 \to v_t$，增广链正向弧流量 +1，反向弧 -1，调整得到新流 $f_{ij}^{(1)}$。

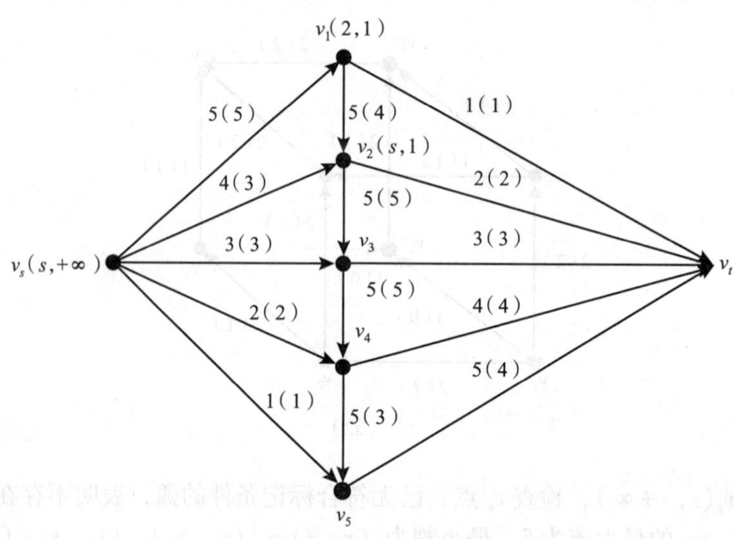

重新开始标号。

标记 $v_s(s, +\infty)$，检查 v_s，标记 $v_2(s, 1)$，其他 v_s 相连弧均不符合条件。

检查 v_2，弧 (v_1, v_2)，$f_{12}>0$，标记 $v_1(2, 1)$。

检查 v_1，所有弧均不符合标记条件，标记结束。

v_t 未标记，现流量不存在增广链，现流量为最大流，$f=14$，最小割为 $\{(v_1, v_t), (v_2, v_t), (v_s, v_3), (v_2, v_3), (v_s, v_4), (v_s, v_5)\}$。

(c)

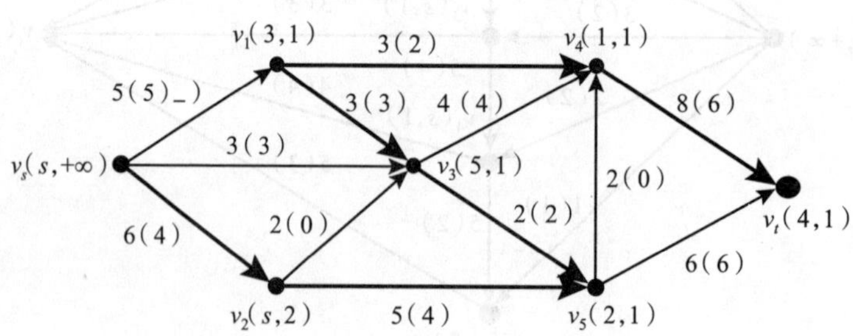

首先标记 $v_s(s, \infty)$。

检查 v_s，弧 (v_s, v_1)，(v_s, v_3) 均已满容量，不符合标记条件，弧 (v_s, v_2)，$f_{s2}<c_{s2}$，v_2 标记 $v_2(s, 2)$。

检查 v_2，弧 (v_2, v_5)，$f_{25}<c_{25}$，标记 $v_5(2, 1)$。

检查 v_5，反向弧 (v_3, v_5)，$f_{35}>0$，标号 $v_3(5, 1)$。

检查 v_3，反向弧 (v_1, v_3)，$f_{13}>0$，标号 $v_1(3, 1)$。

检查 v_1，弧 (v_1, v_4)，$f_{14} < c_{14}$，标记 $v_4(1, 1)$。

检查 v_4，弧 (v_4, v_t)，$f_{4t} < c_{4t}$，标记 $v_t(4, 1)$。

v_t 已得到标号，反向追索得增广链，$v_s \to v_2 \to v_5 \to v_3 \to v_1 \to v_4 \to v_t$，流量调整量为 1。得新流 $f_{ij}^{(1)}$。

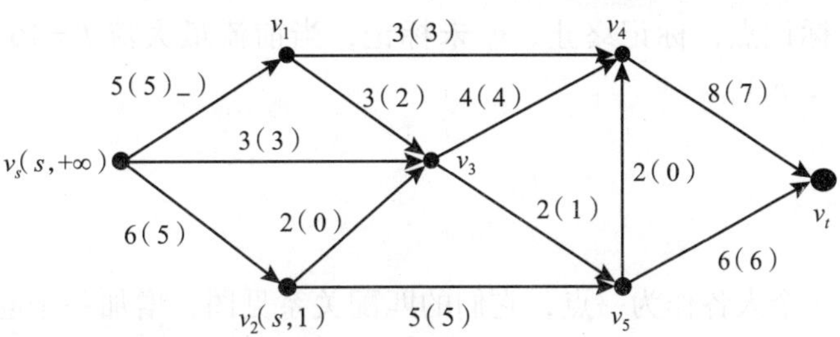

重新开始标号。

标记 $v_s(s, +\infty)$，检查 v_2，标记 $v_2(s, 1)$，检查 v_2，没有满足标记条件的弧，标记结束。

v_t 未标记，现流量不存在增广链，现流量为最大流，$f = 13$，最小割为 $\{(v_s, v_1), (v_s, v_3), (v_2, v_5)\}$。

(d)

首先标记 $v_s(s, \infty)$。

检查 v_s，弧 (v_s, v_1)，$f_{s1} < c_{s1}$，标记 $v_1(s, 2)$。弧 (v_s, v_2)，$f_{s2} < c_{s2}$，v_2 标记 $v_2(s, 1)$。

检查 v_1，弧 (v_1, v_4)，$f_{14} < c_{14}$，标记 $v_4(1, 1)$。弧 (v_1, v_3)，$f_{13} < c_{13}$，标记 $v_3(1, 1)$。

检查 v_2，弧 (v_2, v_6)，$f_{26} < c_{26}$，标记 $v_6(2, 1)$。

检查 v_4，反向弧 (v_5, v_4)，$f_{54} > 0$，标记 $v_5(4, 1)$。

检查 v_6，弧 (v_6, v_t)，$f_{6t} < c_{6t}$，标号 $v_t(6, 1)$。

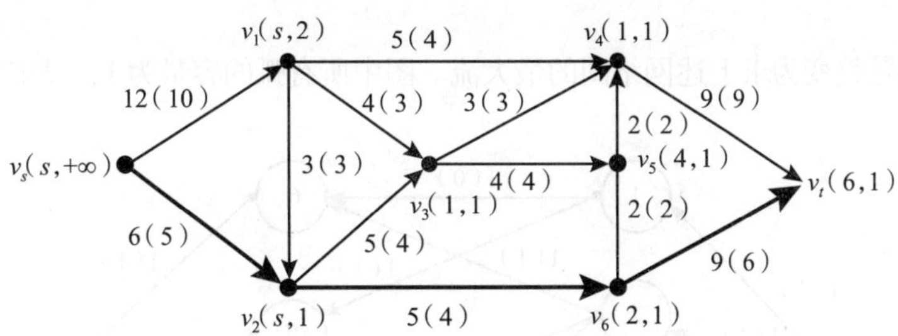

v_t 已得到标号，反向追索得增广链，$v_s \to v_2 \to v_6 \to v_t$，流量调整量为 1。得新流 $f_{ij}^{(1)}$。

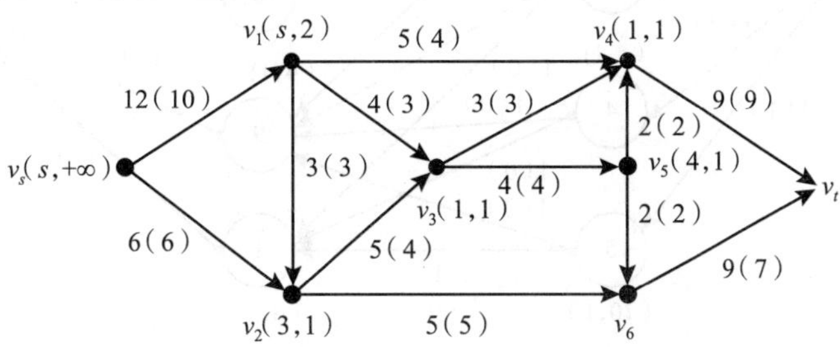

重新开始标号。

标记 $v_s(s,\ +\infty)$，检查 v_s，弧（v_s，v_1），$f_{s1}<c_{s1}$，标记 $v_1(s,\ 2)$。

检查 v_1，弧（v_1，v_4），标记 v_4（1，1），弧（v_1，v_3），$f_{13}<c_{13}$，标记 $v_3(1,\ 1)$。

检查 v_4，反向弧（v_5，v_4），$f_{54}>0$，标记 v_5（4，1）

检查 v_3，反向弧（v_2，v_3），标记 v_2（3，1）

检查 v_5，无可标记点，标记终止，v_t 未标记，当前流最大流 $f=16$，最小割为 $\{(v_4,\ v_t),\ (v_5,\ v_6),\ (v_2,\ v_6)\}$

19. 解：

将 5 种语言和 5 个人各作为一点，它们的匹配关系见图，增加一个起点 s，和一个终点 t，就构成一个网络图。

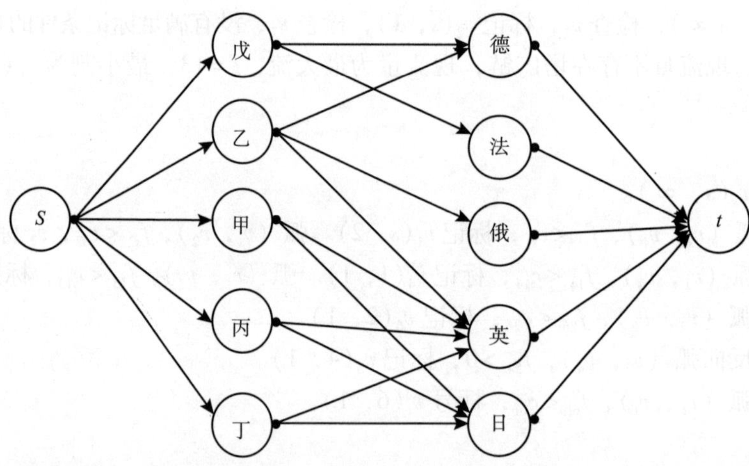

招聘人员问题就变为求上述网络图的最大流。图中所有弧的容量为 1，设定的初始流量 $\{f_{ij}^0\}$

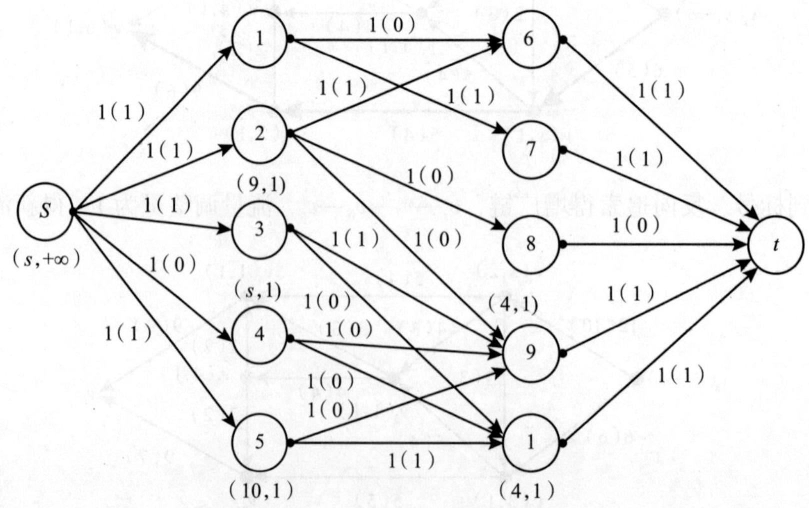

标记 $s(0, +\infty)$。

检查 s 点，弧 $(s, 4)$，$f_{s4} < c_{s4}$，标记 $4(0, 1)$。

检查 4 点，标记 $9(4, 1)$。标记 $10(4, 1)$。

检查 9 点，标记 $3(9, 1)$。

检查 10 点，标记 $5(10, 1)$，检查 3 点，5 点，无满足标记条件中的弧，标记终止，当前流为最大流，只招聘 4 人，戊→法语，乙→德语，甲→英语，丁→日语

20. 解：

(a)

(1) 从流量 $f_0 = 0$ 开始（图 a1），构造费用加权网络图 $w(f_0)$。按照标号法求解 s－t 的最短路为，$s \to v_2 \to v_1 \to v_3 \to t$，根据各弧容量调整到 $f_1 = 3$，见图 a2。

(2) 构造费用加权网络 $w(f_1)$，（见图 a4），求解其最短路线为：$s \to v_2 \to v_3 \to t$，调整增广链上流量。得到流量 $f_2 = 4$，（见图 a5）

(3) 重复上述过程，$w(f_2)$ 最短路线 $s \to v_2 \to v_1 \to v_3 \to t$，得流量 $f_3 = 5$，$f_4 = 8$，$f_5 = 9$

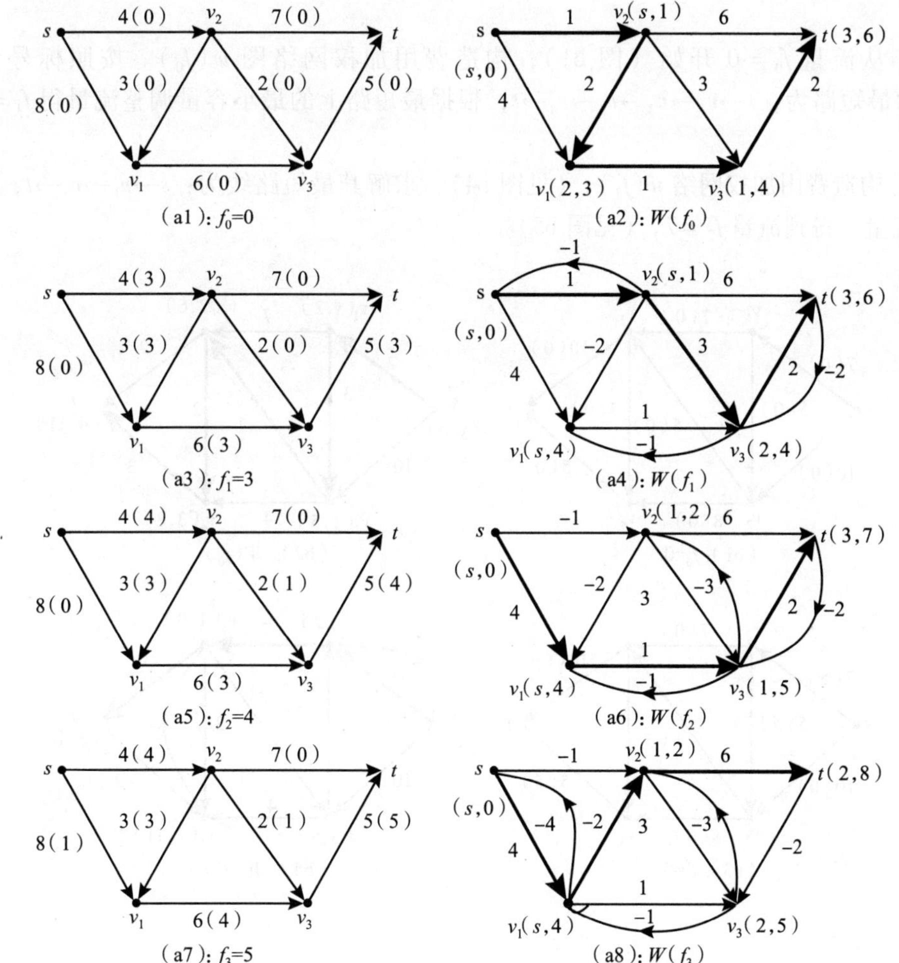

(a1): $f_0=0$　(a2): $W(f_0)$

(a3): $f_1=3$　(a4): $W(f_1)$

(a5): $f_2=4$　(a6): $W(f_2)$

(a7): $f_3=5$　(a8): $W(f_3)$

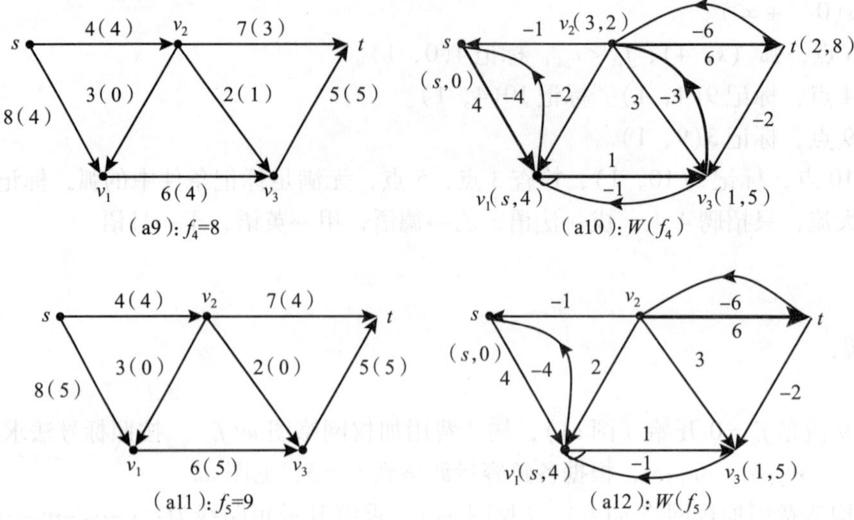

(a9): f_4=8 (a10): $W(f_4)$

(a11): f_5=9 (a12): $W(f_5)$

构造$f_5=9$的费用加权图$w(f_5)$，无法找到$s\to t$的最短路，即$s\to t$不存在增广链，所以流$f_5=9$是网络最小费用最大流。

(b)

(1) 从流量$f_0=0$开始（图b1），构造费用加权网络图$w(f_0)$。按照标号法求解$w(f_0)$的最短路为，$s\to v_1\to v_2\to v_3\to v_4\to t$，根据最短路上的最小容量调整流量得$f_1=5$，见图b3。

(2) 构造费用加权网络$w(f_1)$，(见图b4)，求解其最短路线为：$s\to v_1\to v_3\to t$，调整增广链上流量。得到流量$f_2=7$，(见图b5)

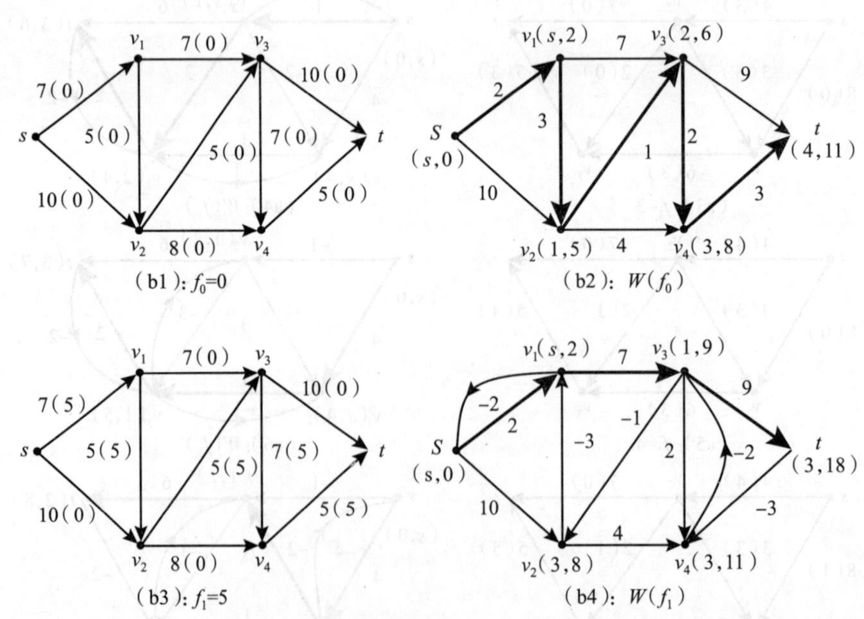

(b1): f_0=0 (b2): $W(f_0)$

(b3): f_1=5 (b4): $W(f_1)$

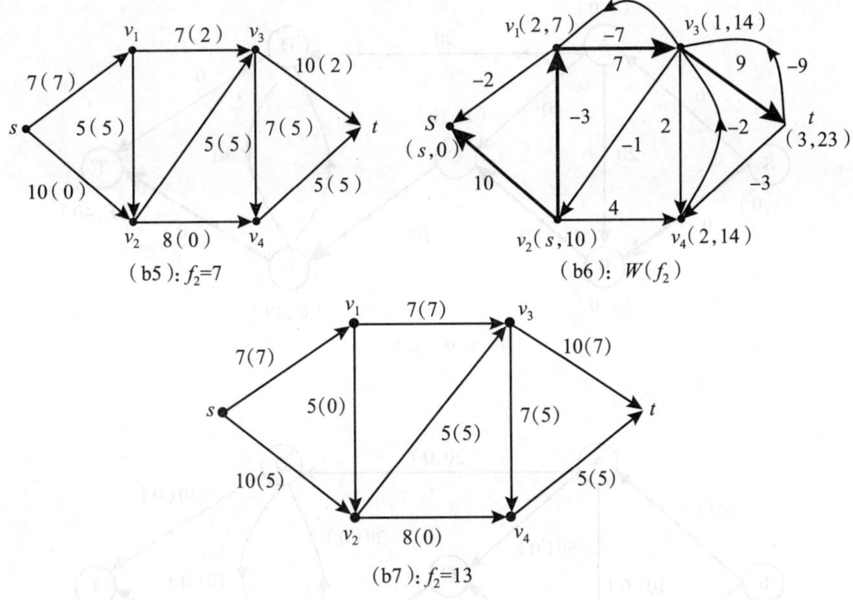

(b5): f_2=7　　(b6): $W(f_2)$

(b7): f_2=13

21. 解:

A、B 为发点，有货物为 50 和 40 单位，D，E 为收点，需要货物 30 和 60 单位，C 为转运点，现假设一个总的发点 S，向 A，B 分别送货 50，40 单位，费用为 0，再假设一个总收点 t，分别收到 C，D 的货为 30，60 单位，运输费用为 0，那么，上述问题就转化为求 $s \to t$ 点网络图的最小费用最大流问题。

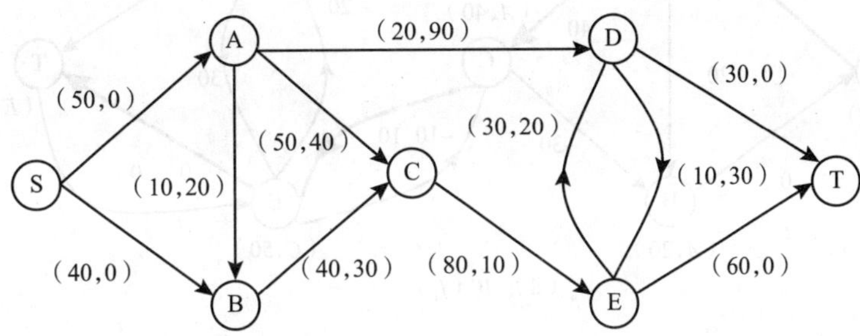

(1) 从流量 $f_0=0$ 开始，构造费用网络图 (a) $w(f_0)$，用标号法求得最短路线为 $s \to B \to C \to E \to T$，调整流量得新流量 $f_1=40$。

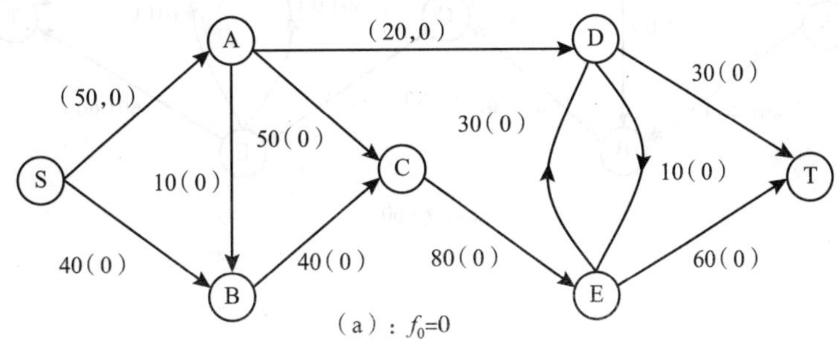

(a): f_0=0

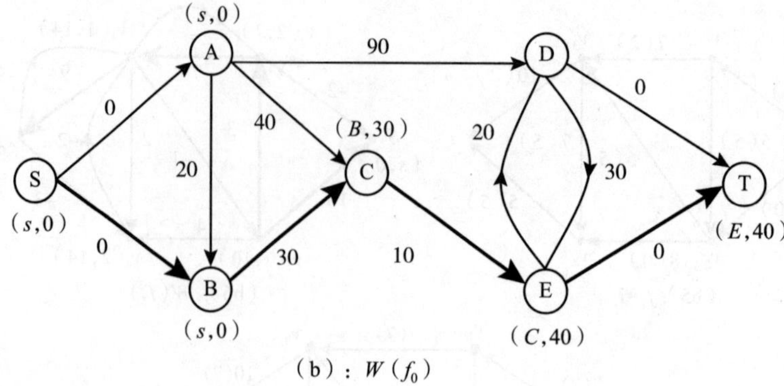

(b): $W(f_0)$

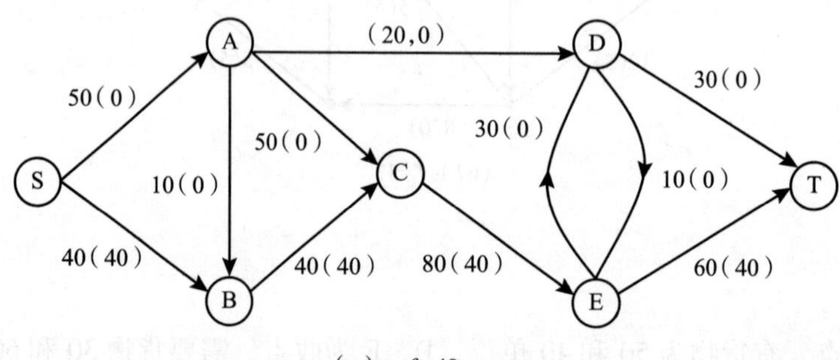

(c): f_1=40

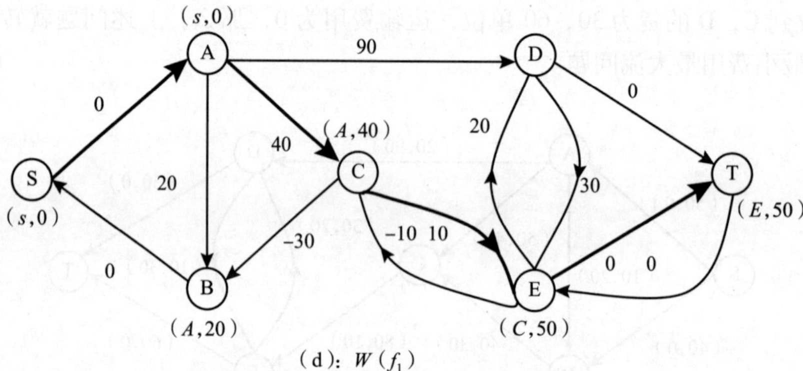

(d): $W(f_1)$

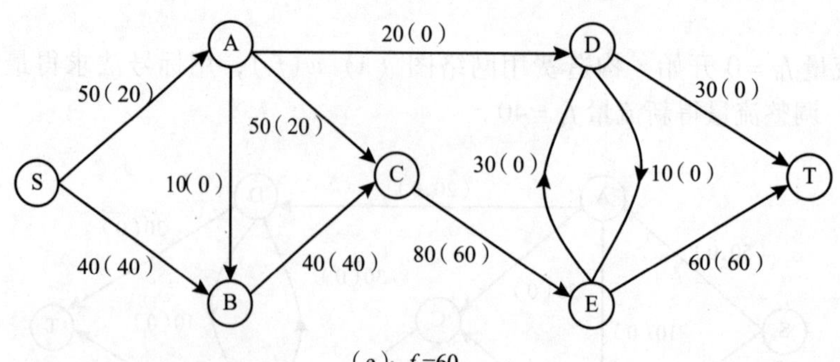

(e): f_2=60

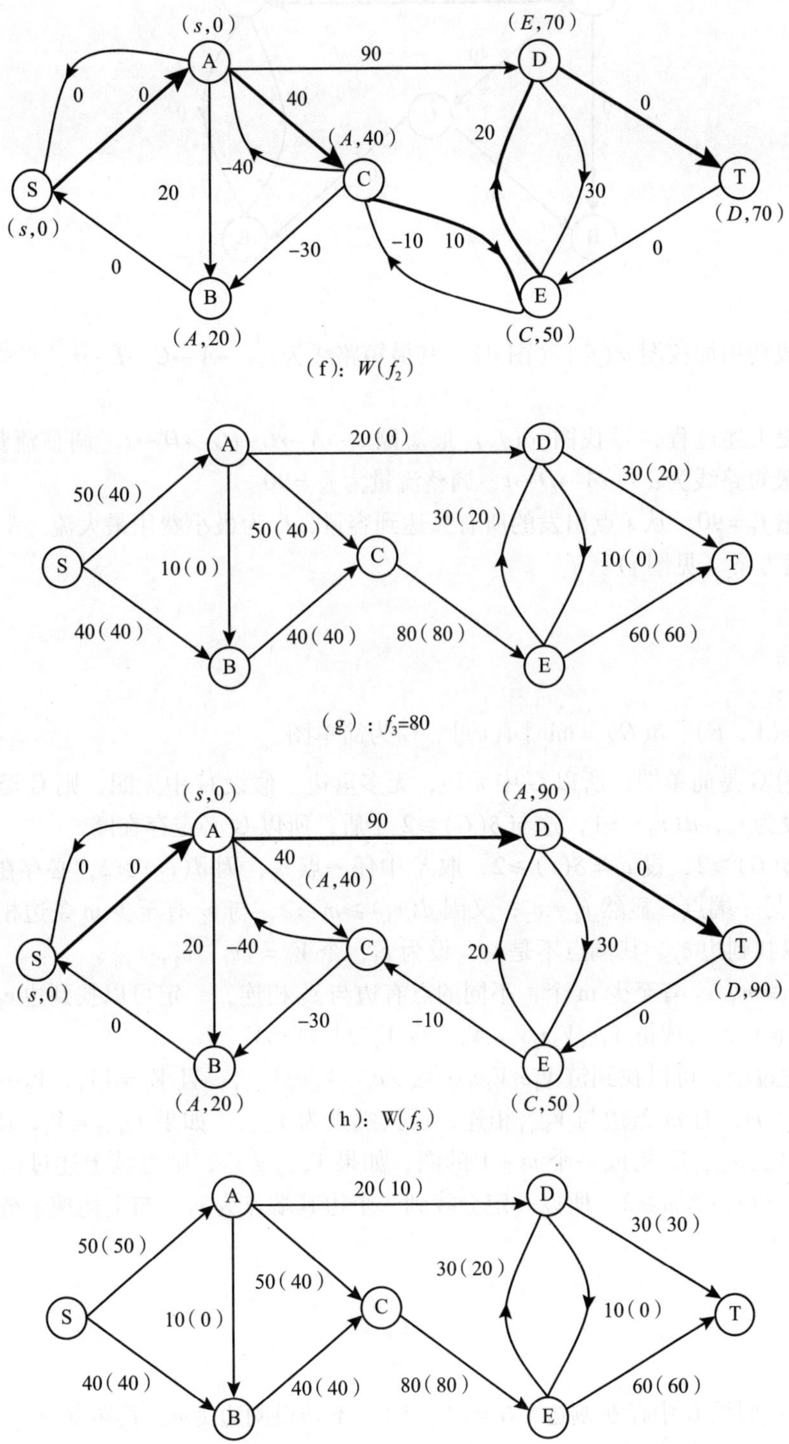

（f）：$W(f_2)$

（g）：f_3=80

（h）：$W(f_3)$

（i）：f_4=90

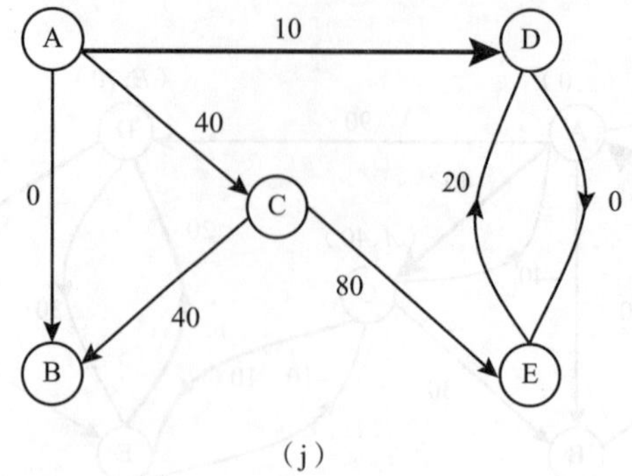

（j）

（2）构成费用加权图 $w(f_1)$（图 d），其最短路线为：$s \to A \to C \to E \to t$，调整流量得到 f_2（见图 e）。

（3）重复上述过程，寻找图 $w(f_2)$ 最短路 $s \to A \to C \to C \to D \to t$。调整流量得 $f_3 = 80$，图 $w(f_3)$ 的最短路线为：$s \to A \to D \to t$，调整流量为 $f_4 = 90$。

（4）流量 $f_4 = 90$，从 s 点出发的所有弧达到容量，f_4 为最小费用最大流。A，B，C，D，E 之间的调运方案（见图 j）。

22. 证明：

已知 $G = (V, E)$，$\delta(G) = \min\limits_{v \in V}\{d(v)\}$，G 为简单图。

（1）因为 G 是简单图，所以 G 中无环，无多重边。假设 G 中无圈，则 G 至少有一个悬挂点，不妨设为 v_0，$d(v_0) = 1$，这与 $\delta(G) \geqslant 2$ 矛盾，所以 G 必定存在圈。

（2）因 $\delta(G) \geqslant 2$，设 $m = \delta(r) \geqslant 2$，取 V 中任一点 v_1，因 $d(v_1) \geqslant 2$，必存在边 $e_1 = (v_1, v_2)$，v_2 为 e_1 另一端点，显然 $v_1 \neq v_2$；又因 $d(v_1) \geqslant m \geqslant 2$，与 v_2 有至少 m 条边相邻。

一定可以找到边 e_2，其端点不是 v_1，设为 v_3，令 $V_1 = \{v_1, v_2, v_3\}$。

因 $d(v_3) \geqslant m$，v_3 有至少 m 个，不同的点有边与 v_3 相连，一定可以找到边 e_3，其端点为 v_3，v_4，且 $v_4 \notin V_1$，形成链 $V_1e_1V_2e_2V_3e_3V_4$，令 $V_1 \cup \{v_4\} \Rightarrow V_1$。

重复上述过程，可以找到链 $V_1e_1V_2e_2 \cdots V_{m-1}e_{m-1}V_me_mV_{m+1}$，且 $V_1 = \{V_1, V_2 \cdots V_{m+1}\}$，因 $d(V_{m+1}) \geqslant m$，有 m 条边与 V_{m+1} 相连，设其端点为 V_{m+2}，如果 $V_{m+2} \in V_1$，则 $V_1e_1V_2e_2 \cdots V_{m-1}e_{m-1}V_me_mV_{m+1}e_{m+1}V_1$ 构成一个 $m+1$ 的圈，如果 $V_{m+2} \notin V_1$，则继续上述过程，因为 V 中有限个点，且 $d(v_1) \geqslant m \geqslant 2$，所以一定会找到一个边其端点为 v_1，与上述搜索链构成图，其边数大于 $m+1$。

23. 证明：

［反证法］假设 G 中存在割边，$G = (V, E)$，不妨设割边为 e。其端点为 v_0，v_1，即$e_0 = (v_0, v_1)$，$v_0 \in V_1$，$v_1 \in \overline{V_1}$。

因为 v_1 为偶点，必可以找边 e_1 与之相连，设其另一端点为 v_2，同理 v_2 边为偶点，必可找到相连边 e_2，其另一端点为 v_3。

以此重复操作，因为$\overline{V_1}$中点和边均有限，且 G 为连通图，一定可以结束搜索，得到链

$V_1e_1V_2e_2\cdots e_nV_{n+1}$，$v_{n+1}=v_i$，则 $d(v_i)$ 为奇数，与 G 中不存在奇点相矛盾。

所以 G 中不含割边。

24. 解：

求解最大支撑树步骤如下：

（1）令 $i=1$，$E_0=\varnothing$（$\varnothing$为空集）

（2）选一条边 $e_i\in E\setminus E_{i-1}$，使 e_i 是使（V，$E_{i-1}\cup\{e\}$）不含圈的所有边 e（$e\in E\setminus E_{i-1}$）中权最大的边。令 $E_i=E_{i-1}\cup\{e\}$，如果不存在这样的边，则 $T=(V,\ E_{i-1})$ 最大支撑树。

（3）把 i 换成 $i+1$，转入（2）。

［另一解法］

（1）从图中任选一点 v_i，令 $V=\{V_i\}$，其余点为$\overline{V}$

（2）从 V 与$\overline{V}$的边线中找出最大边，这条边一定包含在最大支撑树内，不妨设最大边为［v_i，v_j］，将［v_i，v_j］加粗以标记是最大支撑树内的边。

（3）令 $V\cup\{V_j\}\Rightarrow V$，$\overline{V}/\{V_j\}\Rightarrow\overline{V}$；

（4）重复（2）（3），直到 V 包含所有的点，即$\overline{V}=\phi$。

25. 解：

“可行流 f 的流量为 0，即 $V(f)=0$，当且仅当 f 是零流。”这种说法是不正确的，f 是零流仅是 $V(f)=0$ 的充分条件。

第11章 网络计划

1. 解：

(a)

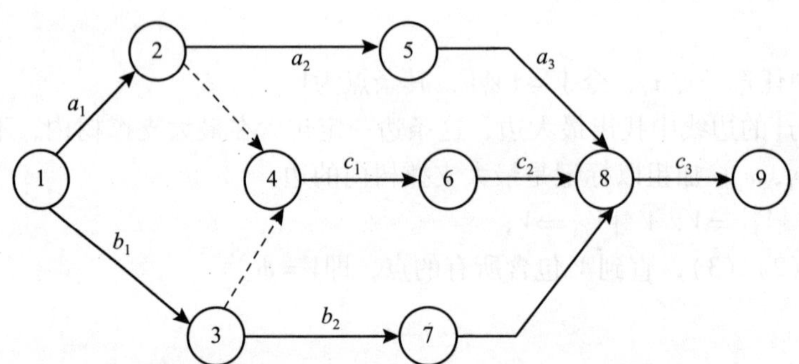

(b)

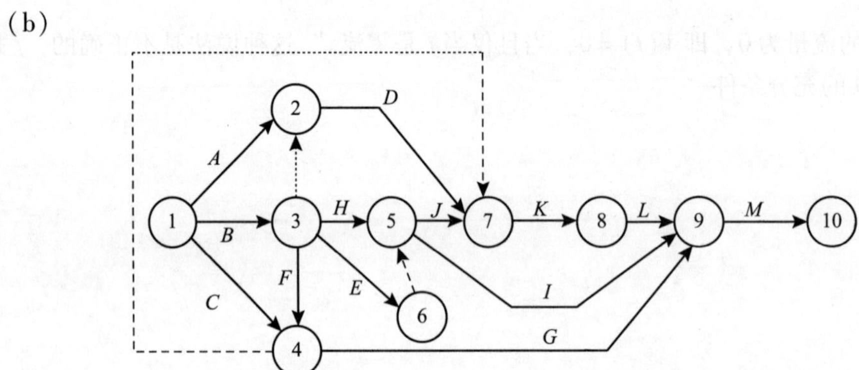

(c)

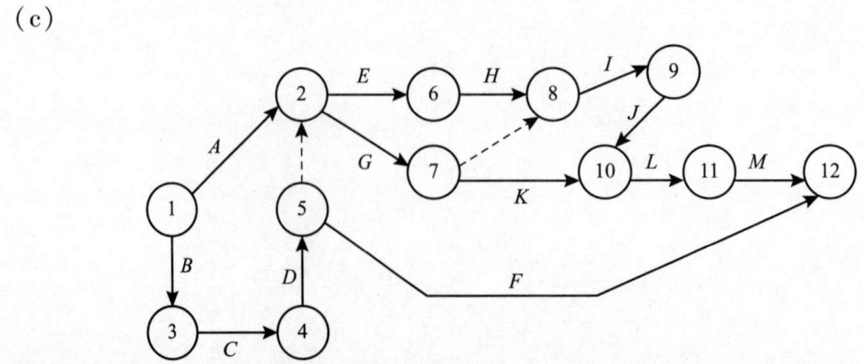

2. 解：

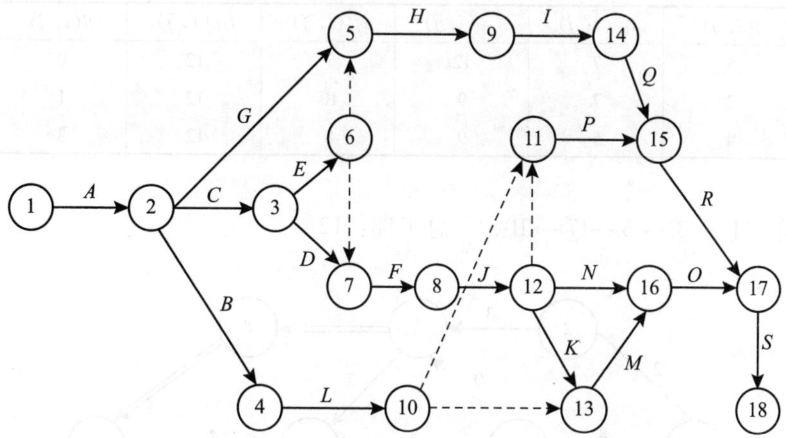

3. 解：

(a)

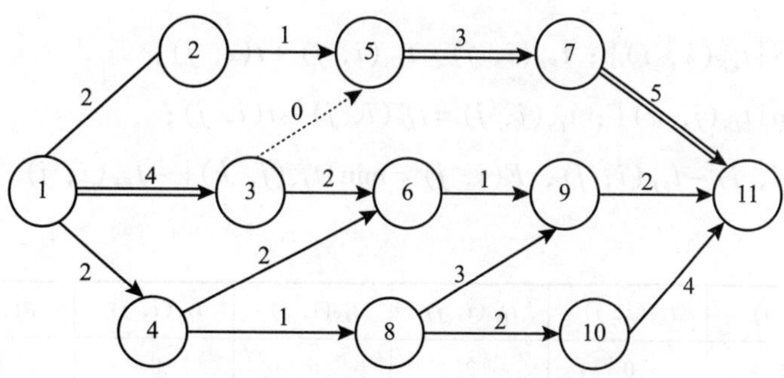

$t_{ES}(i,\ j) = \max\limits_{,k}\{t_{EF}(k,\ i)\}$；$t_{EF}(i,\ j) = t_{ES}(i,\ j) + t(i,\ j)$；

$t_{EF}(i,\ j) = \min\limits_{,k}\{t_{LS}(j,\ k)\}$；$t_{LS}(i,\ j) = t_{LF}(i,\ j) - t(i,\ j)$；

$R(i,\ j) = t_{LF}(i,\ j) - t_{EF}(i,\ j)$，$F(i,\ j) = \min\limits_{k}\{t_{ES}(j,\ k)\} - t_{EF}(i,\ j)$

作业$(i,\ j)$	$t(i,\ j)$	$t_{ES}(i,\ j)$	$t_{EF}(i,\ j)$	$t_{LS}(i,\ j)$	$t_{LF}(i,\ j)$	$R(i,\ j)$	$F(i,\ j)$
(1, 2)	2	0	2	1	3	1	0
(1, 3)	4	0	4	0	4	0	0
(1, 4)	2	0	2	3	5	3	0
(2, 5)	1	2	3	3	4	1	1
(3, 6)	2	4	6	7	9	3	0
(4, 6)	2	2	4	7	9	5	2
(4, 8)	1	2	3	5	6	3	0
(5, 7)	3	4	7	4	7	0	0
(6, 8)	1	6	7	9	10	3	0
(8, 9)	3	3	6	7	10	4	1
(8, 10)	2	3	5	6	8	3	0

续表

作业(i, j)	$t(i, j)$	$t_{ES}(i, j)$	$t_{EF}(i, j)$	$t_{LS}(i, j)$	$t_{LF}(i, j)$	$R(i, j)$	$F(i, j)$
(7, 11)	5	7	12	7	12	0	0
(9, 11)	2	7	9	10	12	1	3
(10, 11)	4	5	9	8	12	3	3

关键路线：①→③→⑤→⑦→⑪，　总工期：12

(b)

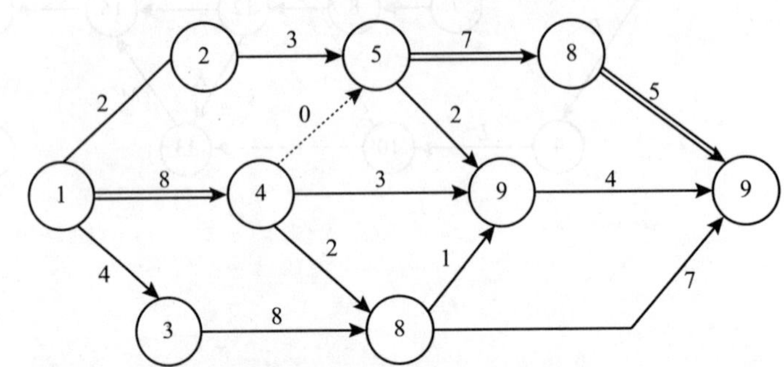

$t_{ES}(i, j) = \max_{,k}\{t_{EF}(k, i)\}$；$t_{EF}(i, j) = t_{ES}(i, j) + t(i, j)$；

$t_{EF}(i, j) = \min_{,k}\{t_{LS}(j, k)\}$；$t_{LS}(i, j) = t_{LF}(i, j) - t(i, j)$；

$R(i, j) = t_{LF}(i, j) - t_{EF}(i, j)$，$F(i, j) = \min_{k}\{t_{ES}(j, k)\} - t_{EF}(i, j)$

(i, j)	$t(i, j)$	$t_{ES}(i, j)$	$t_{EF}(i, j)$	$t_{LS}(i, j)$	$t_{LF}(i, j)$	$R(i, j)$	$F(i, j)$
(1, 2)	2	0	2	6	8	6	0
(1, 4)	5	0	8	0	8	0	0
(1, 3)	4	0	4	1	5	1	0
(2, 5)	3	2	5	5	8	3	3
(4, 7)	3	8	11	13	16	5	2
(4, 6)	2	8	10	11	13	3	2
(3, 6)	8	4	12	5	13	1	0
(5, 8)	7	8	15	8	15	0	0
(5, 7)	2	8	10	14	16	6	3
(6, 7)	1	12	13	15	16	3	0
(6, 9)	7	12	19	13	20	1	1
(7, 9)	4	13	17	16	20	3	3
(8, 9)	5	15	20	15	20	0	0

关键路线：①→④→⑤→⑧→⑨，总工期：20

4. 解：

（1）绘制网络图。

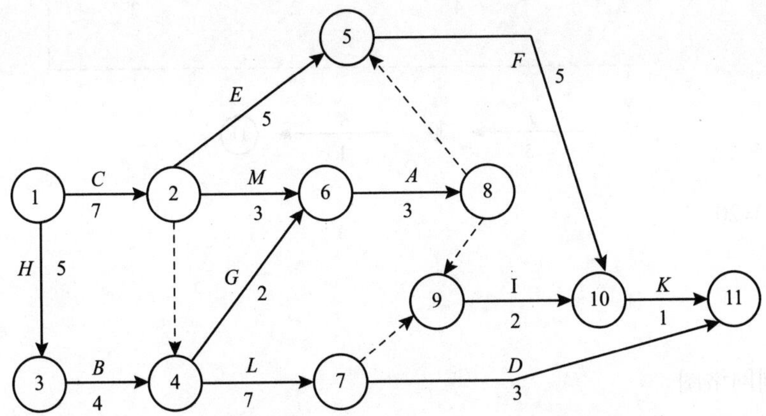

（2）图上法计算时间参数。

标记：

ES	LS	TF
EF	LF	FF

ES：$t_{ES}(i,\ j)=\max\limits_{,k}\{t_{EF}(k,\ i)\}$；

EF：$t_{EF}(i,\ j)=t_{ES}(i,\ j)+t(i,\ j)$；

LF：$t_{EF}(i,\ j)=\min\limits_{,k}\{t_{LS}(j,\ k)\}$；　LS：$t_{LS}(i,\ j)=t_{LF}(i,\ j)-t(i,\ j)$；

TF：$R(i,\ j)=t_{LF}(i,\ j)-t_{EF}(i,\ j)$；　FF：$F(i,\ j)=\min\limits_{k}\{t_{ES}(j,\ k)\}-t_{EF}(i,\ j)$

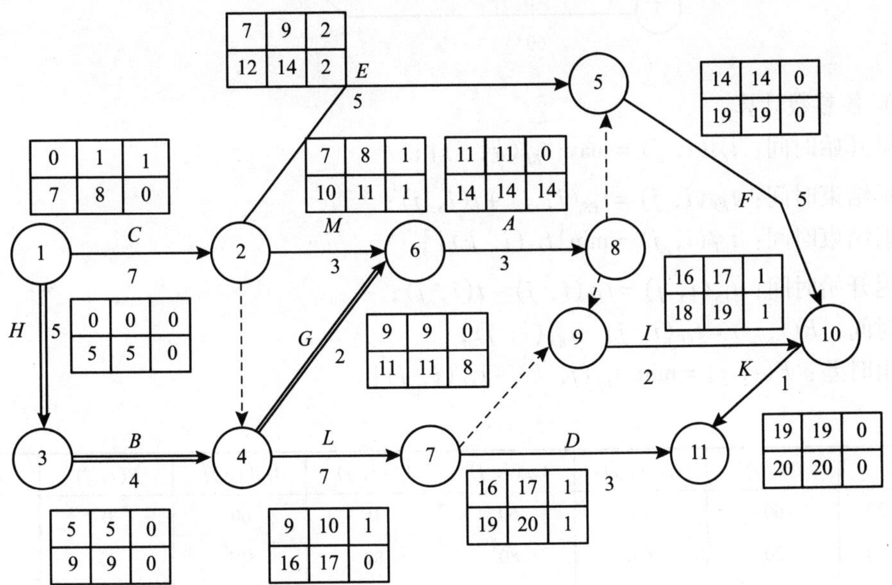

（3）关键路线为总时差为 0 的工作组成，即：

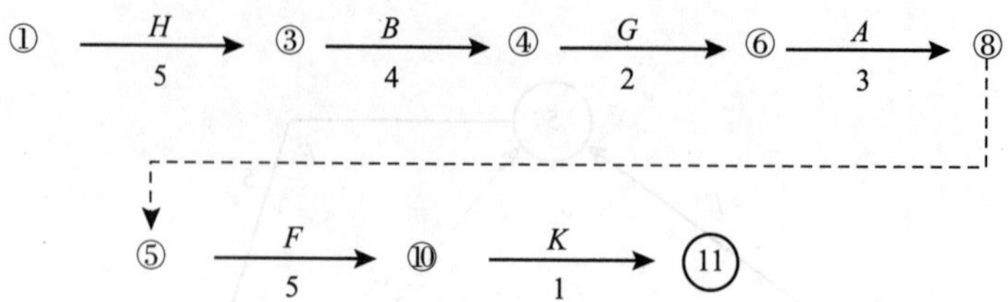

总工期 $S=20$

5. 解：

（1）绘制网络图。

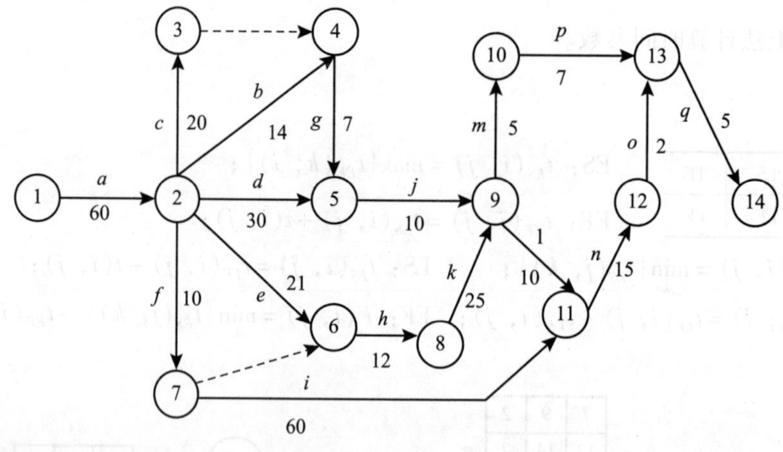

（2）各参数计算。

最早开始时间：$t_{ES}(i,\ j)=\max\limits_{,k}\{t_{EF}(k,\ i)\}$；

最早结束时间：$t_{EF}(i,\ j)=t_{ES}(i,\ j)+t(i,\ j)$；

最迟结束时间：$t_{EF}(i,\ j)=\min\limits_{,k}\{t_{LS}(j,\ k)\}$；

最迟开始时间：$t_{LS}(i,\ j)=t_{LF}(i,\ j)-t(i,\ j)$；

总时间：$R(i,\ j)=t_{LF}(i,\ j)-t_{EF}(i,\ j)$；

自由时差：$F(i,\ j)=\min\limits_{k}\{t_{ES}(j,\ k)-t_{EF}(i,\ j)\}$。

$(i,\ j)$	$t(i,\ j)$	$t_{ES}(i,\ j)$	$t_{EF}(i,\ j)$	$t_{LS}(i,\ j)$	$t_{LF}(i,\ j)$	$R(i,\ j)$	$F(i,\ j)$
a：（1，2）	60	0	60	0	60	0	0
c：（2，3）	20	60	80	82	103	23	0
b：（2，4）	14	60	74	89	103	29	6
d：（2，5）	30	60	90	80	110	20	0

续表

(i, j)	$t(i, j)$	$t_{ES}(i, j)$	$t_{EF}(i, j)$	$t_{LS}(i, j)$	$t_{LF}(i, j)$	$R(i, j)$	$F(i, j)$
e：(2, 6)	21	60	81	62	83	2	0
f：(2, 7)	10	60	70	60	70	0	0
g：(4, 7)	7	80	87	103	110	23	3
i：(5, 7)	10	90	100	110	120	20	18
h：(6, 10)	12	81	93	83	95	2	0
k：(8, 9)	25	93	118	95	120	2	0
m：(9, 10)	5	118	123	135	140	17	0
l：(9, 11)	10	118	128	120	130	2	2
i：(7, 11)	60	70	130	70	130	0	0
p：(10, 13)	7	123	130	140	147	17	17
n：(11, 12)	15	130	145	130	145	0	0
o：(12, 13)	2	145	147	145	147	0	0
q：(13, 14)	5	147	152	147	152	0	0

（3）关键路线：

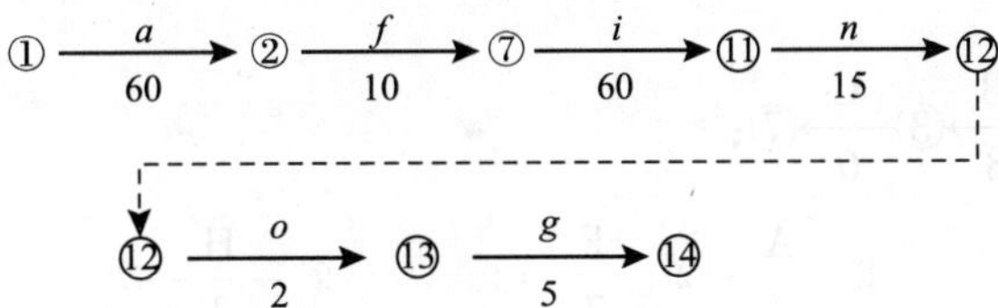

6. 解：

（1）绘制网络图。

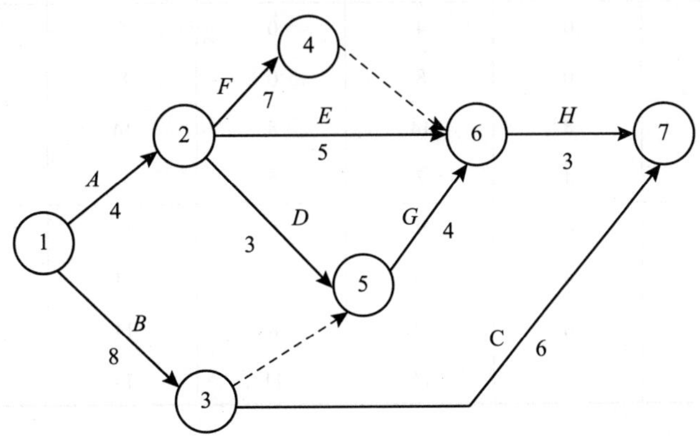

（2）正常情况下工期日程。

活动	作业时间 t	最早开始时间 ES	最早结束时间 EF	最迟开始时间 LS	最迟结束时间 LF	总时差 TF	自由时间 FF
A，(1，2)	4	0	4	1	5	1	0
B，(1，3)	8	0	8	0	8	0	0
C，(3，7)	6	8	14	9	15	1	1
D，(2，5)	3	4	7	5	8	1	1
E，(2，6)	5	4	9	7	12	3	3
F，(2，4)	7	4	11	5	12	1	1
G，(5，6)	4	8	12	8	12	0	0
H，(6，7)	3	12	15	12	15	0	0

总工期为期为 15 天，直接费用 153，间接费用 $5\times15=75$，总费用为 $153+75=228$（百元）

（3）正常状态下，关键路线为：

$$①\xrightarrow[8]{B}③\cdots\cdots⑤\xrightarrow[4]{G}⑥\xrightarrow[3]{H}⑦$$

关键路线上 B，G，H，赶进度所增加费用 G 最小，G 的赶进度费用为 3，将 G 的工期进行缩短。

因为关键路线$①\xrightarrow[8]{B}③\xrightarrow[6]{C}⑦$；

$$①\xrightarrow[4]{A}②\xrightarrow[7]{F}④\cdots\cdots⑥\xrightarrow[3]{H}⑦$$

的工期为 14 天，所以将 G 只能缩短 1 天，改为 3。增加直接费用 $1\times3=3$（百元），直接成本 $153+3=156$，间接费用为 $14\times5=70$，总成本费用为 $156+70=226$（百元）。工程日程安排为：

活动	t	ES	EF	LS	LF	TF	FF
A，(1，2)	4	0	4	0	5	0	0
B，(1，3)	8	0	8	0	8	0	0
C，(3，7)	6	8	14	8	14	0	0
D，(2，5)	3	4	7	5	8	1	1
E，(2，6)	5	4	9	6	11	2	2
F，(2，4)	7	4	11	4	11	0	0
G，(5，6)	3	8	11	8	11	0	0
H，(6，7)	3	11	14	11	14	0	0

关键路线有三条：

① —A (4)→ ② —F (7)→ ④ ----→ ⑥ —H (3)→ ⑦

① —B (8)→ ③ ----→ ⑤ —G (4)→ ⑥ —H (3)→ ⑦

① —B (8)→ ③ —C (6)→ ⑦

如若要缩短工期，必须三条关键路线同时缩小，则增加费用远大于减少的间接费用（5百元/天）所以上述日程为最低成本日程，最短最小成本工期为14天。

7. 解：

图中a，b表示a工序作业时间为b

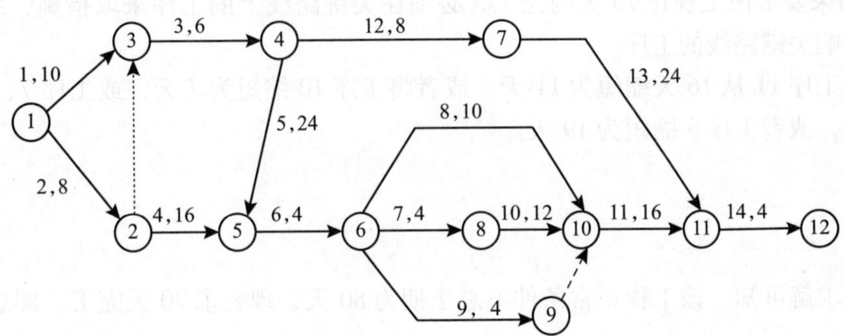

作业	t	ES	EF	LS	LF	TF	FF
1（1，3）	10	0	10	0	10	0	0
2（1，2）	8	0	8	2	10	2	0
3（3，4）	6	10	16	10	16	0	0
4（2，5）	16	8	24	24	40	16	16
5（4，5）	24	16	40	16	40	0	0
6（5，6）	4	40	44	40	44	0	0
7（6，8）	4	44	48	44	48	0	0
8（6，9）	10	44	54	50	60	6	6
9（6，9）	4	44	48	56	60	12	12
10（8，10）	12	48	60	48	60	0	0
11（10，11）	16	60	76	60	76	0	0
12（4，7）	8	16	24	44	52	28	0
13（7，11）	24	24	48	52	76	28	28
14（11，12）	4	76	80	76	80	0	0

关键路线为：

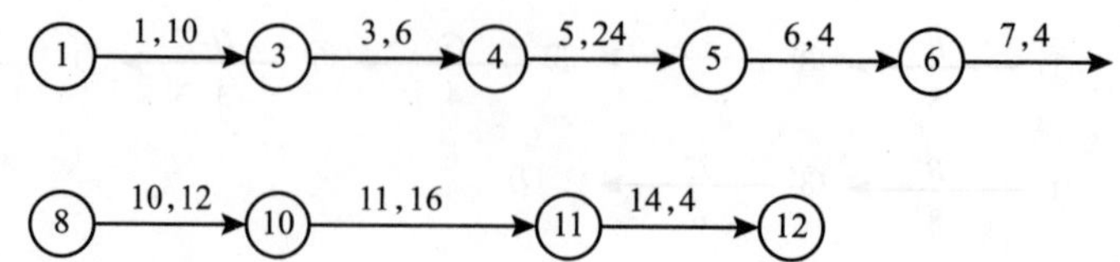

（1）最短工程周期为 80 天

（2）如果引道混凝土施工（工序 12）拖延 10 天，因工序 12 有 28 天总时差，所以不会影响整个工程工期，仅对工序 13 的开工时间产生影响。

（3）若装天花板的施工时间从 12 天缩短为 8 天，总工程计划的关键路线缩短 4 天，总工期将缩短 4 天，达到 76 天。

（4）为保证工期不拖延，装门（工序 9）最晚必须第 56 天开工。

（5）如果要求该工程在 75 天内完工，必须在关键路线上的工序采取措施，缩短工期 5 天，而不影响关键路线的工序。

例，将工序 11 从 16 天缩短为 11 天。或者将工序 10 缩短为 7 天，或工序 7，10 共同缩短 5 天工期，或者工序 5 缩短为 19 天。

8. 解：

由上题求解可知，该工程正常条件下总工期为 80 天，现要求 70 天完工，即总工期要缩短 10 天。

由表中数据可知，关键路线上工序的情况如下：

工序	正常时间（d）	加班时最短时间（d）	每缩短一天的附加费用（元/d）
1	10	6	6
3	6	4	10
5	24	—	—
6	4	2	18
7	4	2	15
10	12	8	6
11	16	12	7
14	4	—	—

由列表数据可知，工序 10 附加费用（6 元/天）最低，可缩短工期 12 − 8 = 4 天；其次是工序 1 次低，可缩短工期 10 − 6 = 4 天，然而工序 1 平行工序 2 的工期为 8 天，所以只能缩短 2 天；附加费用再其次低为工序 11，可缩短工期 16 − 12 = 4 天。因此，可工序 10 缩短 4 天，工序 1 缩短 2 天，工序 11 缩短 4 天，共计缩短 10 天，整个总工程为 70 天，增加费用为 $4\times6+2\times6+7\times4=64$（元），日程情况如下：

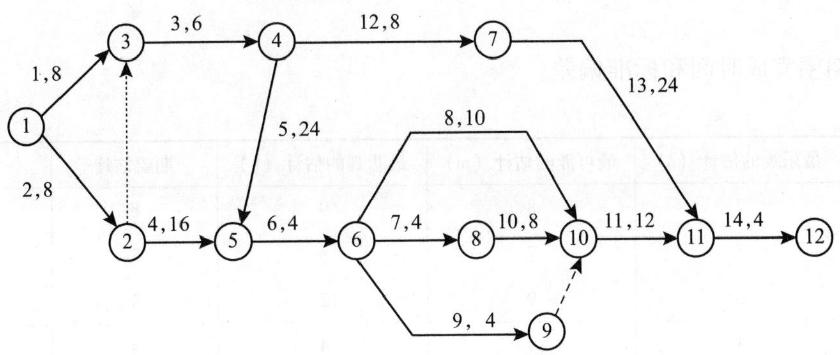

作业	t	ES	EF	LS	LF	TF	FF
1（1，3）	8	0	8	0	8	0	0
2（1，2）	8	0	8	0	8	0	0
3（3，4）	6	8	14	8	14	0	0
4（2，5）	16	8	24	22	38	14	14
5（4，5）	24	14	38	14	38	0	0
6（5，6）	4	38	42	38	42	0	0
7（6，8）	4	42	46	42	46	0	0
8（6，9）	10	42	52	44	54	2	2
9（6，9）	4	42	46	50	54	8	8
10（8，10）	8	46	64	46	54	0	0
11（10，11）	12	54	66	54	66	0	0
12（4，7）	8	14	22	34	42	20	0
13（7，11）	24	22	46	42	66	20	20
14（11，12）	4	66	70	66	70	0	0

关键路线为：

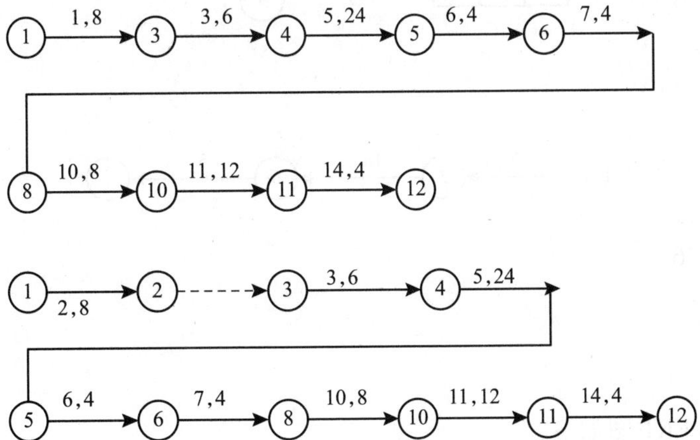

9. 解：

（1）期望完成时间和标准偏差。

作业	最乐观的估计（a）	最可能的估计（m）	最悲观的估计（b）	期望估计	偏差
（1，2）	7	8	9	8	0.11
（1，3）	5	7	8	7	0.25
（2，6）	6	9	12	9	0
（3，4）	4	4	4	4	0
（3，5）	7	8	10	8	0.25
（3，6）	10	13	19	14	0.25
（4，5）	3	4	6	4	0.25
（5，6）	4	5	7	5	0.25
（5，7）	7	9	11	9	0.44
（6，7）	3	4	8	5	0.69

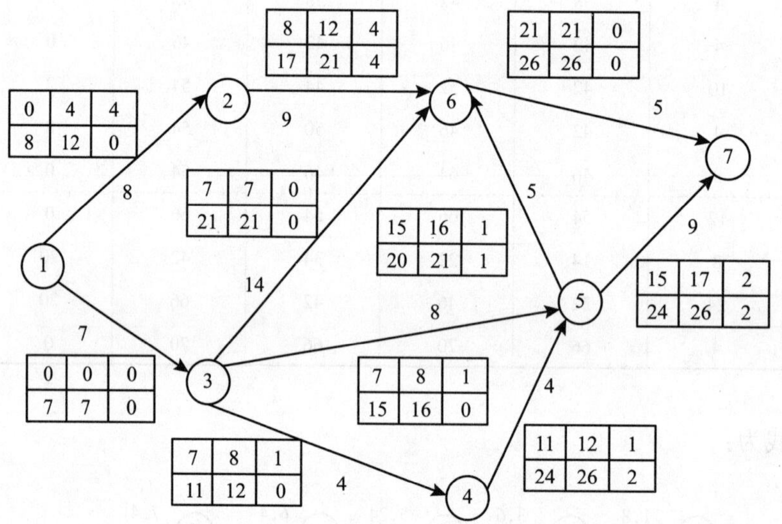

关键路线：

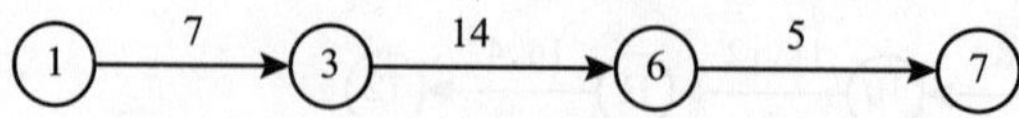

总工期：$S=26$

10. 解：

正常状态下 PERT 图如下：

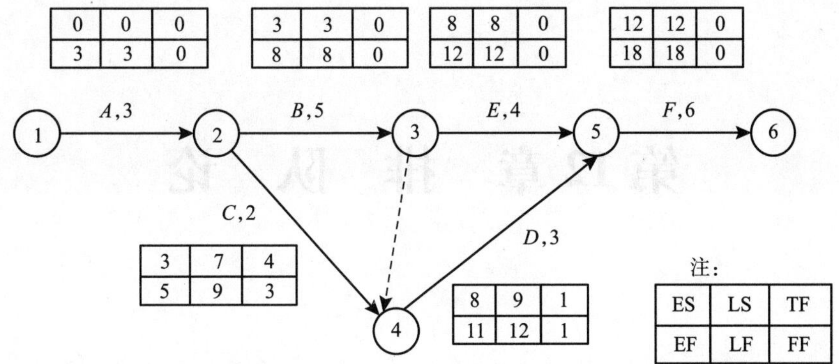

关键路线为：$A \to B \to E \to F$

完成工程总费用为：$3 \times 8 + 5 \times 10 + 2 \times 6 + 3 \times 6 + 4 \times 10 + 6 \times 12 = 216$（万元）

正常状态下，完成工程为 $S = 18$（月），若要压缩 3 个月，需要压缩关键路线上工序工期。

关键路线上 A 的压缩费用最低（16 万元），可压缩 $3 - 2 = 1$ 月，可压缩 A 为 2 个月。其次是 B 工序的费用（22 万元），可压缩 $5 - 3 = 2$ 月，且 B 的平行工序 C 有 3 个月自由时差，所以 B 可压缩 2 个月，达到 3 个月完成，因此，A 压缩 1 个月，B 压缩 2 个月，达到总工期缩短 3 个月。

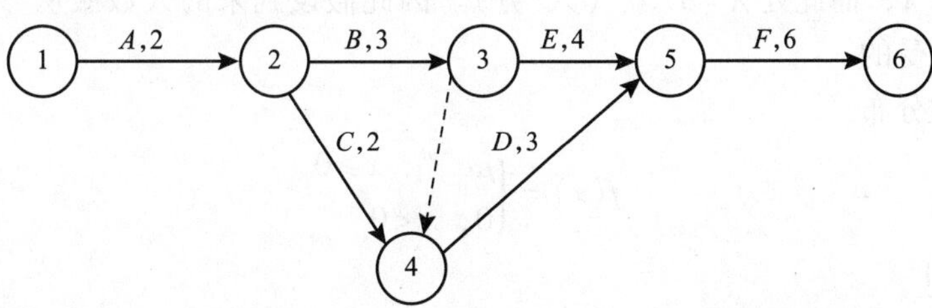

工程费用：$2 \times 16 + 3 \times 22 + 2 \times 6 + 3 \times 6 + 4 \times 10 + 6 \times 12 = 240$（万元）

第12章 排 队 论

1. 解：

（1）有平均到达率 = 到达总数/总时间

则 $\lambda=1.57$（人/分）

由平均服务率 = 服务总数/总时间

总时间 = 1 120（分）

则 $\mu=\frac{1\ 000}{1\ 120}=0.96$（人/分）

（2）令 $p_n(t)=\frac{(\lambda t)^n}{n!}e^{-\lambda t}(n=0,1,2,\cdots,t>0)$ 表示长为 t 时间内到达 n 个顾客的概率，随机变量 $\{N(t)=N(s+t)-N(s)\}$ 服从泊松分布，且有 $E[N(t)]=\lambda t$，则单位时间内平均到达率为 λ，而此处 $\lambda=1.57$（人/分）。因此假设到来的人数服从参数 $\lambda=1.6$ 的泊松分布是可以接受的。

对于负指数分布

$$f(x)=\begin{cases}\mu e^{-\mu t}, & x\geqslant 0\\ 0, & x<0\end{cases}$$

得 $E(x)=\frac{1}{\mu}$

即平均服务时间为$\frac{1}{\mu}$，亦即单位时间服务 μ 人。

有题设计算 $\mu=0.96$（人/分），故假设 $\mu=0.9$ 的负指数分布是可以接受的。

（3）$\lambda=1.57$（人/分），$\mu=0.96$（人/分）$\lambda>\mu$

若只设一个服务员，由于平均到达率大于平均服务率，将使队伍越排越长。

①当 $c=2$ 时，

$p=\frac{\lambda}{c\mu}\approx 0.9$

查表 12－3$W_q\cdot\mu=4.2632$

则 $W_q=4.748$（分）

②当 $c=3$ 时，

$p=\frac{\lambda}{c\mu}\approx 0.6$

查表 12－3$W_q\cdot\mu=0.2956$

则 $W_q=0.33$（分）

③当 $c=4$ 时，$\rho=\frac{\lambda}{c\mu}=0.44$

由表 12-3 用插值法可得 $W_q \cdot \mu=0.0597$

则 $W_q=0.067$（分）

（4）由 $\lambda=1.6$ 人/分，则每天平均到达人数为：

$1.6\times60\times8=768$（人）

需服务时间 $T=853$（分）

①当 $c=2$ 时，损失值为 346（元）

②当 $c=3$ 时，损失值为 55（元）

③当 $c=4$ 时，损失值为 58（元）

为使总费用最小，应设 3 个服务台。

2. 解：

由题设系统为（$M/M/1/\infty/\infty$）模型

$\lambda=4$ 人/小时，$\mu=10$ 人/小时，$\rho=\frac{\lambda}{\mu}=\frac{4}{10}$

（1）$p_0=1-\rho=\frac{3}{5}$

（2）$p_3=(1-\rho)\rho^3=\frac{384}{10^4}$

（3）店内至少有一名顾客的概率为

$$1-p_0=\frac{4}{10}$$

（4）$L_s=\frac{\lambda}{\mu-\lambda}=\frac{2}{3}$

（5）$W_s=\frac{L_s}{\lambda}=\frac{1}{6}$

（6）$L_q=\frac{\rho\lambda}{\mu-\lambda}=\frac{4}{15}$

（7）$W_q=\frac{L_q}{\lambda}=\frac{1}{15}$

（8）因为修理时间服从负指数分布，则

$$p\left\{T\geqslant\frac{15}{60}\right\}=1-p\left\{T\leqslant\frac{1}{4}\right\}=1-F\left(\frac{1}{4}\right)=e^{-\frac{3}{2}}$$

3. 解：

由题设，系统为 $M/M/1$ 排队模型。

$\lambda=3$（人/小时），$\mu=4$（人/小时），$\rho=\frac{\lambda}{\mu}=\frac{3}{4}$

（1）$p_0 = 1 - \rho = \frac{1}{4}$

（2）$L_s = \frac{\lambda}{\mu - \lambda} = 3$

（3）$W_s = \frac{L_s}{\lambda} = 1$

（4）由 $W_s = \frac{1}{\mu - \lambda} > 1.25$，$\frac{1}{4 - \lambda} \geqslant 1.25$，即 $\lambda \geqslant 3.2$

则 $\lambda = 0.2$（人/小时）

即平均到达率提高 0.2 人/小时，店主才会考虑增加设备及理发员。

4. 解：

（1）由 $\lambda = 2.1$，$\mu = 2.5$，$\rho = \frac{\lambda}{\mu} = 0.84$

则

$p_0 = 1 - \rho = 0.16$

$p_1 = p_0 \rho = 0.134$

$p_2 = p_0 \rho^2 = 0.113$

$p_3 = p_0 \rho^3 = 0.095$

$p_4 = p_0 \rho^4 = 0.08$

$p_5 = p_0 \rho^5 = 0.067$

（2）因为 $W_s = \frac{1}{\mu - \lambda} \leqslant 0.5$

则 $\mu - 2.1 \geqslant 0.5$，$\mu \geqslant 2.6$

即平均服务率 μ 必须达到 2.6 人/小时以上。

5. 解：

在 $M/M/1$ 模型中：

$$W_q = \frac{\rho}{\mu - \lambda}$$

（1）由题设定义，则有

$$R = \frac{W_q}{\frac{1}{\mu}} = \frac{\lambda}{\mu - \lambda}$$

（2）要使 $R < 4.4$ 不变，μ 为可控制的，即

$$\frac{\lambda}{\mu - \lambda} < 4$$

则 $\frac{2.1}{\mu - 2.1} < 4$

即 $\mu > 2.62$（人/小时）
即当 μ 大于 2.62 人/小时时，顾客损失率小于 4.

6. 解：
因为为单服务台，只有超过一个顾客时，才会出现排队等待。

$$L_q = \sum_{n=1}^{\infty}(n-1)p_n = L_s - \rho$$

则 $L_s = L_q + \rho$
由系统中的顾客数和等候服务的顾客数期望值之间的相差为 ρ，则 ρ 的直观解释为服务台的繁忙程度，即服务台的利用率。

7. 解：
（1）由题设为 $M/M/1$ 模型，且
$\mu = \frac{60}{12}$，$\lambda = \frac{60}{15}$
则 $W_s = \frac{1}{\mu - \lambda} = 1$
即每位病人在系统中的时间期望值为 1 小时。
而每天平均人数：$60/15 \times 24 = 96$
则工人每天损失期望值为 $1 \times 96 \times 30 = 2\,880$（元）
（2）由题设，要想使损失减少一半，则必须使得 W_s 减少一半。则 $W_s = 0.5$ 小时，即
$\frac{1}{\mu - \lambda} = \frac{1}{2}$
所以 $\frac{1}{\mu - 4} = \frac{1}{2}$
则 $\mu = 6$（人/小时）
则平均服务率提高值为
$6 - 5 = 1$（人/小时）

8. 解：
令 N_1 表示在统计平衡下一个顾客到达时刻看到系统中已有的顾客数（还包括此顾客），T_q 表示在统计平衡下顾客的等待时间，则

$$\begin{aligned} p\{T_q > t\} &= \sum_{n=0}^{\infty} p\{T_q > t, N_1 = n\} \\ &= \sum_{n=0}^{\infty} p\{T_q > t \mid N_1 = n\} p\{N_1 = n\} \end{aligned}$$

设 $p\{N_1 = n\} = a_n$，有 $p\{T_q > t\} = \sum_{n=0}^{\infty} a_n p\{T_q > t, N_1 = n\}$

则 $$p\{T_q > t\} = \sum_{n=0}^{\infty} p_n p\{T_q > t, N_1 = n\} \quad ①$$

而服务台得空次数 $m(t) < n$ 是新到顾客的等待时间 $T_q > t$ 的充要条件。则

$$p\{T_q > t | N_1 = n\} = \sum_{n=0}^{\infty} \cdot p\{m(t) = k\}, \ n \geqslant 1 \quad ②$$

另外，服务时间为负指数分布，参数为 μ，则

$$p\{m(t) = k\} = e^{-\mu t}\frac{(\mu t)^k}{k!} \quad ③$$

把③，②代入①式得

$$p\{T_q > t\} = \sum_{n=1}^{\infty} p_n \sum_{k=0}^{n-1} e^{-\mu t}\frac{(\mu t)^k}{k!}$$

其中 $p_n = \rho^n(1-\rho)$，当 $p<1$，$n \geqslant 0$ 时，有

$$\begin{aligned} p\ \{T_q > t\} &= \sum_{n=1}^{\infty} p_n \sum_{k=1}^{n-1} e^{-\mu t}\frac{(\mu t)^k}{k!} = e^{-\mu t}\sum_{k=0}^{\infty}\frac{(\mu t)^k}{k!}\sum_{n=k-1}^{\infty} p_n \\ &= e^{-\mu t}\sum_{k=0}^{\infty}\frac{(\mu t)^k}{k!}\ (1 - \sum_{n=0}^{k} p_n) \\ &= \rho e^{-\mu t}\sum_{k=0}^{\infty}\frac{(\mu\rho t)^k}{k!} = \rho e^{-\mu(1-\rho)t}, \ (t \geqslant 0, \ \rho < 1) \end{aligned}$$

则顾客在系统中的等待时间分布为

$$W_q(t) = p\{T_q = t\} = 1 - p\{T_q > t\} = 1 - \rho e^{-\mu(1-\rho)t}, \ (t \geqslant 0, \ \rho < 1)$$

$$f[\omega_q(t)] = \omega_q'(t) = \begin{cases} 1-\rho, \ t = 0 \\ \lambda(1-\rho)e^{-\mu(1-\rho)t}, \ t > 0 \end{cases}$$

$$E[W_q(t)] = \int_0^{+\infty} t \cdot \lambda(1-\rho)e^{-\mu(1-\rho)t}dt = \frac{\lambda}{\mu^2(1-\rho)}$$

9. 解：

在 $M/M/1/N/\infty$ 模型中，$P_n = \frac{\lambda}{\mu}P_{n-1}$

又因为 $\rho = 1$，则 $P_n = P_{n-1}$，以此类推：$P_0 = P_1 = \cdots = P_N$

又因为 $\sum_{n=0}^{N} P_n = 1$，则 $(P_0 + P_2 + \cdots + P_n) = 1$，即 $(N+1)P_0 = 1$，故

$$P_0 = \frac{1}{N+1}$$

$$L_s = \sum_{n=0}^{N} nP_n = \frac{N}{2}$$

10. 解：

设 $\rho = \frac{\lambda}{\mu}$ 由 $M/M/1/N/\infty$ 模型的数字特征有

$$P_n = \frac{\lambda}{\mu} P_{n-1} = \rho P_{n-1}$$

$$P_0 = \begin{cases} \frac{1-\rho}{1-\rho^{N+1}}, & \rho \neq 1 \\ \frac{1}{N+1}, & \rho = 1 \end{cases}$$

故 $P_n = \begin{cases} \frac{(1-\rho)\rho^n}{1-\rho^{N+1}}, & \rho \neq 1, \ 0 \leqslant n \leqslant N \\ \frac{1}{N+1}, & \rho = 1 \end{cases}$

当 $\rho = 1$ 时，$P_0 = P_N = \frac{1}{N+1}$，$\lambda = \mu$

显然 $\lambda(1-P_N) = \mu(1-P_0)$

当 $\rho \neq 1$ 时，$P_N = \frac{(1-\rho)\rho^N}{1-\rho^{N+1}}$，$P_0 = \frac{1-\rho}{1-\rho^{N+1}}$

即 $\rho(1-P_N) = \rho\left(1 - \frac{(1-\rho)\rho^N}{1-\rho^{N+1}}\right) = \frac{\rho-\rho^{N+1}}{1-\rho^{N+1}}$

$1 - P_0 = \frac{\rho-\rho^{N+1}}{1-\rho^{N+1}}$

则 $\rho(1-P_N) = 1 - P_0$

即 $\frac{\lambda}{\mu}(1-P_N) = 1 - P_0$

故 $\lambda(1-P_N) = \mu(1-P_0)$

由于系统的容量为 N，则有效到达率为

$$\lambda_e = \lambda(P_0 + P_1 + \cdots + P_{N-1}) = \lambda(1-P_N)$$

则有效服务率为 $\mu_e = \mu(P_1 + \cdots + P_N) = \mu(1-P_0)$

当系统平衡时，有效到达率和有效服务率应当相等。即

$$\lambda(1-P_N) = \mu(1-P_0)$$

11. 解：

系统为 $M/M/1/N/\infty$ 排队模型。

$N=3$，$\lambda = 4$ 人/小时，$\mu = 10$ 人/小时，$\rho = \frac{\lambda}{\mu} = 0.4$

（1）店内空闲的概率为

$$P_0 = \frac{1-\rho}{1-\rho^{N+1}} = 0.62$$

（2）

$$L_s = \sum_{n=0}^{N} nP_n \approx 0.77$$

$$L_q = \sum_{n=2}^{N} (n-1)P_n = L_s - (1-P_0) = 0.39$$

$$W_s = \frac{L_s}{\lambda_e} = 0.2$$

$$W_q = \omega_s - \frac{1}{\mu} = 0.1$$

12. 解：

（1）由题设，$\lambda = 12$ 人/小时，$\mu = 10$ 人/小时。

当 $c = 1$ 时，$\lambda > \mu$，则系统的输入率大于输出率。显然，队列越来越长，故要增加工人。

（2）增加一个工人后，系统变为 $M/M/2$ 排队系统。由其状态概率转移议程得，$c = 2$。

$$\rho_c = \frac{\lambda}{c\mu} = 0.6 < 1$$

$$\rho = \frac{\lambda}{\mu} = 1.2$$

$$P\{n \geqslant 2\} = \sum_{n=2}^{\infty} \frac{1}{c!\ c^{n-c}} \left(\frac{\lambda}{\mu}\right)^n P_0 = 1 - P_0 - P_1$$

则 $P_0 = \left[1 + \rho + \frac{1}{c!} \frac{1}{1 - \rho_c} \left(\frac{\lambda}{\mu}\right)^c\right]^{-1} = \frac{1}{4}$

$$P_1 = \rho P_0 = \frac{3}{10}$$

则 $P\{n \geqslant 2\} = 1 - P_0 - P_1 = 0.45$

（3）

$$P_2 = \frac{1}{2} \times \left(\frac{12}{10}\right)^2 \times \frac{1}{4} = 0.18$$

$$L_q = \frac{\rho_c}{(1 - \rho_c)^2} P_2 = \frac{27}{40}$$

$$L_s = L_q + \rho = \frac{15}{8}$$

$$W_s = \frac{L_s}{\lambda} = \frac{15}{96}$$

$$W_q = \frac{L_q}{\lambda} = \frac{27}{480}$$

13. 解：

第一种因为排队模型为 $M/M/1/5/\infty$，则当 $\mu = 10$，$\lambda = 6$ 时，有

$P_N = P_5 = 0.04$，$\rho = \frac{\lambda}{\mu} = 0.6$

（1）有效到达率为：

$$\lambda_e = \lambda(1 - P_5) = 5.76$$

服务台的服务强度为：

$\bar{\rho}=\dfrac{\lambda_e}{\mu}=0.576$

（2）系统中平均等待顾客数为：

$L_q=P_0\dfrac{\rho^{c-1}}{(c-1)!\ (c-\rho)^2}[1-\rho^{N-c}-(N-c)(1-\rho_c)\rho_c^{N-c}]=0.6962$

则系统中平均顾客数为

$L_s=L_q+\dfrac{\lambda_e}{\mu}=1.2722$

（3）系统的满足率为：$P_5=0.04$

（4）由于 $P_0=0.42$，即系统中没有顾客的概率比重大，服务台增加服务强度。

第二种

当 $\mu=10$，$\lambda=15$ 时 $\rho=\dfrac{\lambda}{\mu}=1.5$

（1）有效到达率为

$\lambda_e=\lambda(1-P_N)=9.45$

服务台的强度为

$\bar{\rho}=\dfrac{\lambda_e}{\mu}=0.945$

（2）系统平均排队等待服务的顾客数为

$L_q=P_0\dfrac{\rho^{c-1}}{(c-1)!\ (c-\rho)^2}[1-\rho^{N-c}-(N-c)(1-\rho)\rho^{N-c}]\approx1.64$

则 $L_s=L_q+\dfrac{\lambda_e}{\mu}=2.585$

（3）系统的满足率为：$P_5=0.37$

（4）由 $\dfrac{\lambda}{\mu}=\dfrac{15}{10}>1.5>1$，即 $\lambda>\mu$。

如防止排队队长增大而等待空间有限，而使有些顾客待不到服务而自动离开，因而，服务台应提高服务率。

14. 证：

由于系统的有效服务率为：

$$\mu_e=\mu(1-P_0)$$

L_s 表示系统中平均出故障的机器数，则系统外的机器平均数为（$m-L_s$），则系统的有效到达率，即 m 台机器单位时间内实际发生故障的平均数为：

$$\lambda_e=\lambda(m-L_s)$$

当系统达到平衡时 $\lambda_e=\mu_e$

则 $\mu(1-P_0)=\lambda(m-L_s)$

故 $L_s=m-\dfrac{\mu(1-P_0)}{\lambda}$

15. 解：

（1）因 $L_s = L_q + \bar{c}$

$\bar{c}$为系统服务台的平均忙的个数，即为服务台的强度ρ，故

$L_s - L_q = \rho$

（2）$\rho = \sum_{n=0}^{c-1} nP_n + c\sum_{n=c}^{\infty} P_n = c - \sum_{n=0}^{c}(c-n)P_n$

而$\rho = \dfrac{\lambda}{\mu}$

则 $\lambda = \mu\rho = \mu[c - \sum_{n=0}^{c-1}(c-n)P_n] = \mu[c - \sum_{n=0}^{c}(c-n)P_n]$

其中 $c - \sum_{n=0}^{c-1}(c-n)P_n$ 为系统服务台的平均空闲个数。则 $c - \sum_{n=0}^{c}(c-n)P_n$ 为系统服务台的平均忙的个数。即为服务台的强度ρ。

16. 解：

排队模型为 $M/M/c/m/m$ 模型。

由 12.14 题可知

$$\lambda_e = \lambda(m - L_s)$$

故 $W_s = \dfrac{L_s}{\lambda_e} = \dfrac{L_s}{\lambda(m-L_s)}$

则$\dfrac{W_s}{\frac{1}{\lambda} + W_s} = \dfrac{\frac{L_s}{\lambda(m-L_s)}}{\frac{1}{\lambda} + \frac{L_s}{\lambda(m-L_s)}} = \dfrac{L_s}{m}$

一个周期为发生故障的机器在系统中逗留时间 W_s 加上机器连续正常工作时间$\dfrac{1}{\lambda}$，则$\dfrac{W_s}{\frac{1}{\lambda} + W_s}$为服务台忙的概率。而服务台忙的概率也为$\dfrac{L_s}{m}$。

故$\dfrac{W_s}{\frac{1}{\lambda} + W_s} = \dfrac{L_s}{m}$

17. 解：

由题设

$\lambda = \dfrac{1}{2.5} = \dfrac{2}{5}$

$\mu = \dfrac{5}{8}$

$\rho=\dfrac{\lambda}{\mu}=\dfrac{16}{25}$

由$f(z)=\begin{cases}1.25e^{-1.25z+1}, & z\geqslant 0.8\\ 0, & z<0.8\end{cases}$

则$f(z)=\begin{cases}1.25e^{-1.25(z-0.8)}, & z\geqslant 0.8\\ 0, & z<0.8\end{cases}$

令 $x=z-0.8$，则$f(x)=\begin{cases}1.25e^{-1.25x}, & x\geqslant 0\\ 0, & x<0\end{cases}$

则

$E(x)=\dfrac{1}{1.25}=0.8$

$\mathrm{Var}(x)=\dfrac{1}{1.25^2}=0.64$

$E(z)=E(x+0.8)=1.6$

$\mathrm{Var}(z)=\mathrm{Var}[x+0.8]=0.64$

由公式，得

$L_s=\rho+\dfrac{\rho^2+\lambda^2\mathrm{Var}[z]}{2\ (1-\rho)}\approx 1.67$

$L_q=L_s-\rho=1.03$

$W_s=\dfrac{L_s}{\lambda}=4.2$

$W_q=\dfrac{L_q}{\lambda}=2.6$

故顾客的逗留时间为4.2秒，等待时间为2.6秒。

18. 解：

$\lambda=4$，$E[T]=\dfrac{1}{10}(h)$，$\mu=\dfrac{1}{E[T]}=10$

$\rho=\dfrac{\lambda}{\mu}=\dfrac{2}{5}$，$\sigma^2=\dfrac{1}{8}$

即 $\mathrm{Var}[T]=8$

则店内顾客数的期望值为：

$L_s=\rho+\dfrac{\rho^2+\lambda^2\mathrm{Var}[T]}{2(1-\rho)}=\dfrac{11}{5}$

即店内顾客数的平均值为11/5。

19. 解：

由题设知，此排队系统为 $M/Ek/I$ 排队系统。

$k=8$，$\mu=60$，$\lambda=6$，$E[T]=\frac{1}{\mu}=\frac{1}{60}$，$\mathrm{Var}[T]=\frac{1}{k\mu^2}=\frac{1}{8\times60^2}$

$\rho=\frac{\lambda}{\mu}=\frac{1}{10}$

（1）办事员空闲的概率为：

$P_0=1-\rho=\frac{9}{10}$

$L_s=\rho+\frac{\rho^2+\lambda^2\mathrm{Var}[T]}{2(1-\rho)}=\frac{17}{160}$

（2）$L_q=\frac{(k+1)\rho^2}{2k(1-\rho)}=\frac{1}{160}$

$W_s=\frac{L_s}{\lambda}=\frac{17}{960}$

$W_q=\frac{L_q}{\lambda}=\frac{1}{960}$

20. 解：

由 $M/Ek/I$ 排队系统可知

$$L_q=\frac{\rho^2}{1-\rho}-\frac{(k-1)\rho^2}{2k(1-\rho)}$$

$$W_q=\frac{\rho}{\mu(1-\rho)}-\frac{(k-1)\rho}{2k\mu(1-\rho)}$$

当 $k=1$ 时，则 $M/Ek/I$ 模型变为 $M/M/1$ 模型。即

$$L_q^{(2)}=\frac{\rho^2}{1-\rho}-\frac{(1-1)\rho^2}{2(1-\rho)}=\frac{\rho^2}{1-\rho}$$

$$W_q^{(2)}=\frac{\rho}{\mu(1-\rho)}-\frac{(1-1)\rho}{2\mu(1-\rho)}=\frac{\rho}{\mu(1-\rho)}$$

当 $k\to\infty$ 时，则 Ek 分布成为定长服务时间分布。即 $M/D/1$ 排队模型，则

$$L_q^{(1)}=\lim_{k\to\infty}\left[\frac{\rho^2}{1-\rho}-\frac{(k-1)\rho^2}{2k(1-\rho)}\right]=\frac{1}{2}\frac{\rho^2}{1-\rho}$$

$$W_q^{(1)}=\lim_{k\to\infty}\left[\frac{\rho}{\mu(1-\rho)}-\frac{(k-1)\rho}{2k\mu(1-\rho)}\right]=\frac{1}{2}\frac{\rho}{\mu(1-\rho)}$$

则

$L_q^{(1)}=\frac{1}{2}L_q^{(2)}$

$W_q^{(1)}=\frac{1}{2}W_q^{(2)}$

参考文献

[1] 运筹学教材编写组．运筹学（修订版)．北京：清华大学出版社，1990.

[2] 马仲蕃，魏权龄，赖炎连．数学规划讲义．北京：中国人民大学出版社，1981.

[3] 吴云从．随机存储的几个问题．系统工程（第一期)，1984.

[4] 黄孟藩．管理决策概论．北京：中国人民大学出版社，1982.

[5] 傅清祥，王晓东编著．算法与数据结构．北京：电子工业出版社，1998.

[6] 俞玉森主编．数学规划的原理和方法．武汉：华中工学院出版社，1985.

[7] 田丰，马仲蕃．图与网络流理论．北京：科学出版社，1987.

[8] 吴望名，李念祖等译．图论及其应用．北京：科学出版社，1984.

[9] 马振华主编．现代应用数学手册（运筹学与最优化理论卷）．北京：清华大学出版社，1998.

[10] 顾基发，魏权龄．多目标决策问题．应用数学与计算数学．1980（1）.

[11] 郭耀煌等．运筹学与工程系统分析．北京：中国建筑工业出版社，1986.

[12] 刘振宏，蔡茂诚译．组合最优化：算法和复杂性．北京：清华大学出版社，1988.

[13] 卢开澄．图论及其应用．北京：清华大学出版社，1981.

[14] 华罗庚．统筹方法平话及补充．北京：中国工业出版社，1985.

[15] 徐光辉主编．运筹学基础手册．北京：科学出版社，1990.

[16] 谢金星，邢文顺．网络优化．北京：清华大学出版社，2000.

[17] 姜青舫编著．实用决策分析．贵阳：贵州人民出版社，1985.

[18] 哈维·M·瓦格纳著．邓三瑞等译．运筹学原理与应用（第二版）．北京：国防工业出版社，1992.

[19] 宣家骥等．目标规划及其应用．合肥：安徽教育出版社，1987.

[20] 卢向南．项目计划与控制．北京：机械工业出版社，2004.

[21] 谢金星，邢文顺．网络优化．北京：清华大学出版社，2000.

[22] 孙东川译．网络流规划．北京：科学出版社，1988.

[23] 张盛开．对策论及其应用．武汉：华中科技大学出版社，1985.

[24] 胡运权．运筹学习题集（第三版)．北京：清华大学出版社，2002.

[25] 弗团德里克·S·希利尔等著．任建标等译．数据、模型与决策．北京：中国财政经济出版社，2001.

[26] 中国建筑学会建筑统筹管理分会编著．工程网络计划技术规程教程．北京：中国建筑工业出版社，2000.

[27] 胡运权．运筹学基础及应用（第三版)．哈尔滨：哈尔滨工业大学出版社，1998.

[28] 林文源. 物料管理学. 澳门：澳门科技丛书出版社，1978.

[29] 张盛开. 矩阵对策初步. 上海：上海教育出版社，1980.

[30] 郭耀煌等. 运筹学原理与方法. 成都：西南交通大学出版社，1994.

[31] James O Berger 著. 贾乃光译. 统计决策论及贝叶斯分析. 北京：中国统计出版社，1998.

[32] 严颖，程世学，程侃. 运筹学随机模型. 北京：中国人民大学出版社，1995.

[33] 王众托等. 网络计划技术. 沈阳：辽宁人民出版社，1984.

[34] Ignizio JP. 著. 胡运权译. 目标规划及其应用. 哈尔滨：哈尔滨工业大学出版社，1988.

[35] 徐光辉. 随机服务系统. 北京：科学出版社. 1980.

[36] 王日爽等. 应用动态规划. 北京：国防工业出版社，1987.

[37] 罗伯特·吉本斯著. 高峰译. 博弈论基础. 北京：中国社会科学出版社，1999.

[38] Dreyfus S E, Law A M. The art and theory of Dynamic Programming. Academic Press, 1977.

[39] Ahuja R K, Magnanti T L & Orlin J B. *Network Flows Theory Algorithms and Applications.* Prentice – Hall, 1993.

[40] Bollobas B. *Modern Graph Theory.* Grad Texts Math. 184, Springer, 1998.

[41] Bondy J A & Murty U S R. *Graph Theory with Applications.* The Macmillan Press, 1976.

[42] Chartrand G & Oellermann O R. *Applied and Algorithmic Graph Theory.* McGraw – Hill, 1993.

[43] Deo N. *Graph Theory with Applications in Engineering and Computer Science.* Prentice – Hall, 1974.

[44] Diestel R. *Graph Theory.* Grad. Texts Math. 173, Springer – Verlag, 2000.

[45] Even S. *Graph Algorithms.* Computer Science Press, 1979.

[46] Fleischner H. *Eulerian Graphs and Related Topics.* Ann. Dis. Math. 45, North Holland, Amsterdam, 1990.

[47] Ford L R & Fulkerson D R. *Flows in Networks.* Princeton University Press, 1962.

[48] Foulds L R. *Graph Theory Applications.* Springer – Velag, 1992.

[49] Gibbons A. *Algorithmic Graph Theory.* Cambridge University Press, 1985.

[50] Hu T C. *Combinatorial Algorithms.* Addison – Wesley Publishing Company, 1982.

[51] Jensen P A & Barnes J W. *Network Flow Programming.* John Wiely & Sons, 1980.

[52] Korte B & Vygen J. *Combinatorial Optimization. Theory and Algorithms.* Springer, 1991.

[53] Lawler E L. *Combinatorial Optimization: Networks and Matroids.* Holt Rinehart and Winston, 1976.

[54] Lawler E L, Lenstra J K & Rinooy – Kan A H G. *The Traveling Salesman Problem.* Wiley – Interscience. John Wiley & Sons, 1985.

[55] Lovasz L & Plummer M D. *Matching Theory.* Elsevier Science Publishing Company Inc, 1986.

[56] Papadimitriou C H & Steiglitz K. *Combinatorial Optimization. Algorithms and Complexity.*

Prentice - Hall, 1982 .

[57] Swamy M N S & Thulasiraman K. *Graphs Networks and Algorithms*. Wiley - Interscience, John Wiley & Sons, 1981.

[58] West D B. *Introduction to Graph Theory*. Prentice - Hall, 1993.

[59] Wilson R J & Beineke W L. *Applications of Graph Theory*. Academic Press, 1979.

[60] Milan Zeleny. Multiple Creteria Decision Making. McGraw Hill Book Company, 1982.